わが国の凶悪犯罪に対する犯罪者プロファイリングの総合的研究

岩見広一 著

多賀出版

目　次

Summary of the doctoral thesis　vii

第1章　本論文の目的と構成 …………………………………………… 3

 1　本論文の背景　3
 2　本論文の目的と構成　7

第2章　社会心理学における犯罪の位置づけ ……………………… 13

 1　社会心理学の研究領域　13
 2　犯罪と関連した社会心理学の研究領域　15

第3章　犯罪者プロファイリングにおける社会心理学の役割 ……… 21

 1　犯罪者プロファイリングの主な仮説・理論及び研究方法論　21
 2　犯罪者プロファイリングと社会心理学に共通する研究領域　29
 3　犯罪者プロファイリングと社会心理学に共通する分析方法　37

第4章　わが国の実務に必要な研究課題の明確化 ………………… 43

 1　連続窃盗事件に対する分析事例と検証（研究1）　43

第 5 章　発生頻度が低い凶悪犯罪の研究 …………………………… 55

1　はじめに　55
2　性的殺人事件の犯行類型と犯人像との関連性（研究 2）　56
3　放火殺人事件の犯行類型と犯人像との関連性（研究 3）　66
4　司法機関を対象とした放火事件の犯行形態と犯人像（研究 4）　81
5　同一場所で再犯行に及ぶ性犯罪の連続犯に関する時空間特徴（研究 5）　87
6　女性単独のコンビニ強盗犯に関する特徴（研究 6）　94
7　第 5 章のまとめ　102

第 6 章　発生頻度が高い凶悪犯罪の研究 …………………………… 105

1　はじめに　105
2　金融機関強盗犯の犯人像と生活圏（研究 7）　106
3　年少者対象の性犯罪における犯人の犯罪経歴推定（研究 8）　117
4　犯罪手口に基づく被疑者順位づけシステムを利用した犯人像推定手法（研究 9）　125
5　第 6 章のまとめ　136

第 7 章　犯罪者に関する地理的領域の研究 ………………………… 139

1　はじめに　139
2　連続コンビニ強盗犯の特徴と犯行地選択について（研究10）　140
3　性犯罪における点分布パターンによる地理的分析手法の比較（研究11）　145
4　第 7 章のまとめ　159

第8章　総合考察 ……………………………………………………………… 161
　　　——社会心理学的な視点による研究の総括と今後の課題——

　1　研究1から研究11の総括　161
　2　犯人検挙の意思決定に役立つ総合的な分析手法　172
　3　犯罪者プロファイリングにおける研究及び実務の課題　181

要旨　わが国の凶悪犯罪に対する犯罪者プロファイリングの総合的研究
　　　……………………………………………………………………………… 185

引用文献　191
謝　辞　203
付録　本論文に使用した著書，論文等　207
索引　211

Summary of the doctoral thesis

Development of a comprehensive analytical method for
offender profiling of violent crimes in Japan
− Towards integration of research and practice from a social
psychological perspective −

Hiroakazu Iwami

This publication was supported by JSPS KAKENHI Grant number 18HP5197. This thesis discusses offender profiling for violent crimes in Japan from a social psychological perspective. Here, the relationship between human behavior and personal attributes is verified. Furthermore, the process of research and practice required to make offender profiling into a necessary measure for actual criminal investigation is considered. As recently as twenty years ago, few law enforcement professionals were aware of offender profiling in Japanese police agencies. The various episodes from the beginning of research on offender profiling to generalization in practical procedure can be conceptualized as a process to make psychology contribute to the real world. It can also be thought of as an example of an attempt to incorporate new techniques into existing operations. Crime is a social behavior expressed as an interaction between an offender and victim, or an offender and the environment, and these interactions always involve temporal and situational factors.

In the inference process utilized to create an offender profile, the concept of social cognition plays an important role. Further, criminal investigations also represent social behaviors based on interactions uncovered during criminal investigations (i. e., offenders, victims, witnesses, investigators, organizations, and/or the environment). In social behaviors, the temporal series of situational factors, such as the time of the interactions and progress of the investigation, are important. In order for profiling to function as a comprehensive analytical method that is useful in the decision making process leading to the arrest of an offender, a profiler (analyst) must interact with other analysts, investigators, and related organizations. To this point, this type of research has not been conducted in Japan, which therefore, enhances the value of the current thesis.

Chapter 1 describes the purpose of this thesis. Chapters 2 and 3 explain the role of social psychology in crime, criminal investigation, and offender profiling. Chapters 4 through 7 contain eleven studies that examined the relationship between behaviors and attributes of offenders. Study 1 is a case study of a serial theft that clarified the research agendas necessary for practical offender profiling in Japan (Iwami, 1999a). This study played a pioneering role, ultimately influencing studies 2 through 11.

Studies 2 through 6 describe violent crimes with a low frequency of occurrence. Specifically, Study 2 focuses on sexual homicide (Iwami, Yokota, and Watanabe, 2003), and Study 3 deals with an arson-murder (Iwami, 2016c). Both studies demonstrate significant relationships between the behaviors and traits of offenders through the use of statistical procedures, such as Hayashi's quantification method type Ⅲ and a log-liner model. These findings indicate that a corresponding link exists between human attributes and behaviors. However, several traits, such as age and/or occupation, are difficult to infer from behaviors at a crime scene. Study 4 describes arson against judicial institutions based on basic statistics, with the findings suggesting that the identification of offender motive is effective for narrowing down offender profiles in peculiar arson cases (Iwami, 2014a). Study 5 explains sex crimes involving re-offense at the same location through basic statistics (Iwami, 2014c), with findings indicating that the consistency of time slot on the second (78.8%) and third offenses (90.0%) at the same location are very high. Study 6 focuses on the minority of convenience store robberies perpetrated by a single female offender (Iwami, 2013a). Findings, by decision tree analysis, demonstrate that incident characteristics are influenced by the criminal history and journey to crime distance of the offender.

Studies 7 through 9 are studies of violent crimes with high occurrence frequency. Study 7 describes single perpetrators of bank robberies (Iwami, 2010), using a decision tree analysis. Results found that when the offender demonstrated a high mobility or change of mobility, it affected the time period until the incident was resolved. Furthermore, results indicated that the identification of the mobility and major criminal records of an offender is related to specific incident characteristics.

Studies 8 and 9 describe methods for inferring offender attributes based features of similar cases. The similarity of cases in Study 8 is based on the crime pattern observed through decision tree analysis (Iwami, 2013b), and the similarity of cases in Study 9 is based on the selection probability of modus operandi (Iwami, Yokota, and Watanabe, 2005). The identification rate of the former varied depending on the depth setting of the decision tree, and the discrimination rate of the latter varied depending on the extraction stage of the upper similarity group. Both methods resulted in relatively high discrimination rates.

Studies 10 and 11 explain the geographical area of the crime. Study 10 examines the relationship between offender profiles of serial convenience robbery and their residential area (Iwami, 2017), and Study 11 compares the accuracy of spatial point pattern analysis of serial sex crime (Iwami, 2016a). Study 10 suggests that the residential rate of offenders in the geographical base estimation model, such as the circle hypothesis and suspicion area, was influenced by differences of offense time, city size, number of offenses, and the radius of the geographical base estimation model. Study 11 examines the prediction of offenders' geographical base, and subsequent offense sites of sex crime cases, by nine different spatial point pattern analyses. The content rate of offenders' bases, within two standard deviational ellipses (82.6%), was higher than of the circle hypothesis (68.1%). The content rate of subsequent offense sites by two standard deviational ellipses of the nearest neighbor clustering, and the contour line of the kernel density estimation, were higher than found in other methodologies.

Chapter 8 is the comprehensive consideration of this thesis based on social psychological perspectives. The studies presented are aimed to examine the respective relationships between the behavior and attributes of offenders, and it is concluded that these corresponding relationships are generally present the series of findings discussed. In the field of offender profiling, assuming a correspondence in the relationship between behavior and attributes of offenders is called the "homology assumption."

The information presented can be considered an empirical study of correspondent inference theory, which can infer individual attributes from human behaviors. The flow of the series of studies discussed can be said to be the accumulation of estimation rules, which are empirical heuristics. However, even in empirical heuristics, there is always some counter-evidence that suggests that estimation rules supporting covariant relationships cannot be applied in real-world scenarios. Therefore, it is necessary to operate findings within the limit of application of estimation rules. Fortunately, in practice, there are not only findings on covariant relationships, but there are also highly objective cognitive resources in crime-related information for each crime case in general. Systematic cognitive processes, utilizing cognitive resources, are actually performed simultaneously, ultimately resulting in an estimation that is more correct. We can also explain the analytical methodologies of offender profiling by a dual process model (i. e., category based processing is comparable to statistical estimation rules, piecemeal processing is equivalent to case analysis).

Moreover, it is important to be aware of the link between the research and practical cycles when developing a comprehensive analytical methodology that is useful in the apprehension of an offender (Iwami, 2016b). Two-way relationships are recognized between research and practice. For example, there are occasions when applying findings to practice that new research questions can sometimes arise. In the research aspect, perspectives of fieldwork, such as "sustained and engaged," "flexible and self-corrective," and "microscopic and holistic" are indispensable. In the practice aspect, it is considered important to participate in action research, such as problem identification, diagnosis, planning, intervention, and evaluation of results, in order to examine issues and plan subsequent intervention. The development of practical methodology requires the concept of mode II science. Specifically, mode II science describes a scientific attitude that attempts to solve real-life problems through cross-discipline integration. From this view, cross-industrial association between professionals, such as psychologists and criminal investigators, is extremely important. Therefore, to initiate new investigative projects, it is necessary for psychologists to participate in the field, and to accumulate sharable, cross-industrial, knowledge utilizing a common language.

Furthermore, in order to utilize inferential results for actual criminal investigations, it is necessary to promote related investigators, and not simply forward the results. In other words, the offender profiler (analyst) has to promote the social networks that connect each investigator, and make effort to build a more powerful investigation system.

As mentioned above, this thesis provides perspectives of social psychology that are extremely useful in many processes. This includes inferring personal attributes in offender profiling, and various other strategies in an effort to utilize inference results for criminal investigation.

わが国の凶悪犯罪に対する犯罪者プロファイリングの総合的研究

第1章　本論文の目的と構成

1　本論文の背景

　犯罪者プロファイリングは，「犯行現場の状況，犯行の手段，被害者等に関する情報や資料を，統計データや心理学的手法を用い，また情報分析支援システム等を活用して分析・評価し，犯行の連続性の推定，犯人の年齢層，生活様式，職業，前歴，居住地等の推定や次回の犯行を予測するもの」と定義されている（警察庁, 2014）。

　わが国において，犯罪者プロファイリングの研究が本格的に始まったのは約25年前（1994年）のことであり，捜査現場における実務の試行が本格的に始まったのは約20年前のことである。それゆえ，わが国における犯罪者プロファイリングに関する研究と実務の歴史は，それほど長いものではない。

　こうした背景を顧みると，犯罪者プロファイリングの総合的な分析手法の開発と捜査現場における効果的な活用という実社会への適用について考えることが不可欠となる。その際に，社会心理学的な視点における犯罪者プロファイリングの位置づけについて焦点を当てることは，非常に重要と考えられる。言い換えれば，本論文は，実社会で生じている問題を解決するために，新たな問題解決手法を導入し，従来の問題解決過程の一部の機能として成立させていく長期の過程に関する研究例とも表現できる。

　以上のことから，本論文では，わが国の凶悪犯罪について，犯人検挙に活用できる犯罪者プロファイリングの総合的な手法の開発という枠組みに焦点を当てる。そのうえで，わが国の凶悪犯罪に対する新たな分析視点として加わった犯罪者プロファイリングの研究と実務の融合を目指し，捜査現場において効果的に活用されるために必要なことを考察する。

　本論文では，第1に犯罪者プロファイリングの基底概念となる未知の犯人である他者の属性推定に関連した筆者の一連の研究について述べ，それぞれの研究が総合的な分析手法の開発にどのように関連しているのか論述する。第2に，これ

ら研究結果を実務の問題解決に反映させ，また，逆に実務の問題を研究に反映していくサイクルについて述べ，犯罪者プロファイリングを犯人検挙の意思決定に役立つ総合的な分析手法として機能させていく過程について考察する。犯罪者プロファイリングという分析手法には，基底概念となる他者の属性推定のみならず，分析結果を実際の捜査に活用することが極めて重要となる。それによって，実社会の行動のひとつである犯罪捜査活動に反映されたものになると考えられる。活用の段階では，分析担当者と捜査担当者との対人的相互作用，捜査陣のような集団，あるいは組織レベルとのコミュニケーションが重要となる。このように，捜査への活用方略という視点を持つことによって，犯罪者プロファイリングは，犯人検挙の意思決定に役立つ手法としてユーザー側である捜査員に認識されると考える。これらの過程を説明するうえで，社会心理学的な視点は不可欠なものとなる。

わが国の警察は，警察法を始めとする様々な法律等によってその活動が規定されている。とりわけ，国民と最前線で接する都道府県警察には，「個人の生命，身体及び財産の保護」及び「犯罪の予防，鎮圧及び捜査，被疑者の逮捕，交通取締その他公共の安全と秩序の維持」の役割がある（坂，2011）。これらの活動は，最終的に「社会の安寧によって，国民が満足できる生活状態の実現」と矛盾しないものと考えられる。本論文のテーマである犯罪者プロファイリングは，これら警察活動のうち，主に「犯罪捜査，被疑者逮捕，犯罪予防」に関連した警察活動を支援する技術のうちのひとつとして位置づけられる。

わが国では，1994年に警察庁科学警察研究所が，犯罪者プロファイリングの研究を本格的にスタートした（田村，2000；渡辺，2004）。これに呼応し，一部の都道府県警察の科学捜査研究所員が自発的に科学警察研究所員と紐帯を構築し，研究をスタートさせた。1990年代後半，筆者は犯罪者プロファイリングに関する研究には着手していたが，実務例は第4章で後述する研究1のみであった（岩見，1999a；渡辺，2005）。しかも，都道府県警察における犯罪者プロファイリングの実務は公式に始まっておらず，筆者が所属していた北海道警察はもちろん，わが国には犯罪者プロファイリングを担当する部署すら存在しなかった。当時，筆者は，FBIやリバプール大学等における取り組み（岩見・桐生，1998），及びわが国における関連研究の系譜をまとめていた（桐生・岩見，1998）。科学警察研究所及び科学捜査研究所の犯罪者プロファイリング研究者たちとともに，わが国の警察

表1-1　筆者の犯罪者プロファイリングに対する見解（1999年当時）

1. 試行例を研究に活かし，優れた捜査支援手法へ発展させる
2. 連続犯罪や発生頻度の低い犯罪で対応する
3. 捜査のニーズを正しく理解すること
4. データ収集には警察組織の理解が必要である
5. 良質なデータベースの構築が必要である
6. 将来の警察事情や科学技術へ柔軟に対応し，適任者を分析官へ
7. 捜査への活用は指揮官が使えると判断した時のみである
8. 技術限界はタイプ推定と捜査提言，従来捜査で公判維持を図る
9. 資機材や捜査方法を活用できる推定を目指せば運用可能になる

組織に対して，警察内部の少数派である研究職が，比較的弱い紐帯しか持たなかった大多数派である警察官に対して，ボトムアップ的に犯罪者プロファイリングの必要性を説く時代であった。1999年当時，筆者は犯罪者プロファイリングに対しては表1-1のような見解を持っていた（横井，2000a）。

その直後，2000年に全国で初めて犯罪者プロファイリングを担当する特異犯罪情報分析班が，北海道警察本部科学捜査研究所に設置され，実務が公式にスタートした。また，北海道警察で実務が始まって間もない頃，筆者は科学警察研究所及び福島，熊本の科学捜査研究所の研究者たちと，英国で開催された国際捜査心理学会に出席し，当時の日本の研究事情について紹介した（岩見，2002）。

図1-1は，1946年から2013年（昭和21年から平成25年）までの間におけるわが国の刑法犯に関する認知及び検挙件数，検挙人員，検挙率を示したものである。図1-1の棒グラフのうち濃色で示した期間は，わが国において犯罪者プロファイリングの研究がスタートしてから実務がスタートするまでの間である，1990年代半ばから2000年までの間の刑法犯認知件数を示したものである。

この1990年代半ば以降の時期は，オウム真理教関連事件，神戸市須磨区における小学生殺人・死体遺棄事件，和歌山市園部における毒物混入事件等が発生していた。日本のマスメディアは，日本の安全神話が揺らぎ始め，崩壊したと表現した時代であった。つまり，先に述べた「社会の安寧と福祉」が非常に脅かされた時代といえる。図1-1のとおり，実際にこの時期における刑法犯認知件数は急増しており，犯罪情勢は悪化の一途をたどっていた。2002年（平成14年）における刑法犯の認知件数が戦後最高の285万件となり，10年前と比べれば約100万件も

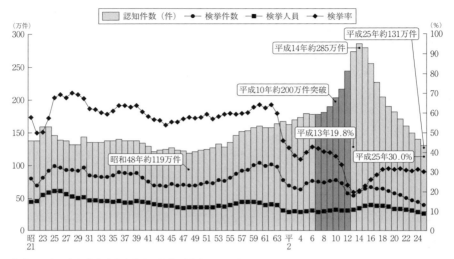

出典：平成26年版警察白書を著者が編集（警察庁, 2014）．

図1-1　刑法犯の認知・検挙状況の推移（1946年から2013年）

増加した。こうした認知件数の急増によって，2001年（平成13年）の検挙率は戦後初めて20％を割る状況にまで陥った。

このような犯罪情勢及び捜査環境の悪化に対応するため，2003年（平成15年）には，国家公安委員会と警察庁が「緊急治安対策プログラム」を策定し，犯罪抑止の総合対策を始めとする様々な施策を立て，全国指針である重要犯罪等の捜査強化策のひとつに，犯罪者プロファイリングの導入促進を含めた。

筆者は，犯罪者プロファイリングの実務がスタートする前から，わが国の犯罪捜査現場において，犯罪者プロファイリングの研究と実務の試行に従事してきた。さらに，先に述べた日本の捜査現場で初めて犯罪者プロファイリングの実務を担った特異犯罪情報分析班の専従員に割り当てられるという機会に恵まれた。

当初，わが国における研究は，海外研究のレビューが中心であり，海外の研究方法をわが国の犯罪に用いて追試する研究スタイルが主流であった。しかしながら，北海道警察における実務は，研究者によるボトムアップではなく，半ば予期しない警察幹部からのトップダウンによって開始された。当時の専従員は，少年サポートセンターの心理職員，科学捜査研究所の心理職員である筆者，そして，

警察署から配属された強行犯担当の刑事（2012年4月から2016年3月まで，警察庁指定広域技能指導官として，全国の警察職員に対して犯罪者プロファイリングの指導教養を担当）の3名であった。実務開始当初，海外研究の知見やそれら研究方法を適用したわが国の研究が，実務においてどの程度役立つかは未知数であった。また，都道府県警察という最前線の捜査部門レベルでは，初の設置であり，業務モデルすら存在しなかった。先の見通しがたたない状況において，ソーシャル・ネットワークとして比較的強い紐帯で結ばれたシンクタンクは存在した。ひとつは，わが国で公式に犯罪者プロファイリングの研究を実施していた警察庁科学警察研究所のスタッフであった。ふたつめは，1990年代半ばから，筆者とともに犯罪者プロファイリング関連の研究に従事してきた，いくつかの都道府県警察の科学捜査研究所員であった。

　わが国の実務では，当時利用可能であった国内外の様々な研究方法を適用し，その実用性や効果を検証していくことで，次第に実務に耐えられる分析手法が確立していったと考えられる。それと同時に実務に有益と考えられる研究課題も浮き彫りになり，それらの研究課題について取り組み，それらの知見を適用して実務の分析手法をさらに強靱化していった経緯があると考えられる。さらに，実務における研究課題は，適宜，日本心理学会や日本犯罪心理学会等の学術大会において，警察部内外の研究者との議論を繰り返すことで，その都度研究と実務の結びつきが整理され，分析手法の確立や理論構築の進展に寄与していったと考えられる（桐生, 1999; 岩見, 1999b; 桐生, 2006; 岩見, 2006; 渡邉, 2011b; 岩見, 2011b; 岩見, 2014b）。

2　本論文の目的と構成

　ここでは，本論文の目的と構成について述べる。まず，本章において，わが国において犯罪者プロファイリングが必要になった背景を約25年前まで遡り，当時のわが国における犯罪情勢について概観した。また，犯罪者プロファイリングの分析手法及び捜査における活用においては，社会心理学的な視点が重要であることを強調した。

　第2章では，社会心理学における犯罪の位置づけについて，第3章において，犯罪者プロファイリングにおける社会心理学の役割について論述する。これは，

本論文の目的を理解するうえで，説明しなければならない導入部分である．

第4章以降は，犯罪者プロファイリングに関する「研究」の側面と「研究と実務との融合」の側面という，2つの側面に大別した．

「研究」の側面は，第4章から第7章までであり，筆者が実施した一連の研究の主要部分である．ここでは，犯罪行動に基づき犯人に関する事柄を推定するための凶悪犯罪に関する基礎研究を取りあげる．この基礎研究は，狭義の犯罪者プロファイリングに該当する．筆者が主として実施した本論文において示す11題の基礎研究は，犯罪行動と犯人属性との間に共変関係が認められることを実証することが共通の目的となっている．この共変関係は，犯罪者プロファイリングという手法が成立するための前提条件となる．筆者は，これらの基礎研究において最も重要なことは，共変関係について示唆された研究結果を，どのように用いれば犯人検挙を支援できるのか，実務を想定して見解を示すことであると考えている．そのため，狭義の犯罪者プロファイリングでは，社会心理学における主に社会的認知と関連づけて考察することで，適切な推定を行なうための方略を示すことができると考えている．

第4章から第7章までの一連の研究では，主に凶悪事件に対する犯罪者プロファイリングの総合的な分析手続きである犯人像の推定，犯人の地理的な捜査範囲の推定に用いる仮説及び実務への適用の根拠となる研究成果について述べる．わが国では，凶悪犯罪に関する犯罪者プロファイリングの実務が始まる以前は，発生頻度が低い凶悪犯罪の研究が求められた．そして，実務がスタートしてからは，徐々に捜査現場でニーズのある発生頻度が高い凶悪犯罪の研究に迫られた．このような歴史的経緯を顧みれば，犯罪捜査の日常的なニーズに直結する発生頻度という観点は，わが国の凶悪犯罪に対する犯罪者プロファイリングを理解するうえで重要と考える．

第4章で論述する研究1は，凶悪犯罪に発展するおそれがあった特異な連続窃盗事件に対する犯罪者プロファイリングの事例である．同分析事例は，わが国において実務がスタートする以前に，筆者が実施したものである．わが国の実務に必要な研究課題を明確にするために，分析結果を検証した初の事例研究として位置づけられよう．

第5章で論述する研究2から研究6までは，発生頻度が低い凶悪犯罪に関する研究である．研究2は，性的殺人（犯行時に性的な動機，あるいは性的な行為が

認められた殺人，殺人未遂事件）に関するものである。研究3は，放火殺人（犯行時に放火という犯行方法が用いられた殺人，殺人未遂事件）に関するものである。研究4は，警察署等の司法機関を犯行対象とした放火に関するものである。研究5は，同一場所への再犯行が伴う連続の性犯罪に関する時空間特徴についてである。研究6は，女性単独犯によるコンビニ強盗に関するものである。それぞれの研究では，事件特徴及び人物特徴の記述をし，犯行形態及び犯人特徴，事件特徴から犯人特徴を推定するための規則の有無を明らかにし，実務における推定規則の活用方法について考察する。これらの研究は，殺人，強盗，放火，性犯罪といった，それぞれの罪種全体を扱った研究では排除されてしまう，罪種内においても特異な，マイノリティに焦点を当てた局所理論の発見に関係するものと位置づけられる。

第6章において論述する研究7から研究9は，発生頻度が高い凶悪犯罪に関する研究である。研究7は，金融機関強盗に関するものである。事件特徴及び人物特徴を記述し，犯行形態及び犯人特徴，事件特徴から犯人特徴を推定するための規則の有無を明らかにし，実務における推定規則の活用方法について考察する。研究8及び研究9は，性犯罪に関するものである。前者は事件特徴のパターンに基づく犯人像の推定方法，後者は行動の選択確率に基づく犯人像の推定方法である。それぞれの研究について実務における適用可能性について考察する。

第7章において論述する研究10及び研究11は，犯人の地理的な捜査範囲の推定に関するものである。研究10は，連続コンビニ強盗犯の行動と犯人特徴との関連について検討するとともに，犯行移動距離の傾向や点分布パターン分析の適用度について明らかにする。研究11は，連続の性犯罪における地理的な捜査範囲の推定に関するものである。犯人の生活圏推定及び犯行地の予測における点分布パターン分析の適用度について明らかにする。

「研究と実務との融合」の側面は，本論文における第8章の総合考察の部分に該当する。ここでは，筆者がこれまでに著述した文献等を引用しながら考察する。わが国においては，犯罪者プロファイリングの歴史は浅く，研究結果が実務にどのように活用できるのか考察することが非常に重要であるといえよう。本論文では，犯罪者プロファイリングに関する基礎研究は，あくまで実務に用いるための知見を得ることが根底にあるという立場をとっている。実務の課題に応えていくためには，これらの基礎研究が，研究と実務の双方の業務サイクルにおいてどの

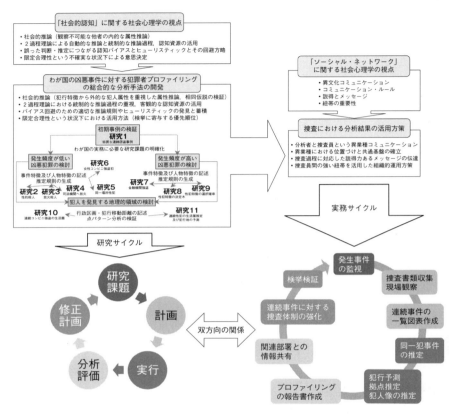

図1-2　本論文の目的と展開に関する概略図

ように位置づけられるか述べていく。ここまでは、研究者あるいは分析者が考えるべき課題であるといえる。しかしながら、わが国に限らず、実務環境を顧みると、分析する者と捜査する者が別々である。そのため、犯罪者プロファイリングによる分析結果を捜査へ有効に活用するためには、捜査員個人だけでなく、捜査陣といった組織との相互理解が求められる。この部分は、広義の犯罪者プロファイリングに該当する。こうした個人及び集団における人間関係への配慮については、社会心理学の様々な概念と関連づけて考察することで、研究と実務の融合を実現することができると考えている。

　これまで述べた本論文における研究の目的及び展開、各研究の関連性、社会心

表1-2　筆者が実施した第4章から第7章までの研究一覧表

章	研究	研究題目
4	研究1	連続窃盗事件に対する分析事例と検証
5	研究2	性的殺人事件の犯行類型と犯人像との関連性
5	研究3	放火殺人事件の犯行類型と犯人像との関連性
5	研究4	司法機関を対象とした放火事件の犯行形態と犯人像
5	研究5	同一場所で再犯行に及ぶ性犯罪の連続犯に関する時空間特徴
5	研究6	女性単独のコンビニ強盗犯に関する特徴
6	研究7	金融機関強盗犯の犯人像と生活圏
6	研究8	年少者対象の性犯罪における犯人の犯罪経歴推定
6	研究9	犯罪手口に基づく被疑者順位づけシステムを利用した犯人像推定手法
7	研究10	連続コンビニ強盗犯の特徴と犯行地選択について
7	研究11	性犯罪における点分布パターンによる地理的分析手法の比較

理学との関連について簡便に理解するため，本論文の構成を図1-2の概略図に示した。また，これから論述する次章の第4章から第7章において，筆者が中心に実施した研究1から11までの各研究は，表1-2に一覧表で示した。

第2章　社会心理学における犯罪の位置づけ

1　社会心理学の研究領域

　ここでは，犯罪を含め，広く人間社会に適用してきた社会心理学という学問の基本的な役割及び研究領域について概観する。

　心理学は様々な研究領域に分かれている。下山（2014）による誠信心理学辞典によれば，心理学は27領域に分かれており，社会心理学もそのうちのひとつに数えられている。社会心理学は，心理学の中でも，社会における人の行動について焦点を当て研究する学問である。社会心理学の研究は，社会学のようにマクロレベルでの社会変化と一般的な行動傾向との関係を分析するものではない。また，同じ心理学であっても，臨床心理学やパーソナリティ心理学のように個人の精神構造を理解することが目的ではない（松並, 2011）。社会心理学では，社会行動の原因を個人の特性，あるいは社会環境の一方にのみあるのではなく，個人と社会的状況との相互作用にあるとみなし，これを研究対象としている。

　したがって，社会心理学は，我々の日常生活における多くの場面に適用される認知，思考，行動を含む非常に幅広い研究対象を受け持つ心理学である。その研究対象の幅広さもあるためか，社会心理学の研究領域の分類は，研究者間で多少異なっており，統一されていないのも事実である。

　松並（2011）及び井上・山下（2002）を例にすると，社会心理学の研究領域は4つに分類されている。これを概念図として図2-1に示す。

　すなわち，①個人レベル（個々人の心理過程について研究），②対人レベル（二者関係に代表される相互作用過程について研究），③集団レベル（集団行動について研究），④社会レベル（不特定多数の人々が関係している集合行動について研究）である。

　個人レベルの研究領域では，人はどのように判断・理解するのか，態度とは何か，どうしたら態度を変えられるかなどがテーマとなる。具体的な研究テーマとしては，社会的自己，自己概念，自己呈示，自己評価，達成動機，親和動機，成

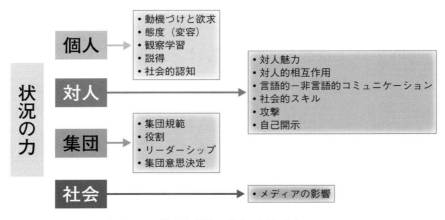

図2-1　社会心理学の研究領域と主なテーマ

功回避動機,対人認知,印象形成,帰属過程,ステレオタイプ,説得等が含まれる。

　対人レベルの研究では,なぜ人は魅せられるのか,恋愛とはどのようなものか,人を助ける心理とは,なぜ攻撃行動をとるのかなどがテーマとなる。具体的な研究テーマには,攻撃,援助,対人交渉,対人魅力,友情,恋愛,コミュニケーション等が含まれる。

　集団レベルの研究は,社会生活でどんな影響を受けるのか,集団生活から受ける影響とは,リーダーシップを発揮する条件は何かなどがテーマとなり,社会的影響,集団意思決定,規範,同調・服従,社会的勢力・リーダーシップ,偏見・差別等に関する研究が含まれる。

　社会レベルを対象とした研究では,群衆の心理とは,流行はなぜ起こる,メディア文化はどんな影響を与えたかなどがテーマとなり,マス・コミュニケーション,群集心理,流言,パニック,消費・購買行動,性役割,文化的自己感,集団主義と個人主義,異文化適応等が研究テーマとなる。

　一方,北村(2014)は,先に述べた社会心理学の研究領域をさらにシンプルに分け,対人領域と社会領域の2つに大別している。対人領域には,上記の個人レベルから集団レベルまでの研究領域が含まれ,社会領域には上記の社会レベルが該当すると考えられる。また,対人領域を対象としたものはミクロ社会心理学,

社会領域を対象としたものはマクロ社会心理学と呼ばれることもあるが，特定の現象を扱う理論的背景や手法が多様化していることから，現在ではミクロとマクロの分類を越え，一体化が進んでいるといわれている．さらに，社会心理学は，他分野の心理学とも関連が深く，「文化」「環境」「行動経済」「産業」「組織」「健康」「犯罪」「感情」「性格」等の心理学に含まれる研究テーマが多く認められるという．したがって，これら他の心理学においては社会心理学における研究知見を応用できるといえよう．

次節では，上記にあげた社会心理学の研究領域のうち，特に犯罪と関わりがあると考えられる研究領域について焦点を当て論じていく．

2 犯罪と関連した社会心理学の研究領域

高橋（1993）は，犯罪に関する伝統的な理解の方法を2つに大別している．ひとつは，個体の側の条件に焦点を当てた人類学的・生態学的・精神医学的・心理学的研究である．ここでは，個体の特異性や異常性に焦点が当てられる．極端に表現すれば，犯罪・非行を行う者は，犯罪・非行を行わない者とは異なった種類の人々であることを強調する立場といえる．つまり，犯罪者や非行少年を一般人からの偏倚と見なし，そこで認められた特異性や異常性が犯罪行動に結びつくものと理解する立場である．

一方，伝統的な社会学における犯罪・非行研究では，個体を特異なもの，異常なものとは見なさず，正常と見なしているところが，個体の偏倚性，劣勢に重きを置く，生物学的，精神医学的，心理学的研究とは鋭く対立するものである．社会学的な研究で重きをなすのは環境面であり，正常な人間であっても，犯罪的な文化と接触することによって犯罪・非行に及んでしまうというのが，基本的な考え方となっている．

高橋（1993）は，犯罪を真に統合的に理解するためには，これらの理解の方法の一方の側のみに立つのでは不十分であり，両者の立場を踏まえた学際的な社会心理学的なアプローチが必要であると主張している．社会心理学的な視点では，そもそも犯罪とは，刑罰法令に触れる行為であり，そこには必ず他者の存在があるため，犯罪そのものが社会的な現象と考えられる．また，犯罪行動は，犯人の行動傾向のみによって発現するものでもなく，犯人をとりまく劣悪な環境のみに

帰属されるものではないという考え方になる。したがって，犯罪行動は，犯罪者となる者を取り巻く社会的要因の影響を受けて生起した社会行動の一種であり，その行動は，まさに社会心理学の研究対象になると考えられている。

細江（2001）は，犯罪者の研究には，生理心理学，認知心理学，人格心理学，社会心理学等の心理学，精神医学，社会学，法学等の関連科学の知識が必要であると述べている。これらの分野の研究成果を応用した分野が，犯罪心理学であり，近年では犯罪捜査に特化した捜査心理学についても然りである。特に，犯罪と関連する伝統的な社会心理学の研究領域の例としては，攻撃性と援助行動があげられよう。

社会心理学者であり，犯罪心理学者でもある大渕（1993）は，人間の攻撃性について提言された様々な仮説を検討した結果，おおきく3つの仮説に大別できると述べている。第1が内的衝動説，第2が情動発散説，第3が社会的機能説である。大渕は，このうち，情動発散説と社会的機能説を用い，人間の攻撃反応を2系統のメカニズムによって説明した。これを「攻撃の2過程モデル」という。また，犯罪心理学者のMegargee（1966）は，暴力犯罪者を抑制過剰型と抑制欠如型に2分類しており，前者が大渕の2過程モデルでは制御的認知処理による戦略的攻撃に当たり，後者が自動的認知処理による衝動的な攻撃であるといえる。この「2過程」という用語及び概念は，本論文における犯罪者プロファイリングの推論過程にとっても重要なキーワードである。攻撃性に関する社会心理学的な研究は，犯罪に直接関連する分野でもあるが，広い意味では犯罪以外の他者への攻撃というメカニズムの解明を目的としているのも特徴である。

社会心理学における援助行動に関する研究は，実は犯罪と関連している。そのエピソードは，1964年に米国ニューヨークで発生した，Kitty Genovese殺人事件であった。同事件では，被害者が犯人に襲われている間，その様子を多数の人が目撃していたにもかかわらず，誰一人救助に駆けつけたり，警察に通報したりするなどの行動をとらず，被害者が殺害されてしまったのである。社会心理学による研究では，現場に自分以外の人間が多くいるほど，被害者を救助しようせずに傍観者と化してしまうという「傍観者効果」が仮説として提言された。このような援助行動に関する研究は，犯罪事象に端を発した研究といえる。

一方，Milgramの電気ショック実験とZimbardoの監獄実験は，規範や権威に対する服従をテーマとした有名な社会心理学の研究であるが，両研究とも人間の

攻撃性を引き出す側面を持ち合わせていた。Milgram の実験は，実施した記憶再生テストで間違うたびに電気ショックを与えるように実験者が教示したところ，過半数の実験参加者が最大値のショックを与えたというものである。Zimbardo の実験では，時間経過に伴い看守役と囚人役の実験参加者たちが実験であることを忘れてしまう事態に陥り，本当の看守と囚人のように役割に没入してしまった。これらの研究は，状況の力が個人のパーソナリティ特性を大きく凌駕することを示している。

また，水田（2002）は，安藤・大坊・池田（1995）における社会心理学の研究領域を引用して，社会的認知，自己，態度，社会的勢力，対人魅力，集団の6つの研究領域と犯罪との関連性について述べている。

社会的認知の領域では，人が人をどのようにして見るのかという対人認知，その人に対してどのような印象を持つのかという印象形成等が研究対象となる。本論文のテーマである犯罪者プロファイリングでは，犯人像を推定する過程の説明において，社会的認知という概念が重要な役割を果たしていると考えられる。また，社会的認知に関する研究成果では，人が人を判断したり，行動から人物像を推定したりする場合に様々な誤りやバイアスを伴うことが数多く示されている。つまり，伝統的な社会心理学では，ステレオタイプ的な対人認知は，概して否定的に評価されている。他者や集団に対して紋切り型の印象を持つことは，外見から人を判断したり，人種から人を判断したりする偏見に結びつく危険性があることを示唆している。これらの点は，犯人像を推定する際にも留意しなければならない重要な事項といえる。実際に，米国では，人種に着目した犯人像の推定は，人種プロファイリングと呼ばれており，有色人種，少数民族を中心とした人種偏見に基づいた捜査方法として問題視されている（Bartol & Bartol, 2005）。しかしながら，もう少し視野を広げれば，実際の犯罪捜査では，犯罪者プロファイリングのみで容疑者の犯人性を最終決定しているわけではないことは周知の事実である。これについては，本論文において詳しく述べる。

態度の領域に関しては，人の態度変容に関する研究がある。社会的影響の領域に関しては，人々の信念，態度，行動が他者の存在のあり方やコミュニケーションによって影響される過程等を研究対象とする。同調，社会的勢力，服従等の研究領域は，犯罪への適用が可能である。水田（2002）は，社会的勢力とセクシャル・ハラスメントとの関係について言及している。特に，説得的コミュニケーシ

ョンの分野では，相手を説得するためにいかなる手段や説得方法が用いられるかが研究されている。犯罪に関しては，カルト的な新興宗教に入信する人々の分析によって，実践的な研究が進められてきた（西田, 1995）。また，オレオレ詐欺を代表とした特殊詐欺においては，騙される側である高齢者，騙す側の犯人が用いる手法は，説得的コミュニケーションにおける精緻化見込みモデル（ELM），ヒューリスティック・システマティック・モデル（HMS）等の情報処理過程に関するモデルによって説明することが可能である。

　一方，犯罪捜査では，取調べや人質たてこもり事件における被疑者に対する説得及び交渉の際に，この種の研究知見が活用されている。特に，被疑者供述の任意性，信用性を高める取調べでは，記憶とコミュニケーションについて適切な配慮をした手続きが不可欠である。記憶については主として認知心理学が，コミュニケーションについては主として社会心理学の知見が活用されている（警察庁, 2012b）。

　対人魅力の研究領域では，対人関係は時間経過によって変化し，そのプロセスには一定の方向性があるとし，知己なる段階，関係構築の段階，持続の段階，崩壊の段階，終焉の段階という，5つの段階にまとめられている（Levinger, 1980）。ストーカーやドメスティック・バイオレンス等における警察機関の対応としては，被疑者と被害者の対人コミュニケーションの変遷を適切に評価し，被害者を暴力の危機から救助する脅威査定が重要である。そのため，対人関係の発展や崩壊といった社会心理学的な研究は，脅威の評価にとって重要な知見を提供してくれる。ストーカーは，知己になる段階を省略して以降の段階に至ろうとするのが特徴であり，水田（2002）は，ストーカーは知己になる段階での拒絶や傷つきを恐れていると考察している。

　また，岩見（2004a）は，攻撃性を自分自身でコントロールするために，社会的スキルが重要であると述べている。相川（2000）は，対人葛藤場面において自分の思いや考えを他者に伝えることが苦手あるいは下手な，いわゆるコミュニケーションが苦手な人を引っ込みタイプと攻撃タイプに分けている。先ほど述べた大渕（1993）による攻撃性の2過程モデルを引用すれば，引っ込みタイプの思考過程が制御の認知処理，攻撃タイプの思考過程が自動的認知処理に相当する。岩見（2004a）は，暴力という解決手段に頼らずに協調できる社会を築くためには，社会的スキルのトレーニングが，個人レベルで可能な第一歩であると主張してい

る。

　集団に関する研究は，社会心理学においてよく研究されている分野である。安藤・大坊・池田（1995）は，従来の研究を整理し，集団に特有の思考の「症状」を8つにまとめている。すなわち，無敵幻想，合理化，集団の道徳性の信奉，外集団のステレオタイプ化，同調への圧力，自己検閲，全員一致の幻想，自薦の用心棒である。水田（2001）は，集団非行について，外集団のステレオタイプ化と同調への圧力を考慮し，反社会的価値観を骨組みに，集団内における反社会性を竜巻のようにエスカレートさせ，反社会的行動に結びつけていく過程を，トルネード仮説と名づけている。

　以上のとおり，本節の結論として，犯罪は，犯罪者と被害者，犯罪者と環境との相互作用として表現することができる。これら相互作用には必ず時間と場所という状況要因が関係する。また，犯罪捜査は，捜査に携わる者と犯罪者，被害関係者，関係する捜査員，関係する組織，環境との相互作用と表現することができる。これにも相互作用が生じた時期，捜査の進捗状況等の時系列的な状況要因が重要となる。このような視座は，犯罪者プロファイリングの実務及び研究領域では非常に重要であり，このような視点を持って，犯罪を細かく見ていくと，社会心理学の研究領域の多くが利用可能であると考えられる。次章では，本論文の主テーマである犯罪者プロファイリングにおける理論や方法論，これらと社会心理学との関連性について詳述する。

第3章 犯罪者プロファイリングにおける社会心理学の役割

1 犯罪者プロファイリングの主な仮説・理論及び研究方法論

　犯罪者プロファイリングの研究方法は，日本ではFBI方式とLiverpool方式と呼ばれる2つの方法に大別できる。FBI方式とは，精神医学・臨床心理学的な色彩が濃いアプローチである。代表的な例は，Ressler, Burgess & Douglas（1988）による性的殺人の類型研究である。FBIは全米各地の刑務所に服役中であった性的志向の強い殺人犯36名に関する公式記録を調査し，さらに殺人犯に対して面接調査を実施して，その分析結果から犯行形態及び犯人特徴が異なる「秩序型」と「無秩序型」という類型を見いだした（表3-1を参照）。

　この研究知見を犯人像推定に利用する場合，FBIでは，表3-2に示した手続きによって，犯人像を推定する（Jackson & Bekarian, 1997）。

　また，表3-3は，FBIが強姦犯の行動分析に必要な情報としてあげた犯人の行動に関する調査項目である（Hazelwood & Burgess, 1995）。この調査項目は被害者から聴取するために開発されたものである。これらの調査項目を見ると，犯人の意思決定，犯人と被害者の対人的相互作用が分析項目となっており，社会心理学的な視点とも関係している。

　この強姦犯に関する調査研究は，1980年代半ばに，凶悪犯罪分析センター（NCAVC）のFBI捜査官によって実施された。この時の研究結果は，連続強姦犯41名に対する面接調査に基づくものである。FBIの調査研究では，各類型は犯行動機や犯行特徴，犯人像が異なっており，その類型がかなり的確であったと結論づけている。力確認型の強姦犯は，その言動から暴力的な印象が薄く，男性性を主張しないタイプである。力主張型の強姦犯は，その言動が暴力的であり，男性性を全面に押し出すタイプである。怒り報復型の強姦犯は，復讐の手段として強姦を利用し，復讐の対象と類似した被害者層を狙うタイプである。怒り興奮型の強姦犯は，いわゆるサディストであり，被害者の苦痛を見て快楽を感じるタイプといえる。

表 3-1　性的殺人の類型

類型	犯行特徴	犯人特徴
秩序型	計画的に犯行する 面識のない被害者を選択する 被害者を人間として扱う 被害者と統制された会話をする 犯行現場は全体的に統制されている 被害者に服従を要求する 拘束用具を使用する 殺害前に暴力を振るう 死体を隠蔽する 凶器や証拠を残さない 被害者または死体を移動する	平均以上の知能 社会的能力がある 熟練を要する職に就いている 性的能力あり 兄弟のなかで年長者 父親は定職に就いている 子ども時代に一貫性のないしつけを受けた 犯行中は心理的にコントロールする 犯行時に飲酒の影響を受けている 状況的なストレスに陥る パートナーと同居している 整備された車両を所有し，移動性が高い 報道内容をチェックする 犯行後に転職，転居をする可能性が高い
無秩序型	偶発的な犯行 見知った被害者や場所を選択する 被害者を人間として扱わない 被害者との会話は少ない 犯行現場は乱雑で統制できていない 不意に被害者へ暴力を振るう 拘束用具の使用はほとんどない 殺害後に性的行為をする 発見できる場所に死体を遺棄する 凶器や証拠は遺留されることが多い 死体を殺害現場に放置する	平均未満の知能 社会的不適応 非熟練の職に就いている 性的に無能 兄弟のなかで年少者 父親が定職に就いていない 犯行中は不安な心理状態にある 犯行時の飲酒の影響は少ない 状況的ストレスは少ない 独居生活をしている 犯行現場近隣に居住，あるいは職場がある 報道への関心は薄い 犯行後に重大な行動変化がある（薬物，アルコールの乱用，信心深くなるなど）

出典：Ressler, Burgess & Douglass, 1988を著者が編集。

表 3-2　FBIの犯人像推定の過程

推定プロセス		作業内容
第1段階	情報収集	できる限り幅広く事件に関する情報を収集する（捜査書類，解剖結果，現場写真等）
第2段階	犯罪分類	収集した情報を分析し，犯罪のタイプを分類する
第3段階	犯行の再構成	犯人の行動等を再現し，被害者行動や犯行の流れ，犯罪手口等について仮説を立てる
第4段階	犯人像の作成	犯人の人口統計学的な特徴，身体特徴，習慣的行動，パーソナリティ特徴等を盛り込んだ推定犯人像を作成する

出典：Jackson & Bekarian, 1997を著者が編集。

表3-3　強姦犯の行動分析に必要な情報

行動側面	行動評価・視点	行動の定義
接近方法	偽計	道案内などの口実を設けて被害者に接近
	急襲	いきなり暴力を振るって制圧する
	不意打ち	待ち伏せや待機して犯行機会を窺う
コントロール	存在感	被害者が犯人の存在自体に恐怖を感じる
	脅迫	言葉による脅迫，凶器を見せる
	暴力	叩く，殴る，蹴るなどの身体的暴力の行使
暴力レベル	最小限	暴力なし，あるいは平手打ち程度で脅迫目的のみ
	中程度	被害者の抵抗がなくても，繰り返し平手打ちするなど，侮辱，虐待的な行動
	過度な	被害者が打撲や裂創を負い，入院を要するもの，被害者への中傷的な行動
	残虐な	道具を使っての拷問，身体的，精神的苦痛を意図的に加えているサディスティックな行動で，死に至るか長期入院を要するもの
被害者抵抗	消極的抵抗	被害者が恐怖心で言葉や身体による抵抗はできないものの，黙して犯人の要求に従わない抵抗
	言葉での抵抗	被害者が悲鳴をあげる，嘆願する，拒絶する，交渉するなど言葉による抵抗
	身体での抵抗	被害者が叩く，蹴る，引っ掻く，逃走するなど，身体を使った抵抗
抵抗への対応	要求撤回	被害者に抵抗され，それ以上要求しない，要求を撤回する犯人の対応
	妥協・交渉	被害者の抵抗に対し，譲歩や交渉によって被害者に選択させるなどの犯人の対応
	逃走	被害者に抵抗され，犯行を断念し逃走する犯人の対応
	脅迫	被害者が抵抗しても，要求を通すために脅迫する犯人の対応
	暴力	被害者の抵抗に対し，要求を通すために暴力を振るう犯人の対応
性機能	勃起不全	勃起しない，勃起困難
	早漏	挿入直前や直後に射精
	射精困難	射精できない，なかなか射精できない
	条件付き射精	勃起不全はないが，特異な状況によって射精する
性的行為の順序	ファンタジー	典型例は，キス，愛撫，性器を舐めるなどし，暴力はほとんどなく，被害者に言い訳やお世辞を使う，口淫後に肛門性交する
	性的実験	典型的には，被害者に身体的接触を要求し，侮辱的，中傷的な文言がある。異物挿入を含め様々な性的行為に及ぶ，口淫と肛門性交の順序は決まっていない
	処罰的	被害者に脅迫じみた侮辱，冒涜的な文言を浴びせる，肛門性交の後に口淫させる
	前歴者	犯人が筋肉質で，肛門性交するなど
犯人の文言	文言表現，口調，態度	脅迫的，命令的，信用させる，内情を探る，身上を吐露，わいせつ文言，性的な反応を確認，お世辞，嫌がらせ，謝罪など。脅迫文言も「おとなしくしないと傷つけるぞ」と「おとなしくしていれば，傷つけない」では被害者に与える不安感も異なる。文言の分析によって犯人の動機を識別する

言わされたこと	要求した文言表現	「気持ちいいか」、「愛していると言って」、「叫べ」、「許してと言え」などの文言の分析によって犯人の動機を識別する
態度の急変	態度が変わった直前の出来事がキーポイント	想定外の行動変化は、犯人の弱点や恐怖に関連することもある。性機能障害、着信音などの外的要因、被害者の抵抗、被害者に馬鹿にされた、射精したことで犯人が急に優しくなったなど
証拠への配慮	性犯前歴なし	警察の捜査手法や裁判証拠に関する配慮がないか、乏しいことを示す言動がある
	性犯前歴あり	警察の捜査手法や裁判証拠に詳しいことを示す言動がある
持去った物品	証拠品	持ち去った場合は、同種犯罪の犯歴者の可能性がある
	貴重品	金目のものを窃取、強取する場合、金銭に窮した者の可能性がある
	個人的な物品	被害者の写真、下着、運転免許証など。暴力的でない犯人には記念品、虐待的な犯人には戦利品となる
前兆事案	ストーキング	本件前に覗き、監視、電話、追尾された、住居侵入があったなど、被害者と何らかの接触があって性犯対象に選択された場合、住居侵入、侵入窃盗、覗き、色情盗などの犯歴者である可能性がある

出典：Hazelwood & Burgess, 1995を著者が編集。

　一方、FBI方式と対比されるLiverpool方式とは、1990年代にLiverpool大学教授であった環境心理学者のDavid Canterによる統計学的な色彩が濃い手法を指している。代表的な例は、図3-1に示したCanter & Heritage（1990）による強姦事件の犯行テーマ分析である。

　これは、過去に解決した事件データに対してファセット理論を用いた代表的な研究である。ファセット理論は、元々質問紙調査のために開発された研究計画からデータ分析までの過程を統合したLouise Guttmannが提案した研究方法論である。ファセットという概念は、①研究デザイン、②データ分析手法、③理論的根拠の構築の3つに分けられる（Shye, 1978）。木村・真鍋・安永・横田（2002）によれば、ファセット理論は、データの尺度水準が順序尺度あるいは名義尺度である定性データを用いる場合に非常に有効であり、心理学、社会学、経営学、工学等の学問領域において使用されているという。図3-1に示した研究では、被害者と面識のない強姦犯27名による66件の犯行について資料を収集し、各犯人が犯行時に行った33項目の行動変数を抽出した。これらのデータに対して非計量的多次元尺度構成法のひとつで、変数間の類似性を視覚的に表示する最小空間分析（SSA：Smallest Space Analysis）を実施したものである。分析の結果、強姦事件で共通する特徴と5つの異なる行動グループが認められた。彼らはこれらの行動グループが犯人の犯行テーマを意味すると解釈し、5つの犯行テーマは、それ

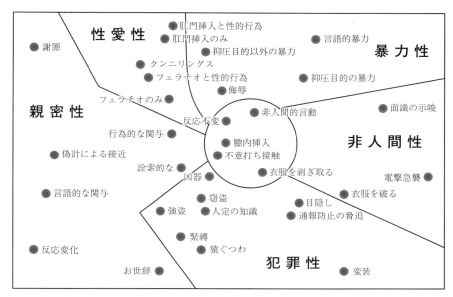

出典：Canter & Heritage, 1990を著者が編集。

図3-1　強姦事件の犯行テーマ分析

ぞれ親密性，性愛性，暴力性，非人間性，犯罪性と命名された。親密性とは被害者と親密な関係を築きたいという行動パターン，性愛性とは被害者を媒体としてあらゆる性的行為を実行したいという行動パターン，暴力性とは被害者への過剰な暴力を行使するという行動パターン，非人間性とは被害者を人間としてではなく搾取の対象にしている行動パターン，犯罪性とは犯罪者として洗練されている行動パターンを意味する。また，図3-1の中央部は犯行テーマというよりも，強姦事件に共通した行動であり，犯罪構成要件を意味するものといえよう。この犯行テーマによって，犯人の犯行中の行動を総合的に理解することが可能であり，また，犯行テーマが犯罪者プロファイリングにおいて役立つ側面は，犯人の根底にある犯行動機の理解，事件リンク，犯人の取調べなどであると考えられている。

以上が，犯人像を推定する二大方法論である。しかしながら，実際の犯罪捜査では，犯人像を提供したとしても，その犯人の捜索範囲が示されなければ，捜査員にとって犯人の探索や発見，絞込みは困難である。犯人像と類似する人物を探

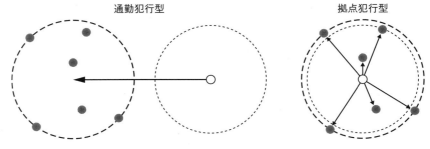

出典：Canter & Larkin, 1993を著者が編集。

図3-2　通勤犯行型と拠点犯行型の犯行地選択

すために，地理的な捜索範囲を絞り込む手法は，特に，「地理的プロファイリング」と呼ばれている。David Canterは，この地理的プロファイリングについても重要な仮説を提言した。その代表的なものは，図3-2に示したCanter & Larkin（1993）による通勤犯行型（commuter）と拠点犯行型（marauder）という概念であろう。

同研究では，連続強姦犯45名による犯行地点（犯行現場の住所）と犯人の居住地点（住居の住所）をデータとし，居住地点と犯行地点分布との関係を検討した。その結果，通勤犯行型と拠点犯行型という2つのタイプの犯罪者の犯行地選択モデルがあることを提言した。

通勤犯行型は犯人の居住地が犯行圏とは別の場所にあり，犯行時に居住地から移動して，特定地域内で犯行に及ぶタイプである。拠点犯行型は犯人の居住地と犯行圏が重なるタイプである。

Canterは，拠点犯行型の犯人に関する地理的な捜索範囲として，サークル仮説を提案した。サークル仮説とは，連続犯罪の犯行地点のうち最も離れた2地点を直径とする円を描き，その円内に犯人の居住地と犯行地が存在するというものである。先ほどの研究では，連続強姦犯45名中39名（86.7％）が拠点犯行型であり，サークル仮説が成立した。このように地理的な地点を利用してその地理空間分布の領域を作成する方法は，特に「点分布パターン分析」と呼ばれている（杉浦・中俣・水内・村山，2003）。日本においても，三本・深田（1999）が，疑惑領

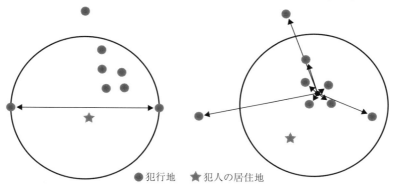

図3-3 サークル仮説と疑惑領域の概念図

域という点分布パターン分析手法を提唱した。同モデルは，地点分布の代表点の一種である地理的重心を用いていることから，Stuart Kind が提唱した重心モデル（Kind, 1987）の発展形と位置づけられる。わが国の犯罪捜査現場においては，サークル仮説と疑惑領域が，犯人を捜索するための地理的範囲を示す方法として，一般的に使用されている。両モデルによる地理的範囲の求め方を表現した概念図が，図3-3である。

地理的プロファイリングでは，犯罪者の認知地図（cognitive map），あるいは心理地図（mental map）という概念が用いられており，環境心理学的な視点が関連している。特に，犯罪の環境的な側面に焦点を当てた学問領域は，「環境犯罪学」とも呼ばれている。この学問領域からは，犯人の地理的な捜索範囲を絞り込む重要な仮説として，日常活動理論（routine activity theory）と犯罪パターン理論（crime pattern theory）があげられる。

図3-4に示したとおり，Cohen & Felson（1979）によれば，日常活動理論は，犯罪が発生するためには機会が重要であるという考え方をする。その機会とは，犯行現場となる適当な対象，犯意のある者，そして，犯行の目撃者となる監視者の不在という3つの条件が揃った時である。

警察活動における日常活動理論の利用方法は，主に2つに分けられる。ひとつ

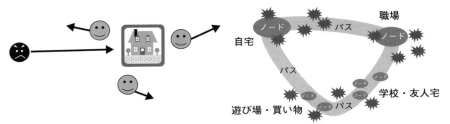

- 犯罪発生機会の3条件
  - 適当な対象
  - 犯意ある者
  - 監視者の不在
- 犯罪捜査
  - 3条件が揃った時空間で検挙
- 犯罪抑止
  - 3条件を揃えない時空間の防犯

- 犯罪が発生する場所
  - ノードと近傍（主な活動場所）
  - パスと近傍（ノード間経路）
  - サイト（現場環境の類似性）
    アフォーダンス（犯行を誘発する環境）

図3-4　日常活動理論と犯罪パターン理論

は，犯罪捜査における利用であり，3条件が揃った時空間に重点をおいて犯人を検挙するという方法である。もうひとつは，犯罪抑止における利用であり，3条件を揃えないように，時空間に対して重点的な防犯活動や警察活動を展開するという方法である。

また，犯罪パターン理論は，図3-4に示したように，犯罪は犯人の主な活動場所である自宅，職場，学校・友人宅，遊び場・買い物をする場所等の近傍であるノード，ノード間の移動経路及び近傍を含むパスにおいて発生するという考え方である（Brantingham & Brantingham, 1993）。これは，個人の認知地図の一部である日常生活における行動空間が，住居，雇用，商用娯楽等の主な活動拠点とそれらを結ぶ道路網によって表現可能なことを意味している。特に，連続事件におけるサイトに関しては，サイト間の現場環境の類似性という視点も重要となる（岩見，2008b）。Gibson（1979）による生態心理学的な視点からは，連続事件においてこのような類似性が認められる場合，それらの犯行現場には犯行を誘発

する価値をアフォードしているとも表現できる。

　犯罪者プロファイリングに関する主な手法及び仮説・理論は，以上のとおりであるが，次節では，犯罪者プロファイリングと社会心理学に共通する研究領域について述べる。

2　犯罪者プロファイリングと社会心理学に共通する研究領域

　Copson（1995）は，犯罪者プロファイリングを「犯行現場や被害者，その他入手可能な証拠類の詳細な評価によって，犯人属性を演繹する警察の捜査手法」であると定義した。わが国の犯罪捜査に照らし合わせても，この定義は最も現実場面に適合するものである。すなわち，犯人の絞り込みに有益なあらゆる情報を駆使して，当該事件の犯人について推定するものと理解できる。また，Jackson & Bekarian（1997）によれば，犯罪者プロファイリングは，臨床経験や研究，犯罪者に関するデータベースの統計的分析に基づいて実施されるという。さらに，犯人属性を演繹するプロセスには，社会的・心理学的な（social and psychological）査定による解釈が伴うと述べている。このような犯罪者プロファイリングが可能であるという根拠として，「類似した事件特徴を有する事件の犯人属性には，共通性が認められる」という仮説が存在すると主張している（Burgess, Ressler, Douglas, 1980; Canter 1997）。さらに，Mokros & Alison（2002）は，このような犯罪者プロファイリングの基底条件となる「類似した犯行をする犯人たちは類似した特性を持つ」という前提を「相同仮説（homology assumption）」と名づけている。

　警察庁（2014）によれば，現在の日本における犯罪者プロファイリングの定義は，「犯行現場の状況，犯行の手段，被害者等に関する情報や資料を，統計データや心理学的手法等を用い，また情報分析支援システム等を活用して分析・評価することにより，犯行の連続性の推定，犯人の年齢層，生活様式，職業，前歴，居住地等の推定や次回の犯行の予測を行うものである」とされている。

　以上をまとめると，調査対象となる事件及び捜査に関する情報を用いて，推定の過程では，「社会的，心理学的な査定による解釈」を経て，犯人像という結果が得られることになる。

　犯罪者プロファイリングは，「未知の他者の属性を推定すること」とも表現で

きる。この部分は，犯罪者プロファイリングの根幹を成すものであり，分析手法である推論方法と大きく関わっている。一方，社会心理学における社会的推論には，他者の属性推論（dispositional inference）という概念がある。そのうち，対応推論理論は，相手の言動から，相手のパーソナリティ，態度，嗜好等の内的属性を推論するものである。つまり，観察不可能な属性を推論するものといえる。犯罪者プロファイリングにおいても，犯人の言動は重要な分析データであり，他にも犯人の外見特徴等，目撃者の供述を評価する。社会心理学と大きく異なるのは，犯罪者プロファイリングでは内的属性ではなく，犯人の外見特徴，経歴等の観察及び捜索可能な外的属性の推定をより重視している点である。

特に，社会心理学では，この推論過程について重要な示唆に富む研究の蓄積がある。その中でも，「社会的認知（social cognition）」は，推論過程という狭義の犯罪者プロファイリングにとって重要な基底概念となる。社会的認知とは，社会的な世界についての情報処理過程であり，その研究領域では，人が社会的な情報をどのように解釈し，予測し，判断や行動につなげているか，そこでの誤りやバイアスがなぜどのように生じるかを把握して，人とはいかなる存在かが探求されている（外山，2015）。山本・外山・池上・遠藤・北村・宮本（2001）によれば，社会的認知という研究は，社会心理学においても認知的アプローチを取り入れた比較的新しいもので，研究領域としてスタートしたのは1980年代からだという。

社会的認知に関する知見は，社会心理学以外の様々な専門分野における専門家の誤った判断の回避方略として，既に取り組まれている。たとえば，医療現場での誤診につながる認知バイアスとヒューリスティックスとしては，係留，利用可能性，基準率の無視，早期閉鎖，代表性の拘束，捜索の満足，開梱原理，文脈エラーを抽出し，誤診を低減するためのチェックリストが開発されている（Ely, Graber, and Croskerry, 2011）。同研究では，2過程理論に基づく診断的推論モデルも示されている。2過程理論とは，人は判断，推論等の意思決定において，直感的な情報処理と分析的な情報処理の2系統で調整して，結論を導いているという概念である。

また，法心理学（広義には犯罪・非行，法律，警察，被害者，裁判，矯正等，民事及び刑事司法システムに関係した心理学）の分野では，裁判証拠に関わる鑑定人に対して，鑑定におけるバイアス意識及び脱バイアス方略について調査を実施している（Neal & Brodsky, 2016）。その結果，先行研究で支持されているバ

イアス修正方略としては，客観性を示す訓練を受けること，直ちに鑑定書を作成せずに情報の評価について考察する時間を設けること，結論をクリティカルに検討すること，鑑定人の意思決定パターンを検証すること，構造化された評価方法を用いること，鑑定経過についてメモをつけることなどであった。法心理学は，犯罪者プロファイリングの分野と最も近接した領域であるが，両者には決定的な違いがある。法心理学は医療現場における「診断」に近いが，犯罪者プロファイリングは診断ではなく，「推定」を限界に位置づけている点であろう。

さらに，Leary and Miller（1986）は，不適応行動の発現，診断，治療という一連の流れにおいて，社会心理学と異常，臨床，カウンセリング心理学が重なり合う領域を3つのカテゴリーに分類した（表3-4を参照）。ひとつは，「社会 - 劣性学的心理学」であり，不適応行動の発現とその維持に含まれる対人的過程を研究するものである。ふたつめは，「社会 - 診断心理学」であり，心理的問題の同定と分類における対人過程の役割に焦点が当てられている。これらの診断の根底には，社会的推論の問題が含まれている。そして，3つめが「社会－治療心理学」であり，カウンセリングや心理療法における対人的過程の研究である。

犯罪も不適応行動の一種であることから，この分類は，犯罪心理学，捜査心理学，犯罪者プロファイリング，法心理学にも利用可能な概念であると考える。

表3-4の内容を犯罪者プロファイリングに置き換えた場合，不適応行動の発現は，犯罪の背景や犯人の犯行動機の理解に関連している。また，不適応行動の診断は，犯罪者プロファイリングにおける推定に関わる部分である。特に，表3-4の臨床的診断に関しては，統計的意思決定と直感的意思決定，内観の限界，判断における性格重視バイアス，先入観の束縛，信念への固執，確証バイアス，誤った関連づけ，自信過剰，誤った推論の行動的確認といった誤診に関連する問題を取り上げている。これら誤診の回避方略として，教育，統計の使用，別の選択肢の検討，明確に決定を行う，判断を遅らせるといったことが指摘されている。さらに，不適応行動の治療では，クライエントに該当する問題を，犯罪者プロファイリングのユーザー側に関係する問題として置き換えて考えることができよう。

実際のところ，犯罪者プロファイリングの研究領域においても，社会心理学的な枠組みに属するバイアス回避等の問題，さらに捜査への活用というコミュニケーションに関する問題が指摘されている。Alison（2011）は，犯罪者プロファイリングを含む行動科学による捜査助言（behavioural investigative advice：

表 3-4　不適応行動の発現，診断，治療における社会心理学的過程

	社会心理学的現象	不適応現象への関連性
不適応行動の発現	帰属	身体状態，心理状態の解釈；ネガティブな事象に対する反応；自責；知覚された無力感；抑うつ
	攻撃	幼児，配偶者の虐待；レイプ；一般的な敵意
	自己提示	評価懸念；仮病；精神病理の印象操作
	人間関係	結婚問題；対人的葛藤；コミュニケーション障害；孤独感；嫉妬心；社会的支援
	社会的比較	自己概念の形成と変容；自分の精神的健康についての推測
	同調	薬物，アルコールの使用；喫煙
	自己	自尊感情，アイデンティティの問題；自滅的行動；没個性化と反社会的行動
	モデリング	社会的技能の障害；対処のスタイル
	役割	不適応的な役割行動；役割葛藤
不適応行動の診断	対人認知	クライエントに対する印象形成；特定の障害に対するステレオタイプ
	判断のヒューリスティック	不確定条件下での診断
	帰属	クライエントの問題の原因の帰属
	レッテル貼り	診断のレッテルが後の診断に及ぼす影響；レッテルの自己成就
	推論のバイアス	臨床判断におけるバイアス
	同調	残基的ルール（residual rule）違反
不適応行動の治療	態度	治療における態度変化
	社会的影響・勢力	心理治療とカウンセリングの過程；入院患者の勢力使用方略
	影響に対する抵抗	クライエントの抵抗；治療訓練への応諾；逆説心理療法
	対人魅力	セラピスト-クライエント関係
	集団力学	集団心理療法
	自己成就的予言	治療における期待効果；希望
	認知的不協和	治療における努力の正当化
	自己	治療における利己的な抵抗；拒否；抑圧
	モデリング	ロール・プレイング；社会的技能の訓練
	人間関係	社会的サポート；ストレス事象に対する対処；転移

出典：Leary and Miller, 1986を著者が編集。

BIA）における専門家に必要な能力として，表 3 - 5 に示した 17 項目を挙げている。

　表 3 - 5 の項目のうち，狭義の犯罪者プロファイリングである推定に関する部分は，統計的な基準率の使用，別の選択肢の検討等のバイアス回避が含まれている。先に述べた医療現場，法心理学の鑑定，不適応行動の発現から治療までの，それぞれの社会心理学的過程と共通している点が多いといえよう。これらと大きく異なる点は，医師，法心理学の鑑定人，治療者は，目の前にいる患者や対象者との対個人の関係であるのに対し，犯罪者プロファイリングの分析者は，未知の対象者を相手とし，さらに捜査機関という組織との交渉が含まれている点で，対集団にまで社会心理学的過程が関係してくることである。特に，対組織的な交渉については，広義の犯罪者プロファイリングに関わる部分である。

　また，本論文がテーマとしている犯罪者プロファイリングを含め，被疑者が特定されていない段階での捜査状況においては，Simon（1947）のいう「限定合理性（bounded rationality）」の問題を意識する必要があると考える。限定合理性とは，「人は意思決定に際して必要なすべての情報を入手することもできないし，すべての選択肢を比較検討することも不可能である。そのため，人は限られた認知や思考の範囲内で主観的な合理的な判断に基づく意思決定を行い，目標に対して満足できるような成果を得ることを目指すことになる」という概念である（池田・唐沢・工藤・村本, 2010）。

　ところで，Ely ら（2011）による医療現場の診断的推論における 2 過程理論は，犯罪者プロファイリングの推論過程においても重要な概念である。Ely らのモデルは，直感的処理を Type 1，分析的な処理を Type 2として表現しているが，2 過程理論には様々なものが提唱されてきた。図 3 - 5 は，いくつかの 2 過程理論を示しながら，狭義の犯罪者プロファイリングについて重点的に示した概念図である。

　また，実際の犯罪者プロファイリングにおける 2 過程の推論処理について想定例を示したのが，図 3 - 6 である。

　この図は，ある連続凶悪事件で，最も離れた犯行現場間の直線距離が 8 km であった時，それを分析者がどのように評価し，推論していくかの想定例である。直感的には犯人が自動車を用いて犯行に及んでいるという推論をしている。しかし，この凶悪事件に関しては先行研究があり，犯人の移動手段別に現場間距離の基準率が利用できれば，分析的な処理も同時に実施できる。その一方で，連続凶

表3-5　BIAの専門家として必要とされる特徴

1	参照や戦略的・戦術的オプションについて，捜査幹部と明確に交渉する能力（それが捜査に有用で捜査を前進させるものであり，現実的な期待であり，科学文献で現在知られていることと一致している場合に）
2	捜査幹部の期待の管理（助言が得られるまでにかかる時間，アドバイスの有効性や均整に関して）
3	捜査側からどのような情報が求められるかを知り，行動科学による支援に役立つどの情報が欠損となりえるかを知ること
4	冗長な情報から価値あるものを選択する能力（大量の文書から最も価値のあるものを素早く順位づける，分析中の特定のケースに参照する理由を明確に述べることができる）
5	情報やデータに「パターン」を認識する能力と，そのパターンが何か，その意味を明確に述べる能力，そして，異常を認識し，なぜ異常になるのかを認識する能力（たとえば，犯罪者は拠点犯行型のように見えるが，被害者特徴は他方の通勤犯行型を示唆する場合）
6	重大事件捜査の強い圧力のもとにある政治や組織，対人間の緊張について自覚し，完全に理解すること
7	運用可能にすることなしで診断基準を用いる不適切さを認識する能力（たとえば，実際に捜査を前進させる戦略的な方向性を持っているときのみ，心理学的な「専門用語」を用いる）
8	主張の均整や明晰さと捜査幹部の言葉で話す能力
9	ある者が情報の特定の解釈に全く同意しないときに，捜査幹部に立ち向かう自信（敬意を持ったまま，如才なく）
10	基礎に焦点を合わせる能力（能力，性的な多様性の幅，基準率）
11	選択肢を考慮し，ひとつがあまりにも柔軟性のない経路に認知的に低減されるときに，それを認識する能力（初期の見方を変える，あるいは覆すために，オプションを維持し，認知的に「生かして」おく）
12	報告書における，明確な構造と明確な表現をもった主張
13	単一の経路や実践的なオプションではない仮説を立てる能力
14	文献と事件の事実を総合的に扱う能力
15	自己の能力のレベルを知り，いつ一歩下がるべきか，いつ他の専門家にいつ相談すべきかを知ること
16	限界・境界を認識し，自分をモニターすること
17	警察幹部が理解していないとき，それに気づくこと

出典：Alison, 2011を著者が編集。

悪事件の一部の犯行現場は互いに近接しており，その周辺道路網が複雑であるため，自動車移動が難しいという直感的な仮説が生じ，その確認のため現場調査が必要になることもある。犯人の移動手段は，一通りではなく，状況に応じて異なるのかもしれないという別の選択肢が生じてくる。このように，直感的処理と分

第3章　犯罪者プロファイリングにおける社会心理学の役割　35

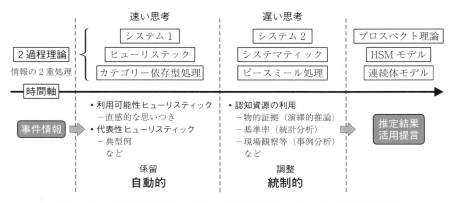

図3-5　犯罪者プロファイリングの推論における社会心理学的過程

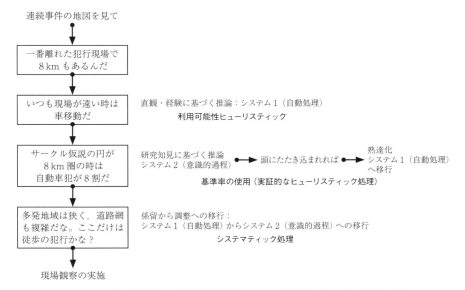

図3-6　現場間距離の情報評価に関する2過程理論による推論想定例

析的処理は，相補的な関係があり，双方向的な関係でもあると考えられる。犯罪者プロファイリングは，常に，バイアスによる判断ミスに晒された中での「推定」である。限定合理性という限界を理解していれば，逆に，「診断」ではなく，「推定」という立場を最大限に利用することができ，捜査での柔軟な思考や用途が広

がるのではないかと考える。また，このことは，犯罪者プロファイリングにおける推論過程だけではなく，犯罪捜査において様々な意思決定をする立場にある捜査員を含むすべての人に当てはまる推論過程でもあるといえよう。このように，誤った判断の危険性とその回避方略については，社会心理学及びこれまで述べた臨床心理学等の境界領域が蓄積してきた知見が，非常に有益なものと考える。最近の社会心理学では，進化論的観点が導入されており，そこではヒューリスティックが，人の適応上何らかの利益をもたらしたものと説明されている（外山，2015）。ヒューリスティックは，素早く簡便な意思決定の方略であり，日常的な場面では，多くの場合，適切な判断を導いており，適応的なものと考えられている。

本論文における犯罪者プロファイリングと社会心理学の研究領域との接点は，表3-6に要約した。狭義の犯罪者プロファイリングである分析過程では，社会的認知，社会的推論におけるバイアス修正のための基準率として利用できる推定規則の発見と蓄積について強調したい。ここでは，研究と実務の双方が関係する。また，広義の犯罪者プロファイリングである推定結果の活用過程では，ソーシャル・ネットワークに配慮した組織的運用方策という視点を強調したい。ここでは，主に実務が関係するが，今後はこの部分についても組織的な研究の進展が望まれる。

これまで述べたように，他者についての評価，判断，推論は，社会心理学のひとつの研究領域であるため，犯人に関する推論の過程においては，社会心理学的過程との接点が存在する。また，実際の犯罪捜査場面においては，犯罪者プロファイリングの分析者は，科学捜査研究所の心理職員や捜査支援担当部門の警察官であり，犯人の検挙活動に直接関与するわけではない。あくまでも捜査支援としての関与であり，実際に捜査活動を実行するのは，現場の捜査員である。したがって，捜査現場における犯罪者プロファイリングの分析者は，他者の属性を推定するだけではなく，ユーザーである捜査員が理解しやすい形式で推定結果を示し，推定結果から提案される捜査事項を実際の捜査において捜査員に実行してもらう活用方策をも考えてきた。

このように，犯罪者プロファイリングを現実の捜査に反映させる過程まで含めて考慮すると，分析者もしくは分析チームと，捜査員もしくは捜査陣という対人関係や集団関係というテーマにまで拡大していく。本論文の総合考察に関係する

表3-6 本論文における犯罪者プロファイリングの社会心理学的過程

	犯罪者プロファイリングの過程	対応する社会心理学的過程
研究	犯行特徴と犯人属性の共変関係	属性推論（内的属性よりも，外的属性の推定規則の発見を重視） 基準率等の実証的なヒューリスティック（バイアス等の回避方略として活用）
実務での推論	情報収集（捜査書類，現場観察，捜査進捗状況，先行研究等）	社会的認知（2過程理論による推論） バイアス等回避方略（係留，利用可能性，基準率の無視，早期閉鎖，代表性の拘束，捜索の満足，開梱原理，文脈エラー）
	情報集約及び優先事項（検挙に寄与しそうな推定を優先する）	限定合理性（不確実な状況下での合理的な意思決定）
	統計的分析と事例分析による各種推定事項（同一犯事件の推定・抽出，犯人像の推定，今後の犯行予測，生活圏の推定等）	社会的認知（2過程理論による推論） バイアス等回避方略 新たな基準率（先行研究がなければ，類似解決事件の犯行特徴と犯人属性の共変関係について分析を実施）
	分析結果（検挙に寄与する推定のみを選別して結論を下す）	限定合理性（不確実な状況下での合理的な意思決定）
実務での活用	報告書の作成（読み手の情報処理に配慮）	ソーシャル・ネットワークへの配慮 コミュニケーション・ルール 組織的運用方策
	報告書の配布先（組織捜査の規模と計画）	
	説明による捜査強化（関係部署の情報共有，検挙に向けた組織全体の動機づけ強化等）	説得とメッセージ（捜査員に向けた） 異文化（分析者と捜査員という異職種） 強い紐帯（捜査員間ネットワーク）

「犯人検挙の意思決定に役立つ総合的な分析手法」には，このような社会心理学の観点が，重要，かつ不可欠である。わが国では，このような観点から考察した研究は，少なくとも認められないのが現状であることから，本論文の価値は，正にこの点にあるといえよう。

次節では，犯罪者プロファイリングと社会心理学で共通する統計的な分析方法について述べる。

3　犯罪者プロファイリングと社会心理学に共通する分析方法

犯罪者プロファイリングは，被疑者が特定されていない事件において，その犯

人像を推定し，推定結果を犯罪捜査に活用して，被疑者の検挙を支援する捜査支援技術である。すなわち，犯罪者プロファイリングの根幹には，推定と捜査活用という2つの大きな過程が存在する。

推定は，社会心理学における社会的推論の領域に含まれる。本論文の概念では，犯罪者プロファイリングは推定に限定せず，推定結果を捜査に活用するまでの過程を含めている。そのため，捜査への活用という過程では，分析者間，分析者と捜査員，捜査陣，関係組織との間のコミュニケーション，ネットワークが不可欠となる。つまり，社会心理学における対人関係，集団，組織といった側面が関係してくるのである。

社会心理学における統計的な分析方法は，量的研究において多変量解析等の多くの変数を取りあげて，それらの関係性や特定属性との関係性を見いだすものが多い。たとえば，決定木分析は，社会心理学の研究分野のひとつでもある購買等の消費者行動の分析（豊田, 2006），コミュニケーション研究における発話タイミングの決定（Kitaoka, Takeuchi, Nishimura & Nakagawa, 2005）でも使用されている。また，コレスポンデンス分析と数理的に同等であることが知られている数量化Ⅲ類は，農村居住高齢者のコミュニケーション・ネットワークの研究（広田, 2003），災害避難所におけるリーダーの研究（清水・水田・秋山・浦光・竹村・西川・松井・宮戸, 1997）といった社会心理学の分野でも使用されている。

これらの多変量解析による量的研究の方法は，犯罪者プロファイリングにおける英国のDavid Canterらによる多次元尺度法を用いた研究（たとえば，Canter & Heritage, 1990），わが国における数量化Ⅲ類を含むコレスポンデンス分析（たとえば，高村・横井・山元, 2002），ロジスティック回帰（たとえば，横田・渡邉・和智・大塚・倉石・藤田, 2015），決定木分析（たとえば，岩見, 2013b），ベイジアンネットワーク（たとえば，財津, 2008）を用いた研究とも共通している。

家島（2014）によれば，社会心理学の領域では，従来から量的方法が伝統的であったが，最近は質的研究も少しずつ増えてきているという。質的研究の代表的な方法としては，インタビュー，フィールドワーク，テキストマイニング，KJ法等がある。量的方法は，現象の一般化，仮説検証に適した方法であるのに対して，質的方法は，現象の深い理解（事例の詳しい記述），新たな仮説の生成に適した方法である。両者は相補的な関係があり，どちらかが優れているというものではない。社会心理学では，電子メールの分析にテキストマイニングを用いた研

究（花井・小口，2008），地域における日本語支援現場におけるフィールドワーク的研究（森下，2007）などがある。犯罪者プロファイリングの質的研究においても，実務事例に対する捜査担当者へのインタビュー等に基づいた研究があり，捜査ニーズや分析方法の発展への理解に役立っている（たとえば，岩見，1999a）。また，犯罪者プロファイリングの過程そのものが，フィールドワークといえる。テキストマイニングについては，脅迫文書や犯行声明文等の犯罪に関する文書の筆者識別に関する研究がある（たとえば，財津・金，2015）。

なお，原岡（2015）は，最近発表されている研究内容が研究課題を高度に抽象化，モデル化，操作し，結果の解釈が困難になっており，現実の過程と比較すると，その過程に飛躍があるように感じると述べている。原岡は調査研究についても例をあげ，調査項目，対象，場の適切性は検討が十分ではなく，研究課題と調査の内容，調査協力者の心理状態がマッチしていければ意味はないと主張している。研究手続きの抽象化は望ましいが，人間行動の本質を突いているか考察する必要があるとも述べている。

犯罪者プロファイリングは，捜査活動等で得られた情報を分析者が調査収集し，情報を分析する。その時点において，犯人の発見に有用と考えられる犯人の属性や行動を推定し，分析結果を捜査員が捜査に活用し易い形式で提供，説明することが重要となる。このように，犯罪者プロファイリングの調査項目，対象，場の適切性自体は，実務課題であるため，原岡が指摘した問題点は認められないと考えられる。

むしろ，上記の犯罪者プロファイリングの過程に焦点をあてると，抱えている研究課題は，事件情報からの犯人属性の推定に関する分野だけに限定されるものではないことが見えてくる。実際に，研究課題は，分析データの質と量及び推定結果の精度に影響する情報の選別方法，データの整理及び分析方法，犯人検挙を支援できる推定結果の選別方法及び提供のタイミングの判断，捜査員に対する分析結果の説明方法，捜査員による分析結果の活用方法，検挙された犯人と推定結果の符合性等，多岐にわたると考えられる。

これらの研究テーマは，実務が開始されてから暗黙知や実践知として徐々に蓄積されている。実務的にはそれらの一部分は形式知として，研究論文，学会発表，学会シンポジウム，警察における部内教養，トレーニングや教養の資料という場や媒体によって，分析者間及び捜査員間で共有可能な状態となってきている。し

かしながら，小野・倉石・横田・和智・大塚・渡邉（2013）による実務事例に関する捜査員の満足度の分析のような例外的な研究を除けば，犯人の属性推定及び推定結果との符合性以外の部分についての心理学的な研究は，実務上可能であっても，社会安全上の問題から，研究論文としての公表はかなり制約されると考えられる。

　犯罪者プロファイリングにおける調査項目は，調査対象者である犯人自身の身体的特徴やその他特徴等の静的属性，犯行に関連した被害者及び目撃者等の関係者の特徴や犯行現場の環境特徴といった静的属性，犯行に関する犯人自身の行動及び関係者や環境との相互作用といった動的属性に分類できる。これらの属性の多くは，犯人の選択行動に関係し，目撃証言という主観的な情報源だけではなく，生体資料や防犯カメラ等の客観的な情報源によって特定できることもある。また，実務においては，事件発生時にマスメディアが取りあげるような犯人の心理状態を扱うことは，ほとんどない。犯罪者プロファイリングは犯人発見を支援するものであるため，犯人の心理状態に関する分析は，精神疾患や異常な犯行動機等に限られる。犯行時の行動に関する心理描写は，捜査対象者の絞り込みや発見の過程では役立つ場面は少ない。心理描写よりも，他の法科学的な証拠や情報，心理描写以外の犯罪者プロファイリングによる静的・動的な属性に関する推定結果に基づくのが通例である。心理描写に関することは逮捕した被疑者の取調べにおける自供内容やその他の裏付け捜査の結果に基づくべきであると考える。

　上記調査によって得られた情報の多くは，質的なデータであり，犯人の選択行動の有無という名義尺度が主体となる。量的変数は犯行地と犯人の住居等拠点との距離，犯行間隔等の時間等の非常に限られた情報である。また，時間変数は本来量的変数だが，質的変数に変換したうえで統計的な分析に用いられることが多く，時間変数を量的変数のまま扱った研究はほとんど存在しない。したがって，統計的な分析を用いるとすれば，カテゴリカル変数に対する記述統計，多変量解析が主体となる。質的研究であるがゆえ，研究の多くは仮説生成的なアプローチに位置づけられ，一部の研究はさらにシミュレーションによって，仮説の検証を試みているものもあるため，仮説検証的なアプローチも含まれる（たとえば，財津, 2011；松田・荘島, 2015）。

　かつて，筆者は，研究者の視点から，わが国における犯罪者プロファイリングについて，犯罪者プロファイリングに特化したデータ収集の必要性を訴えていた

（横井，2000a）。しかしながら，現在の捜査環境を考慮すると，国内で発生したすべての事件について，心理学的な調査によってデータベース化するコストパフォーマンスは，DNA型鑑定，防犯カメラ解析，デジタルフォレンジック等の他の科学捜査力のコストパフォーマンスと比較するなどして，犯罪捜査及び警察活動全体を見渡させば，予算及び人員の配分をどちらに割くかは自ずと答えが出ることになろう。したがって，現在警察が保有している資料のなかから犯罪者プロファイリングに利用可能な情報を選別して研究する方法のほうが，コストパフォーマンス的には妥当なところと言え，現在行われているアプローチが現実的であると考えられる。

　次章からは，本論文のメインテーマである，わが国の凶悪犯罪に対する犯罪者プロファイリングの総合的な分析手法の開発に関わる筆者が主として実施してきた各研究と研究間の結びつきについて詳述する。

第4章 わが国の実務に必要な研究課題の明確化

1 連続窃盗事件に対する分析事例と検証(研究1)[1]

目的

本研究は,わが国における犯罪者プロファイリングの実務化が始まる以前に試行された,凶悪犯罪に発展するおそれがあった連続窃盗事件に対する犯罪者プロファイリングの分析事例に関する研究である。本事例は,捜査側の犯罪認知及び犯罪者プロファイリングの分析依頼から,犯罪行動の解釈及び犯人像の推定,分析結果の正誤及びユーザーである捜査員の評価等,一連の分析過程について検証したものである。すなわち,わが国における当時の犯罪者プロファイリングの方法及び経過について記述した初期の事例研究と位置づけられる。

方法

(1) 事件概要

分析着手の前年から当年にかけての1年間に,特定市内の特定地域で女性の下着等を窃取し,被害者宅に脅迫文を遺留する連続窃盗事件が発生しており,警察では同一犯による犯行とみなし捜査中であった。分析依頼の時点で同一犯とみなされた事件は7件であった。被害者はすべて女性であり,被害品は被害者の下着類や現金等であった。このうち,犯人が被害者宅に脅迫文を遺留した事件は6件であった。しかも,遺留された多くの脅迫文が,現場調達の刃物で突き刺されていた。

(2) 分析資料

捜査側は犯人が選択した侵入手口から,犯人が犯罪経歴者であると考えていた。

---

[1] 岩見(1999a)に掲載されたものを再編集したものである。

表4-1 現場に置かれた脅迫文の表現（現物はカタカナ表記）

犯行	脅迫文の表現
1	警察に連絡した場合はお前と仲間を殺す！その方が楽しいけどな！写真はもらっていくぞ！
2	警察に通報したら次は殺す覚悟しておけ
3	今回はこれで許してやる警察に通報すれば次はこんなものでは済まされないぞ！窓くらい閉めた方が良いぞ
4	警察に通報すれば次は殺す
5	脅迫文なし
6	警察に通報すれば次は殺す！
7	午後9時に電話するあんたを殺すために来たんだが気が変わった話で聞いていたよりも美人だったから警察に通報しても良いがその場合は任務を遂行する交渉する気があるなら電話を待て

捜査側の依頼事項は，脅迫文のみから犯人の年齢を推定してほしいというものであった（表4-1）。筆者は脅迫文に記載された犯人が選択した言語表現を精査した結果，犯人の年齢は推定不能とした。しかしながら，捜査側が作成した犯行行動を記載した事件一覧表を検討すると，犯人の年齢及びその他の犯人特徴について，いくつか推定できると考えた。

(3) 分析方法

犯人像を推定する際に，どのような方法論を利用するかが問題となる。田村 (1996) によれば，犯人像の推定手法は，2種類に大別されていた。ひとつはわが国においても著明なFBIによる手法であり，もう一方はDavid Canterによる手法である。

FBIプロファイラーは，「経験的知識と直観的洞察」が重要であると強調している (Hazelwood & Burgess, 1995)。彼らの分析対象は，性的殺人，儀式的犯罪，強姦，幼児わいせつ，放火であり (Geberth, 1993)，主として，性的要素を伴う凶悪犯罪に限定されている。分析に際しては，臨床的知見と犯罪捜査に関する知識が必要となる。

一方，Center & Heritage (1990) は，犯罪行動の形態を識別するために最小空間分析という多変量解析を使用している。彼らはFBIプロファイラーが強調

表4-2 脅迫文から作成した脅迫表現に関する2値変数

	警察	通報	お前	仲間	殺す	楽しい	写真	貰う	覚悟	許す	施錠	気変	連絡	美人	交渉	待て
事件1	1	1	1	1	1	1	1	1	0	0	0	0	0	0	0	0
事件2	1	1	1	0	1	0	0	0	0	1	0	0	0	0	0	0
事件3	1	1	1	0	1	0	0	0	0	0	1	1	0	0	0	0
事件4	1	1	1	0	1	0	0	0	0	0	0	0	0	0	0	0
事件6	1	1	1	0	1	0	0	0	0	0	0	0	0	0	0	0
事件7	1	1	1	0	1	0	0	0	0	0	0	0	1	1	1	1

表4-3 事件一覧表から作成した犯罪行動に関する2値変数

	階上	階下	前年	本年	現金類	他物品	郵便受	無施錠	窓破壊	錠逃走	他逃走	物色多	物色少	夜発見	昼発見	置文	包丁	衣類	写真	貴金属
事件1	1	0	1	0	1	1	1	0	0	1	0	1	0	1	0	1	1	1	1	0
事件2	1	0	0	1	0	0	0	1	0	0	1	1	0	1	0	1	1	1	0	0
事件3	1	0	1	0	1	0	0	1	0	0	1	1	0	1	0	1	1	1	1	0
事件4	0	1	0	1	0	1	0	0	1	0	0	1	0	1	0	1	1	0	1	1
事件5	0	1	0	1	1	1	0	0	1	0	1	0	1	0	1	1	0	0	1	0
事件6	0	1	0	1	1	0	0	0	1	1	0	1	0	1	0	1	1	0	1	0
事件7	0	1	0	1	0	0	0	0	1	0	1	1	0	1	0	1	0	1	0	0

する経験的知識を一般化できるのかを多変量解析を介して検証しようとしている。Canterの手法は，連続犯罪であれば，罪種に制約はなく，主として社会科学と犯罪捜査に関する知識が必要となる。

　本事例では分析方法として多変量解析を利用し，同時に筆者の経験的知識やFBIの研究知見を利用した。多変量解析には，渡邊・田村（1997）で使用されたコレスポンデンス分析を採用し，さらにクラスター分析を実施した。

　各犯行について脅迫文を語句単位に分離し，表4-2に記載した2値変数を作成した。事件一覧表の情報についても，表4-3のとおり2値変数を作成した。これらのデータについては，SASプロシジャを使用し，それぞれコレスポンデンス分析とクラスター分析を実施した。

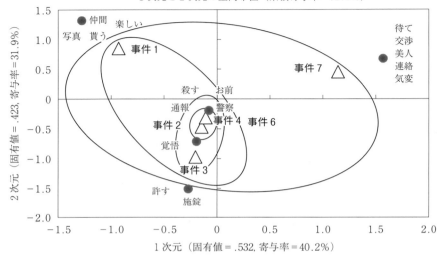

図4−1　脅迫表現に関するコレスポンデンス分析とクラスター分析

さらに，犯人の居住地や今後の犯行発生領域の推定には，三本・深田（1998）が開発したPower Plot Professionalを利用した。加えて，筆者自身がポリグラフ検査等を通して習得した犯罪に関する経験的知識を利用した。

結果

脅迫表現に対するコレスポンデンス分析及びクラスター分析の結果は，図4−1である。この布置図は，事件間における脅迫表現の類似性と特異性を示しており，犯人の主たる脅迫目的と犯行動機である欲求の変化を読み取った。

布置図中心部の変数から，犯人が被害者宅に脅迫文を残した主目的は「通報阻止」と推定した。また，布置図周辺部の変数から，1件目の犯行は「物欲」であったが，犯行中盤である3件目では「対人欲求（説教）」に芽生え，最終犯行である7件目では「対人欲求（接触）」へと，犯行を重ねるにしたがって欲求の変遷が認められると解釈した。以上の結果から，犯人は7件目の被害者宅を再訪する可能性が高いと推定，現行犯逮捕のチャンスであると回答した。

第4章 わが国の実務に必要な研究課題の明確化 47

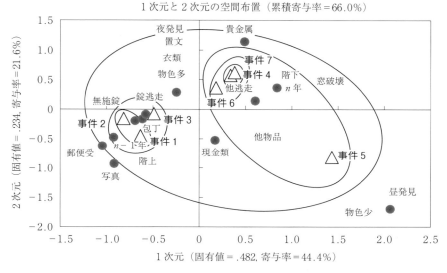

図4-2 犯罪手口に関するコレスポンデンス分析とクラスター分析

　図4-2は犯罪行動に対するコレスポンデンス分析及びクラスター分析の結果である。この布置図は，犯行対象である建物への侵入方法の犯行年による変化の理解，犯人の犯行時間帯の絞り込みに利用した。
　犯行初年は建物階上の施錠忘れの玄関から侵入していたが，次年の犯行では建物階下の窓ガラスの破壊に変化した。しかしながら，実際に低リスク，低コストの侵入方法は，施錠忘れの部屋への侵入であり，それは見かけ上の変化にすぎなかった。また，5件目の犯行は他の犯行と異質であり，被害者が昼間に帰宅して犯行が発覚し，脅迫文を残したり，女性の下着類を盗んだりする時間的余裕がなかった事件であった。通常，空き巣の被害届に記載される被害時間は被害者が外出してから被害者が帰宅後に被害に気づくまでの間である。それゆえ，実際の犯行時間はその間のごく一部分であり，本事例では主たる犯行時間帯が白昼であり，その時間帯に捜査力を投入するよう提言した。
　犯人の居住圏を推定する地理的情報の分析では，Power Plot Professional に犯行現場の所在地を入力すると，図4-3のような地図が作成された。
　この地図の×印が犯行7件の犯行現場である。事件1，2，7及び事件4，5

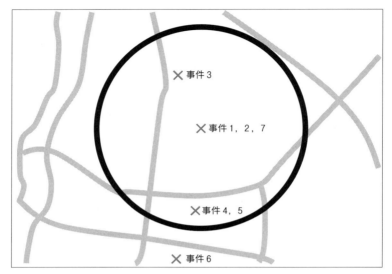

出典：岩見, 1999a を修正。

図4-3　Power Plot Professional によって作成した地図

はそれぞれ同一建物における犯行であった。犯行7件から算出された地理的重心は，事件1，2，7とほぼ同地点であった。地図内に記載の円は，地理的重心から各犯行現場までの距離の平均値と標準偏差を算出し，平均値＋標準偏差を半径としたものである。半径は約1kmであった。したがって，犯行7件は2km強の地域内で発生したことになる。本事例では，この重心円を次の犯行地予測に利用し，円内で今後犯行が発生すると予測した。また，事件1が犯人の最初の犯行であれば，その付近に犯人の居住地が存在するというFBIの研究知見も利用した（Ressler, Burgess, Depue, Douglass, Hazelwood and Lanning, 1985）。

　また，筆者の経験的知識の例として，犯人の年齢及び犯罪経歴の推定があげられる。年齢については，被害品に対する評価から犯人が中年層よりも年下であることが推測された。被害者の年齢を見ると，同世代と考えられたことから，被害者の年齢の平均値を犯人の年齢とし，標準偏差を年齢幅とした。犯罪経歴については，被害品の多様性，通報阻止を目的とした脅迫文の効力を評価することで，犯罪経歴がないと推定した。

第4章　わが国の実務に必要な研究課題の明確化　49

検証と考察

　Ainsworth（1995）によれば，犯罪者プロファイリングの精度に関する研究は皆無に近かった。この事件の被疑者は報告書提出後に間もなくして検挙されたため，被疑者の起訴後に担当捜査員に依頼し，管轄警察署で関係書類を閲覧し，担当捜査員との面接及び質問紙調査によって，推定結果の検証調査を実施した。推定結果と実際の犯人との一致度については，分析結果のメモから抽出した37個の推定項目について，捜査員5名が一致度を5段階評定した（表4-4を参照）。総合評価の平均は5点中4.5点であった。

　捜査指揮官との面接調査の結果，本事例の分析結果は，捜査方針と概ね一致しており，犯行地域，犯行時間，犯人像は張り込み捜査員への指示に役立ったとの回答を得た。また，捜査員5名に犯罪者プロファイリングに関する意見を面接調査した。まず，捜査における有効性については，全員が肯定的であったが，それは本事例の分析結果と捜査員の捜査方針が一致していたためと考えられた。捜査に有効な分析については，犯人の発見に役立つ意見，推定範囲は広げ過ぎない，誤った推定は捜査をミスリードするという指摘があった。適用罪種については，性犯罪，放火，特殊な物品の窃盗，犯罪手口を有する対人犯罪，連続犯罪があげられた。

　捜査員に対する調査結果に基づき，本事例の分析方法について考察した結果，次のことが指摘できると考えられる。多変量解析等の統計的手法は，分析結果によって犯行予測等の着眼点が発見できることもあるが，変数選択が非常に難しいと考えられる。FBIの研究知見や筆者自身の業務経験によって獲得された犯罪行動に関するスキーマは，犯人の年齢，職業，犯罪経歴といったいくつかの犯人属性を推定し，行動を解釈するうえで有効であったと考えられる。また，本分析の居住地推定は結果的に誤っていた。すなわち，犯人の住居は含まれず，その後の犯行地は円に近接していたに過ぎなかった。これは既存仮説の単純な適用の危険性を示すものであり，より多くの事例を分析し，さらに解決事件によって既存仮説の適用度や用途を検証する研究が不可欠であると考えられた。

　その他の重要な点としては，犯罪者プロファイリングでは，パーソナリティ特徴等の容易に観察できない特性の推定ではなく，外見特徴や警察情報を活用できるような容易に観察できる特性を推定すること，報告書は結果検証のためにも必

表4-4 推定内容と

No.	項目分類	犯人に関する推定
1	行動解釈	犯行5において,犯人は思う存分犯行を実行できなかった
2	物的証拠	女性の下着は逮捕されるまで大切に持っている
3	前歴者	犯歴はない
4	年齢	犯人は被害者と同年代であり,年齢は18歳から27歳までの間,23歳前後である
5	職業	犯人は学生や無職,定職のない者(フリーター),浪人生,教師の何れかである
6	物的証拠	下着以外の故買可能な品物も売買目的でなければ,所持している
7	服装	犯行帰りはそれなりに中身が膨らんだ袋物を持ち歩いている
8	生活環境	窃取品を堂々と持っていても親や他人に知られることのない環境で暮らしている
9	物的証拠	女性の衣類は犯人にとって性的空想の貴重な材料である
10	行動予測	犯行7以降の犯行では,被害者に何らかの接触を求める
11	服装	犯人はスーツを着た営業マンではない
12	生活環境	独居男性,家族と同居であれば,親兄弟は犯人にあまり関心を持っていない
13	手口再検索	男性被害者がいる場合,犯人は特定女性をターゲットにしていない
14	行動解釈	犯行5で窃取したバッグは被害品を持ち運ぶために窃取した
15	行動予測	強制わいせつや強姦といった性犯罪へと今すぐ発展しない
16	行動解釈	脅迫文を書いた意図は,主として被害の届出を阻止するためである
17	行動解釈	事件の発生順序は犯行6→犯行4→犯行5である
18	行動予測	犯行7では脅迫文が長文化しているので,その後の事件では脅迫文が長文化する
19	服装	犯行の際にはそれなりの入れ物を携帯している
20	手口再検索	前年以降,犯行地区周辺で男女を問わず1階窓ガラス破壊による住居侵入・窃盗がある
21	犯行時間	通常の犯行時間は,正午から夕方にかけてである
22	移動手段	現場のへの移動手段は徒歩,または自転車である
23	行動予測	犯行7及び今後の事件では,犯人が被害者宅に電話する
24	手口再検索	前年以降,犯行地区周辺で郵便受破壊,窓ガラス破壊以外の手口で下着盗がある
25	行動予測	犯人は女性と接して性的快楽を得る自信がなく,下着によって性行為を代償
26	犯行時間	犯行帰りは夕暮れ時である
27	手口再検索	前年から本年にかけて,侵入手口は郵便受け破壊から窓ガラス破壊に変遷した
28	出没場所	犯人は犯行の際に,A条とB条の間を通行している
29	犯行件数	一覧の犯行7件では,全ての犯行を網羅しきれていない
30	行動予測	逮捕前に警察にマークされていると察知したならば,証拠物件を処分する
31	手口再検索	前年以降,犯行地区周辺で男女を問わず郵便受破壊による住居侵入・窃盗がある
32	犯行動機	犯人の主目的は女性の衣類であり,金銭的な物は二次目的である
33	行動予測	犯行7以降の犯行は,犯行1の現場から遠くても1kmの範囲内で発生する
34	行動予測	犯行中に被害者と遭遇した場合は,条件付きで性犯罪や傷害事件を起す
35	手口再検索	犯人は犯行地区周辺でわいせつ電話や無言電話を架けている
36	手口再検索	男性被害者がいない場合,犯行地区周辺で特定女性をストーキング後に犯行
37	居住地	犯人は犯行1の現場近辺に居住している

結果の検証

推定根拠	実際の犯人	評価
多変量解析の解釈	共同玄関の方から足音が聞こえたため逃走	5.00
フェティシズム特性	窃取した下着類は自室に放置	4.80
脅迫文と被害品種（FBI）	犯歴，補導歴は無い	4.80
被害品種と被害者年齢	検挙時は24歳	4.80
犯行時間と季節	犯行時は無職	4.80
被害品種	下着以外の窃取した品目は自室に放置	4.80
1件当たりの被害品量	バッグが一杯になったら犯行終了	4.80
連続窃盗の経験則	被疑者は両親が部屋に入ることを拒絶	4.80
フェティシズム特性	マスターベーションに窃取した下着を利用	4.75
多変量解析の解釈	犯行8では脅迫文で金銭を要求	4.75
鑑識資料	ほとんどがジャンパーとジーンズ姿	4.60
連続窃盗の経験則	両親は被疑者の部屋に入室しなかった	4.60
余罪の指摘	男女を問わず侵入	4.50
多変量解析の解釈	被害品を入れるために窃取	4.40
脅迫表現の解釈	犯行8後の捜査で検挙され，結果的に無し	4.40
多変量解析の解釈	通報阻止目的，男性被害者には脅迫文無し	4.40
多変量解析の解釈	犯行6→犯行4→犯行5の順	4.25
多変量解析の解釈	自己陶酔でエスカレートし，長文化したと供述	4.20
多変量解析の解釈	ショルダーバッグを携行	4.20
余罪の指摘	該当する犯行あり	4.20
多変量解析の解釈	概ね午前10時頃～午後5時頃までの間	4.20
地理的重心と犯行地距離	犯行地区近辺までバス利用	4.00
多変量解析の解釈	犯行7では犯行後に電話をした	4.00
余罪の指摘	犯行地区以外でも多くの犯行が存在	4.00
フェティシズム特性	マスターベーションに窃取した下着を利用	4.00
多変量解析の解釈	概ね日没頃	4.00
多変量解析の解釈	ほとんどが無施錠，窓ガラス破壊	3.80
地理的重心の解釈	通行した場合もある	3.80
余罪の指摘	自供件数は35件（未届は15件）	3.75
FBIの知見	マークされていなかったので，不明	3.40
余罪の指摘	成功率の低い手口のため，認知事件のみ	3.20
多変量解析の解釈	無職なので，金銭も主目的	3.20
地理的重心と犯行地距離	犯行8は犯行1の現場から約1.1kmの地点	3.20
刃物調達と状況要因	犯行8後の捜査で検挙され，結果的に無し	2.80
脅迫表現の解釈	わいせつ電話・無言電話は無し	2.40
余罪の指摘	ストーキング後の犯行は無し	2.00
地理的重心の解釈とFBI知見	犯行1の現場より約4.4kmに居住	1.60

ず作成すること，現場捜査員の負担とならない組織的な分析データの収集方法を追求することなどが指摘できよう。また，優れた犯罪者プロファイリングの分析手法を開発するためには，事例から指摘できる課題について研究を積み重ね，実務に活用するサイクルを確立すること，同時に捜査員と研究者の相互協力が必要なことがあげられよう。

渡邉・池上・小林（2000）は，犯罪者プロファイリングの効用として，①発生頻度の少ない事件の対応支援，②動機不明事件の捜査支援，③捜査員の意思決定支援，④捜査員の経験を支援，⑤捜査コストの軽減の5項目をあげている。このうち，①と④は全国の類似事件の研究が，捜査方針，捜査上の意思決定を支援することに結びつくと考えられている。②は犯行形態と犯人特徴の関連，類似事件の動機に関する研究によって，捜査の支援が可能になるとされている。③は①から④に関係する研究を通して得られた研究知見を客観的情報として提供し，捜査員の意思決定を支援しようとするものである。⑤は①から④の各研究知見を活用し，捜査活動に優先順位をつけて事件の早期解決を支援することといえよう。

以上のことから，本論文では，第1に，犯罪者プロファイリングの効用が期待されている発生頻度の低い事件の捜査支援を目的として，全国で解決した特異な殺人，強盗，放火，性犯罪等の凶悪犯罪を研究対象とした。ここには，筆者が実施した研究2から6が含まれる。研究2は，性的殺人（犯行時に性的な動機，あるいは性的な行為が認められた殺人，殺人未遂事件）に関するものである。研究3は，放火殺人（犯行時に放火という犯行方法が用いられた殺人，殺人未遂事件）に関するものである。研究4は，警察署等の司法機関を犯行対象とした放火に関するものである。研究5は，同一場所への再犯行が伴う連続の性犯罪に関する時空間特徴についてである。研究6は，女性単独によるコンビニ強盗に関するものである。それぞれの研究では，事件特徴及び人物特徴の記述をし，犯行形態及び犯人特徴，事件特徴から犯人特徴を推定するための規則の有無を明らかにし，実務における推定規則の活用方法について考察する。

第2に，研究1における検証調査において捜査員から要望のあった犯罪手口を有する性犯罪や強盗等の比較的発生頻度が高い凶悪犯罪を研究対象とした。ここには，筆者が実施した研究7から9が含まれる。研究7は，金融機関強盗に関するものである。事件特徴及び人物特徴を記述し，犯行形態及び犯人特徴，事件特徴から犯人特徴を推定するための規則の有無を明らかにし，実務における推定規

則の活用方法について考察する。研究8及び研究9は，性犯罪に関するものである。前者は事件特徴のパターンに基づく犯人像の推定方法，後者は行動の選択確率に基づく犯人像の推定方法である。それぞれの研究について実務における適用可能性について考察する。

　さらに，研究1の居住地推定が結果的に誤っていたことから，第3として，連続犯罪において利用可能な犯行地分布に基づいた居住地推定方法が適用できる基準率を把握することを目的とし，強盗や性犯罪の連続犯罪を研究対象として選定した。ここには，筆者が実施した研究10及び11の研究が含まれる。研究10は，連続コンビニ強盗犯の行動と犯人特徴との関連について検討するとともに，犯行移動距離の傾向や点分布パターン分析の適用度について明らかにする。研究11は，連続の性犯罪における地理的な捜査範囲の推定に関するものである。犯人の生活圏推定及び犯行地の予測における点分布パターン分析の適用度について明らかにする。

　また，本論文における第1から第3までの枠組みは，凶悪犯罪における犯行形態と犯人属性との関連，捜査方針，捜査上の意思決定を支援するような知見を得ることが共通の目的である。また，これら3つの枠組みに焦点を当てることによって，凶悪犯罪に対する犯罪者プロファイリングの総合的な分析手法の開発が成立すると考えている。

第5章　発生頻度が低い凶悪犯罪の研究

1　はじめに

　本章では，前章で述べたように，犯罪者プロファイリングの効用が期待されている発生頻度の低い犯罪の捜査支援を目的として，全国で解決した特異な殺人，強盗，放火，性犯罪等の凶悪犯罪を研究対象とした。たとえば，本章で述べる性的殺人は全国年間5件，放火殺人は年間18件に過ぎない解決事件数である。これらの発生頻度の低い犯罪は，都道府県単位では個々の捜査員が取り扱う経験がほとんどないものと考えられる。そのため，全国で発生解決した特定タイプの凶悪事件について情報収集して，類似犯罪のパターンや犯人属性の傾向を理解する基礎研究は非常に重要である。それらの研究結果に基づいて，犯罪者プロファイリングを実施し，経験の乏しい凶悪犯罪に対する捜査方針等，捜査員の意思決定の支援につながることが期待される。

　本章では，筆者が主として実施した発生頻度の低い凶悪犯罪の研究のうち，研究2の性的殺人，研究3の放火殺人，研究4の司法機関を対象とした放火，研究5の同一場所で再犯行する性犯罪，研究6の女性単独のコンビニ強盗について焦点を当てる。研究2及び3は，筆者が科学警察研究所に出向中に研究テーマとした発生頻度の低い特異犯罪に関する資料に基づいている。両者とも実務で扱うことを想定して選択した特異犯罪である。一方，研究4から6は，筆者が北海道警察において実務で扱った事件と犯行行動が類似したものを取り上げている。すなわち，類似犯罪における犯行行動，犯人属性の傾向を基準率として活用するために実施した研究発表である。

2　性的殺人事件の犯行類型と犯人像との関連性（研究2）[2]

背景と目的

　本研究は，FBIによる「性的殺人」と類似した事件について，わが国の解決事件を把握し，犯罪情報を分析してその大要を理解し，犯罪捜査を支援することを目的とする。わが国において性的殺人に焦点を当てた研究は存在しない。

　海外における「性的殺人」の定義は，殺害行為の前，殺害中，殺害後といった犯人の一連の行為中に，性的な要素が認められるものとされている（Hickey, 2003）。性的殺人は大別すると，「快楽殺人」と「強姦殺人」に分けられる。快楽殺人は，犯人が性的欲求を満たすために，サディスティックで残虐な行為によって被害者を死に至らしめる殺人である。強姦殺人は，強姦後に証拠隠滅等を目的に被害者を死に至らしめる殺人である。しかしながら，先行研究では，一見すると性的な要素が認められないが，性的な動機に基づいて殺人が行われる場合を指摘しており，その区別が不明瞭な部分も多い。

　性的殺人の研究で有名なFBIの定義では，「証拠あるいは観察によって性的な要素を本質的に含むことが明白な殺人」としている。具体的には，被害者が特別な服装をさせられている，着衣が剥ぎ取られている，性器部分が露出している，性的なポーズをとらされている，性交渉（口腔，肛門，性器）の形跡がある，性的代償行為がみられ，性的関心やサディスティックな空想の痕跡があるものとされている。第3章で述べたように，FBIは，これらの基準を満たした性的殺人から，有名な「秩序型」と「無秩序型」という2類型を提唱し，犯行形態によって犯人像が異なることを主張した（Ressler, Burgess, & Douglass, 1988）。

　本研究では，わが国における特異な殺人事件に対する捜査支援の一環として，犯行時に性的な動機，あるいは性的な行為が認められた殺人，殺人未遂事件を「性的殺人」と定義した。具体的には，殺人事件の中に性的動機や性的な行為が認められた事件，あるいは性犯罪の中で殺人に至った事件について情報を収集した。これら性的殺人における犯行特徴及び犯人特徴について整理し，犯行類型と関連した犯人類型，犯行行動と関連した犯人特徴を把握し，犯罪捜査における活用の可能性を検討した。

2　岩見・横田・渡邉（2003）に掲載された内容を再分析して編集したものである。

方法

　1989年から2003年までの間に,「性的殺人」の条件に該当する犯人は87名であった。このうち,共犯事件の場合は主犯のみの情報を用いた。最終的な分析対象は83名であり,これらの犯行特徴及び犯人特徴について整理した。

　犯行特徴は,犯行時間,発生現場,接触方法,犯行用具,物色形跡,被害品,証拠配慮,凶器,暴力行為,性的行為,移動手段,死体処分,特異行為に分けられ,それぞれにサブカテゴリーがあり,40変数となった。

　犯人特徴は,犯人の数,性別,最終犯行時年齢,職業,犯行動機,犯罪経歴,被害者との面識,犯行地の土地鑑,犯行地と犯人拠点との行政区画関係に分けられ,それぞれにサブカテゴリーがあり,23変数となった。

　各変数は2値化したうえで,数量化Ⅲ類によって犯行変数から犯行形態を見いだした。各犯行形態と犯行変数との関係,あるいは犯人変数との関係は,それぞれ3元分割クロス集計表で示すことができる。そのため,対数線形モデルによる連関分析を実施した(太郎丸,2005;財津,2010a)。対数線形モデルは,x^2検定と同様にカテゴリカルデータに適用でき,3要因以上の仮説検定及び要因間の関係を特定できる方法であるため採用した。最適モデルは,有意水準5%で棄却されなかったモデルのうち,赤池情報量基準(AIC:Akaike information criteria)が最も低いものとした。さらに,各セルの標準化残差によって,モデル採択の適切さを確認した。要因間の関連は,採用モデルのパラメータ推定値に基づき解釈した。

　データ入力にはMicrosoft Excel 2010,数量化Ⅲ類には,エクセル統計2010,犯行類型と犯行変数,要約統計量,犯行類型と犯人変数の3元分割クロス集計表の作成には,IBM SPSS Statistics 19,対数線形モデルによる連関分析には,LEMWINを使用した。

結果

　まず,1989年から2003年までの間に,「性的殺人」の条件に該当する犯人は15,515名のうち87名(0.6%)であった。このことから,この種の事件は,検挙事件の中では非常に稀で特異なタイプであると考えられる。

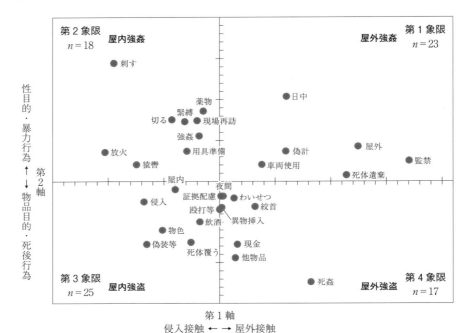

図5-1　犯行特徴のカテゴリー数量の第1軸，第2軸の散布図

(1) 性的殺人の犯行形態

　犯行特徴のダミー変数に対して数量化Ⅲ類を実施し，カテゴリー数量とサンプル数量を求め，第1軸固有値0.275，第2軸固有値0.213，累積寄与率18.3％の散布図が得られた。

　カテゴリー数量の大小から第1軸は「屋外，偽計，監禁，死体遺棄」と「侵入，物色，偽装等」の両極からなる軸であり，被害者との接触方法に端を発して異なる様相を呈しているため，「接触方法」と解釈した。同様の方法により，第2軸は「性目的，暴力行為」と「物品目的，死後行為」の両極からなる軸であり，犯行目的による行為の違いを意味しており，「犯行動機」と解釈した。

　図5-1は，犯行特徴に関するカテゴリー数量の第1軸，第2軸の散布図である。主犯83名のサンプルスコアを第1軸と第2軸で4つの象限に分割した場合，第1象限は23名が含まれ，軸解釈を考慮すると，屋外接触と性目的が関係することか

ら，実際の犯行形態としては，「屋外強姦」と考えるのが適当であろう。第2象限は18名含まれ，軸解釈では侵入接触と性目的が関係することから，「屋内強姦」と考えられる。

第3象限は25名含まれ，軸解釈では侵入接触と物品目的が関係することから，「屋内強盗」と考えられる。第4象限は17名含まれ，軸解釈では屋外接触と物品目的が関係するため，「屋外強盗」を示唆しているといえよう。

要約すると，第1象限は「屋外強姦」群，第2象限は「屋内強姦」群，第3象限は「屋内強盗」群，第4象限は「屋外強盗」群となり，性的殺人は4つの犯行形態に分類できると考えられる。

(2) 犯行形態間における犯行特徴の比較

次に，4つの犯行形態間における各犯行特徴の出現率の違いを詳細に検討するため，接触方法［A］，犯行動機［B］，各犯行特徴［C］とした3要因の対数線形モデル分析を実施した。各犯行変数におけるモデル選択はAICの比較によって最適モデルを選択した。要因間の関連は，採用モデルのパラメータ推定値に基づいて解釈した（表5-1を参照）。G^2は尤度比統計量，dfは自由度，pは有意確率，AICは赤池情報量基準である。

「屋内」の犯行は，性的殺人全体の51.8%に相当する。「屋内」と関連した犯行特徴は，屋内への侵入，室内の物色，現場の偽装，被害者に猿轡，被害者を強姦，死体を覆う，放火するという行動であった。

一方の「屋外」に属する犯行は，性的殺人全体の48.2%を占める。「屋外」と関連した特徴は，被害者への偽計接触，被害者を監禁，死体の遺棄という行動であった。

「強姦」に属する犯行は，性的殺人全体の49.4%に相当する。「強姦」に関連した犯行特徴は，被害者への偽計接触，薬物の使用，被害者を強姦，被害者を切るという行動であった。

一方，「強盗」の犯行は，性的殺人全体の50.6%を占めた。「強盗」と関連のある犯行特徴は，飲酒のうえで犯行，夜間犯行，屋内に侵入，室内を物色，現場を偽装，現金や物品の被害，被害者を殴打，死体を覆うという行動であった。

また，4つの犯行形態のうち，屋内・強姦群の犯行には犯行用具の準備，被害者を刺すが関連し，屋外・強姦群の犯行には車両使用が，それぞれ関連していた。

表5-1　犯行形態間における犯行特徴出現率の比較

犯行特徴 [C]	犯行形態				選択モデル[1]	正の関連要因	対数線形モデルの統計量 G^2(df), p, AIC
	屋内[A]強姦[B] $n=18$	屋内[A]強盗[B] $n=25$	屋外[A]強姦[B] $n=23$	屋外[A]強盗[B] $n=17$			
偽計接触	22.2%	16.0%	60.9%	35.3%	[AC][BC]	[屋外][強盗]	$G^2(2)=1.10, p=.58$, AIC$=-2.90$
飲酒	5.6%	12.0%	4.3%	17.6%	[A][BC]	[強盗]	$G^2(3)=2.33, p=.51$, AIC$=-3.67$
夜間犯行	77.8%	92.0%	68.2%	88.2%	[A][BC]	[強盗]	$G^2(3)=2.36, p=.50$, AIC$=-3.64$
屋内犯行	100.0%	100.0%	17.4%	52.9%	[AC][BC]	[屋内][強盗]	$G^2(2)=.53, p=.77$, AIC$=-3.47$
用具準備	77.8%	52.0%	39.1%	23.5%	[ABC]	[屋内・強盗]	$G^2(0)=0$, AIC$=0$
侵入	66.7%	72.0%	0.0%	5.9%	[AC][BC]	[屋内][強盗]	$G^2(2)=1.65, p=.44$, AIC$=-2.35$
物色	16.7%	48.0%	0.0%	11.8%	[AC][BC]	[屋内][強盗]	$G^2(2)=1.15, p=.56$, AIC$=-2.85$
証拠配慮	16.7%	32.0%	26.1%	35.3%	[A][B][C]	関連なし	$G^2(4)=3.97, p=.41$, AIC$=-4.03$
偽装等	5.6%	24.0%	0.0%	0.0%	[AC][BC]	[屋内][強盗]	$G^2(2)=.80, p=.67$, AIC$=-3.20$
死体遺棄	0.0%	8.0%	34.8%	35.3%	[AC][B]	[屋外]	$G^2(3)=4.28, p=.23$, AIC$=-1.72$
現金被害	11.1%	36.0%	4.3%	58.8%	[A][BC]	[強盗]	$G^2(3)=4.85, p=.18$, AIC$=-1.15$
物品被害	0.0%	24.0%	0.0%	29.4%	[A][BC]	[強盗]	$G^2(3)=2.19, p=.53$, AIC$=-3.81$
刺す	55.6%	0.0%	8.7%	0.0%	[ABC]	[屋内・強姦]	$G^2(0)=0$, AIC$=0$
切る	16.7%	0.0%	8.7%	0.0%	[A][BC]	[強盗]	$G^2(3)=2.63, p=.45$, AIC$=-3.37$
猿轡	27.8%	16.0%	0.0%	5.9%	[AC][B]	[屋内]	$G^2(3)=4.65, p=.20$, AIC$=-1.35$
緊縛	33.3%	8.0%	21.7%	5.9%	[A][BC]	[強盗]	$G^2(3)=2.79, p=.42$, AIC$=-3.21$
絞首	16.7%	96.0%	65.2%	94.1%	[ABC]	[屋内・強盗]	$G^2(0)=0$, AIC$=0$
薬物	16.7%	4.0%	13.0%	0.0%	[A][BC]	[強盗]	$G^2(3)=3.20, p=.36$, AIC$=-2.80$
放火	22.2%	12.0%	0.0%	0.0%	[AC][BC]	[屋内]	$G^2(3)=2.83, p=.42$, AIC$=-3.17$
殴打	11.1%	28.0%	13.0%	29.4%	[A][BC]	[強盗]	$G^2(3)=2.08, p=.56$, AIC$=-3.92$
監禁	0.0%	0.0%	13.0%	11.8%	[AC][B]	[屋外]	$G^2(3)=2.05, p=.56$, AIC$=-3.95$
わいせつ	22.2%	52.0%	39.1%	23.5%	[A][B][C]	関連なし	$G^2(4)=7.61, p=.11$, AIC$=-0.39$
強姦	72.2%	44.0%	47.8%	23.5%	[AC][BC]	[屋内][強姦]	$G^2(3)=3.65, p=.16$, AIC$=-0.35$
異物挿入	11.1%	16.0%	8.7%	23.5%	[A][B][C]	関連なし	$G^2(4)=3.94, p=.41$, AIC$=-4.06$
死姦	0.0%	12.0%	0.0%	41.2%	[ABC]	[屋外・強盗]	$G^2(0)=0$, AIC$=0$
死体を覆う	11.1%	36.0%	4.3%	23.5%	[AC][BC]	[屋内][強盗]	$G^2(2)=1.14, p=.57$, AIC$=-2.86$
車両使用	44.4%	48.0%	82.6%	47.1%	[ABC]	[屋外・強姦]	$G^2(0)=0$, AIC$=0$
現場再訪	11.1%	8.0%	13.0%	0.0%	[A][B][C]	関連なし	$G^2(4)=5.74, p=.22$, AIC$=-2.26$

注：1）[ABC]は飽和モデル，[AC][BC]は条件つき独立モデル，[AC][B]は1変数独立モデル，[A][BC]は1変数独立モデル，[A][B][C]は3変数独立モデル。

さらに，屋内・強盗群の犯行には被害者の首を絞めるが関連し，屋外・強盗群の犯行には死姦が，それぞれ関連していた。

なお，数量化Ⅲ類の軸解釈では，被害者との接触方法を，屋内タイプと屋外タイプに分類した。しかしながら，表5-1の屋内犯行を見ると，屋内犯行は100%屋内に分類されているが，屋外強盗群の過半数は屋内犯行が混合しているため，完全に分類できているわけではなかった。また，証拠配慮，わいせつ行為，異物挿入，現場再訪といった行動は，犯行形態との間に有意な連関が認められなかった。

(3) 性的殺人の犯人類型

犯人特徴のダミー変数について数量化Ⅲ類を実施し，カテゴリー数量とサンプル数量を求め，第1軸固有値0.275，第2軸固有値0.237，累積寄与率22.6%の散布図を採用した。

カテゴリー数量の大小から第1軸は「様々な犯罪経歴あり」と「主要犯罪経歴なし」の両極からなる軸であり，犯罪経歴が異なる様相を呈しているため，「犯罪経歴」の軸と解釈した。同様の方法により，第2軸は「特異な犯行動機と通勤犯行型」と「一般的な犯行動機と拠点犯行型」の両極からなる軸であり，犯行動機と犯人の拠点に違いを呈していることから，「犯行動機に基づく地理的な捜査範囲」と解釈した。図5-2は，主犯83名に関する犯人特徴のカテゴリー数量の第1軸，第2軸の散布図である。

83名のサンプルスコアを第1軸と第2軸で4つの象限に分割した場合，第1象限は15名が含まれ，軸解釈を考慮すると，特異な犯行動機を持つ通勤犯行型の犯罪経歴あり群」と考えるのが適当とみなした。第2象限は20名含まれ，軸解釈を考慮すると，「特異な犯行動機を持つ通勤犯行型の犯罪経歴なし群」と考えられた。第3象限は27名含まれ，軸解釈を考慮した結果，「一般的な犯行動機を持つ拠点犯行型の犯罪経歴なし群」と考えられる。第4象限は21名含まれ，軸解釈によって，「一般的な犯行動機を持つ拠点犯行型の犯罪経歴あり群」を示唆していると考えた。

さらに，表5-2は，4つの犯行形態と4つの犯人類型のクロス表である。犯行形態別に帰属する犯人類型の出現率を比較した結果，両者の間に統計的な有意差は認められなかった（$p = .15$, $Cramer'V = .23$）。

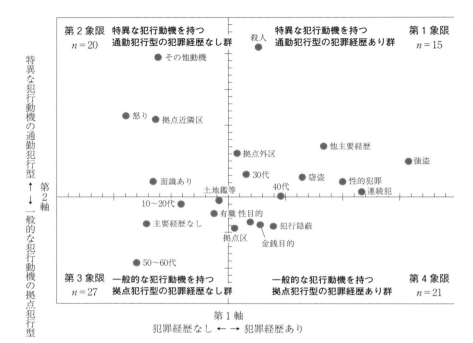

図5-2　犯人特徴のカテゴリー数量の第1軸，第2軸の散布図

しかしながら，表5-2のうち，拠点犯行型という視点で見ると，屋内強盗における拠点犯行型の犯人の割合は8割と最多であり，その他の犯行象限における拠点犯行型の犯人の割合は4割から5割であった。また，主要犯罪経歴者の割合という視点では，屋外強姦と屋外強盗では約5割，屋内強姦と屋内強盗・屋内窃盗では4割弱であった。

(4) 犯行形態間における犯人特徴の比較

犯行形態と犯人類型の間には，統計的な有意差は認められなかったため，犯行形態と個々の犯人特徴の出現率を比較した。4つの犯行形態間における各犯行特徴の出現率の違いを詳細に検討するため，接触方法［A］，犯行動機［B］，各犯人特徴［C］とした3要因の対数線形モデル分析を実施した。各犯行変数におけるモデル選択，要因間の関連についての解釈方法及び統計量の説明は，先に述べ

表5-2　犯行形態間における犯人類型出現率の比較

	n	特異動機・通勤型・犯罪経歴あり	特異動機・通勤型・犯罪経歴なし	一般動機・拠点型・犯罪経歴なし	一般動機・拠点型・犯罪経歴あり
屋外強姦	23	17.4%	34.8%	13.0%	34.8%
屋内強姦	18	27.8%	27.8%	33.3%	11.1%
屋内強盗	25	8.0%	12.0%	52.0%	28.0%
屋外強盗	17	23.5%	23.5%	29.4%	23.5%

たとおりである（表5-3を参照）。

　その結果，「屋内」と関連が認められた犯人特徴は，犯行動機が怒りや犯行隠蔽，被害者と面識あり，拠点が現場と同一市町村，もしくは隣接しない市町村であった。一方の「屋外」と関連した犯人特徴は，連続犯，犯行動機が性目的，金銭，その他動機，主要な犯罪経歴がある，拠点が現場と隣接した市町村というものであった。

　「強姦」と関連した犯人特徴は，怒りやその他の犯行動機，性犯罪経歴があるであった。一方の「強盗」と関連した犯人特徴は，犯行動機が性目的，金銭，犯行隠蔽，さらにその他の犯罪経歴があるというものであった。

　なお，犯人の年代，職業，殺人，強盗，窃盗の犯罪経歴，土地鑑については，犯行形態，接触方法，犯行動機の要因とは有意な連関は認められなかった。

　以上のことから，性的殺人における犯人特徴は，接触方法及び犯行動機という視点に基づく犯行形態によって異なることが示された。

考察

　本研究の結果，性的殺人は，「接触方法」と「犯行動機」という視点によって，4つの犯行形態に分類可能であった。また，「接触方法」と「犯行動機」の要因によって，犯行及び犯人特徴にそれぞれ違いが認められた。ここでは，各要因と関連した犯行及び犯人特徴を包括的にとらえてみる。

　性的殺人の犯行形態は，出現頻度順に「屋内強盗」，「屋外強姦」，「屋内強姦」，「屋外強盗」という4つのタイプに分かれた。これらは，殺人を伴わなければ，屋内外の強盗や窃盗，もしくは強姦という犯行形態となる。そのため，性的殺人

表5-3 犯人形態間における犯人特徴出現率の比較

犯人特徴[C]	犯行形態				選択モデル[1]	正の関連要因	対数線形モデルの統計量 G^2(df), p, AIC
	屋内[A]強姦[B] $n=18$	屋内[A]強盗[B] $n=25$	屋外[A]強姦[B] $n=23$	屋外[A]強盗[B] $n=17$			
連続犯	5.6%	8.0%	27.3%	11.8%	[AC][B]	[屋外]	$G^2(3)=3.32, p=.34$, AIC$=-2.68$
10～20代	22.2%	32.0%	30.4%	35.3%	[A][B][C]	関連なし	$G^2(10)=7.77, p=.65$, AIC$=-12.23$
30代	50.0%	52.0%	39.1%	35.3%			
40代	22.2%	16.0%	26.1%	23.5%			
50～60代	5.6%	20.0%	4.3%	5.9%			
有職	61.1%	68.0%	60.9%	58.8%	[A][B][C]	関連なし	$G^2(4)=2.50, p=.64$, AIC$=-5.50$
性目的	45.0%	39.5%	50.0%	42.3%		[屋外][強盗]	$G^2(5)=7.97, p=.16$, AIC$=-2.03$
怒り	30.0%	10.5%	13.3%	7.7%		[屋内][強姦]	
金銭	20.0%	26.3%	10.0%	38.5%	[AC][BC]	[屋外][強盗]	
犯行隠蔽	5.0%	23.7%	13.3%	7.7%		[屋内][強盗]	
他動機	0.0%	0.0%	13.3%	3.8%		[屋外][強姦]	
主要犯罪経歴	55.6%	32.0%	52.2%	64.7%	[AC][B]	[屋外]	$G^2(3)=5.06, p=.17$, AIC$=-.94$
殺人経歴	5.6%	4.0%	13.0%	5.9%	[A][B][C]	関連なし	$G^2(4)=3.58, p=.47$, AIC$=-4.42$
強盗経歴	5.6%	8.0%	8.7%	5.9%	[A][B][C]	関連なし	$G^2(4)=2.26, p=.69$, AIC$=-5.74$
窃盗経歴	33.3%	28.0%	26.1%	52.9%	[A][B][C]	関連なし	$G^2(4)=5.68, p=.22$, AIC$=-2.32$
性犯罪経歴	27.8%	8.0%	30.4%	11.8%	[A][BC]	[強姦]	$G^2(3)=2.23, p=.53$, AIC$=-3.77$
他犯罪経歴	11.1%	12.0%	0.0%	17.6%	[A][BC]	[強盗]	$G^2(3)=5.72, p=.13$, AIC$=-.28$
面識	55.6%	40.0%	21.7%	23.5%	[AC][B]	[屋内]	$G^2(3)=3.07, p=.38$, AIC$=-2.93$
土地鑑	94.4%	92.0%	91.3%	94.1%	[A][B][C]	関連なし	$G^2(2)=1.29, p=.52$, AIC$=-2.71$
区内拠点	66.7%	68.0%	56.5%	64.7%		[屋内]	$G^2(5)=2.89, p=.72$, AIC$=-7.11$
隣接区拠点	5.6%	8.0%	21.7%	23.5%	[AC][B]	[屋外]	
隣接区外拠点	27.8%	24.0%	21.7%	11.8%		[屋内]	

注：1) [ABC]は飽和モデル，[AC][BC]は条件つき独立モデル，[AC][B]は1変数独立モデル，[A][BC]は1変数独立モデル，[A][B][C]は3変数独立モデル

は，これら犯罪の延長上にある犯行という捉え方もできると考えられる。

また，犯人特徴に対する数量化Ⅲ類の結果から，犯人類型は，出現頻度順に「一般的な犯行動機を持つ拠点犯行型の犯罪経歴なし群」，「一般的な犯行動機を持つ拠点犯行型の犯罪経歴あり群」，「特異な犯行動機を持つ通勤犯行型の犯罪経歴なし群」，「特異な犯行動機を持つ通勤犯行型の犯罪経歴あり群」の4つのタイプに分かれた。

犯罪者プロファイリングでは，「類似した犯行をする犯人たちは類似した特性を持つ」という前提となる基底条件があり，これを相同仮説と呼んでいる（Mokros & Alison, 2002）。本研究では，犯行形態と犯人類型との対応関係は認められなかった。つまり，本研究による方法では，犯行と犯人の類型間では，相同仮説を支持するような結果は得られなかったといえる。しかしながら，接触方法や犯行動機という要因は，連続犯，犯行動機，犯罪経歴，面識，拠点領域といった，個別の犯人特徴との間にいくつか関連が認められた。したがって，犯行行動と犯人特徴との相同性が認められたと考えられる。特に，接触方法は犯行場所に関連した「状況」，犯行動機は「目的」，犯行特徴は「行動」，犯人特徴は「属性」と表現できる。本研究の結果は，人間の「行動」は，「状況」と「目的」によって規定され，犯人の「属性」についても，同じく「状況」と「目的」から推論可能なことが示唆されている。

また，犯行形態と犯人類型との間に，有意な関係は認められなかったが，本研究の犯人像を犯罪捜査に活用する際には，犯人像の出現率，もしくは各犯行類型における犯人像の出現率を参考に，捜査対象者の探索及び優先順位づけをする方法も考えられる。たとえば，犯人像の出現率を参考にした場合，性的殺人の犯行形態に関わらず，全体的な犯人特徴でいえば，約半数に主要犯罪経歴が認められ，さらに，犯行地の約8割が犯人の住所，勤務先，前住所等の拠点と同一市町村区内あるいは隣接市町村区内で犯行に及んでいたといえる。これらの基本的な特徴は，捜査支援という視点において，捜査対象者や捜査エリアを絞り込むために有益な情報であると考えられる。

なお，サンプル数の問題を考慮すると，各犯行形態における犯人像の出現率を参考にする場合は，その判断は慎重にしなければならないが，強いて優先順位をつけるなら，以下のことが考えられよう。

最も発生が多い「屋内強盗型の性的殺人」では，7割弱が主要犯罪経歴なし，

あるいは拠点犯行型であることから、これらの犯人に重点をおいた捜査が必要となる。また、このタイプの4割は被害者と面識がある犯人であり、被害関係者の捜査も念頭におく必要があろう。

次に発生が多い「屋外強姦型の性的殺人」では、過半数が主要犯罪経歴あり、もしくは拠点犯行型であり、これらの層に重点をおいた捜査が必要となる。また、このタイプの8割弱は被害者と面識のない犯人であることから、被害関係者の捜査から容疑適格者が浮上する可能性は低い。さらに、車両利用による犯行が8割であることから、車両を割り出す捜査が重要と考えられる。

3番目に発生が多い「屋内強姦型の性的殺人」は、7割弱が拠点犯行型であり、過半数は主要犯罪経歴者、あるいは被害者と面識が認められたため、これらの層に対する捜査に重点をおくことで、容疑適格者が浮上する可能性があると考えられる。

最も発生が少ない「屋外強盗型の性的殺人」は、6割強が拠点犯行型、あるいは主要犯罪経歴者であることから、これらの層に重点をおいた捜査によって、容疑適格者が浮上する可能性が高いと考えられる。

3　放火殺人事件の犯行類型と犯人像との関連性（研究3）[3]

背景と目的

わが国における放火殺人の事例には、2000年6月に栃木県宇都宮市で発生した宝石店放火殺人事件（死亡者6名、単独犯による犯行、犯行翌日に検挙、2010年7月死刑執行）があげられる。また、2001年5月に青森県弘前市で発生した武富士弘前支店に対する強盗殺人・放火事件（死亡者5名、負傷者4名、単独犯による犯行、2002年3月に検挙、2014年8月に死刑執行）もあげられる。これら2事例は、いずれも他の犯罪目的（強盗）があり、犯罪遂行のための手段に放火を利用したものと考えられる。このように、放火殺人は、一度の犯行によって多数の被害者を死に至らしめる凶悪事件である。

放火殺人に関する研究では、von Hentig（1965）が、「殺人放火」を「焔の作用という残酷で公共危険的な手段を用いた殺人」と定義し、犯行隠蔽のための放

---
[3] 岩見（2016c）に掲載された内容を再編集したものである。

火は除外している。永江（1974）の定義は，von Hentig の定義よりも幅広く，殺人・放火には焼殺以外の方法として，殺人隠蔽のための放火や，死体を焼毀する場合をも含めている。この研究では，男性放火犯306名のうち，殺人・放火は5％程度とされている。また，殺人と放火の時間的関係によって，殺人が放火に先行するタイプ，放火が殺人に先行するタイプ，放火を手段とする殺人の3タイプに分類している。犯行動機は他犯罪の隠蔽目的が主であり，次いで怨恨・憤怒，自殺であったと述べられている。

影山（1999）は，放火殺人が，放火と殺人という2つの重大犯罪が一度の機会に実行される点で，危険かつ凶悪な犯罪と表現している。また，放火，殺人については，それぞれ研究がおびただしいが，放火殺人，殺人放火の研究は乏しいと指摘している。そこで，本研究では，放火が殺人に先行したものを「放火殺人」，殺人が放火に先行したものを「殺人放火」と2分類して以後論述する。

犯罪捜査の視点では，放火殺人は，通常の放火事件と同様に火災によって物的証拠を消失しやすく，潜在的に捜査が難航する要素が多い事件と考えられる。そのため，この種の事件が早期に解決しない場合，犯罪者プロファイリングによる捜査支援が必要であると考えられる。

犯罪者プロファイリングには，米国連邦捜査局（FBI）によるアプローチと英国の捜査心理学によるアプローチがある（田村，1996）。前者は事例分析，後者は統計分析と位置づけられている。双方のアプローチとも，放火と殺人は別々に扱われており，放火殺人に焦点を当てた研究は存在しない。

米国連邦捜査局（FBI）の元プロファイラーらが著した犯罪分類マニュアルでは，犯行動機や犯行形態に基づいて各罪種を下位分類している（Douglass, Burgess, Burgess, & Ressler, 2013）。各下位分類には，それぞれ定義，被害者特徴，犯行現場の特徴，偽装，一般的な法科学的証拠，捜査事項，公判維持のための押収品目，典型事例等が記されている。殺人は，犯罪目的，私的原因，性的殺人，過激派による殺人，医療における殺人，集団原因の殺人に下位分類されている。また，放火は，爆破事件と同じカテゴリーに分類されている。放火・爆破の下位分類は，ヴァンダリズム，興奮目的，復讐目的，犯罪隠蔽目的，営利目的，過激派による犯行，連続放火，連続爆破となっている。

一方，英国の David Canter が確立した捜査心理学では，FBI と対象的なアプローチを用いる。犯行行動に対する多変量解析からは，犯行テーマという類型を

見いだし，犯行行動の理解と犯人像の発見を試みている。Mokros & Alison (2002) は，犯行行動と犯人特徴との間に共変関係を前提にした概念を相同仮説と呼んでいる。Salfati (2000) は，英国内における単発殺人について分析した。多次元尺度法の一種である最小空間分析（SSA）によって，表出型と道具型という犯行テーマが見いだされた。前者は口論，怨恨，憤怒等によって攻撃的な感情を表出する殺人，後者は強盗や強姦等の過程で相手を制圧し，発覚を恐れた結果としての殺人である。放火は道具型に含まれる変数であったが，犯行テーマに特徴的な犯人像は見いだされず，相同仮説は認められなかった。

Canter & Fritzon (1998) は，SSAを用いて犯行テーマによる放火分類を試みている。その結果，行動の動機（表出的／道具的）と，攻撃対象（人／物）という観点から，犯行行動は4つの犯行テーマに分類され，各テーマに属する犯人特徴をも示唆している。「表出・物型」に該当する犯人は，放火が犯人の感情表現の手段となる。このタイプの行動には，公共建造物等を対象とし，過去に放火やいたずらによる火災報知器の吹鳴等の経歴がある。「表出・人型」に属する犯人は，強い感情表出によって自宅等に放火する。家族や上司らの注意を引くことが重要で，精神疾患等の特徴を有するという。「道具・物型」を示す犯人は，放火対象が物であり，証拠隠滅等の目的により手段として放火を行うタイプである。「道具・人型」の犯人は，犯人と被害者との対人関係に問題があり，復讐等の目的が存在する。

わが国においても，犯罪者プロファイリングに活用できる放火研究はかなり実施されているが，それらは，連続放火に関するものが多い。和智・倉石・渡邉 (2011) は，5件以上の連続放火犯の犯行行動が，「機会的で感情発散的な放火」と「計画的で何らかの手段としての放火」の犯行テーマに大分類できると述べている。前者は「都会型」と「農村型」に，後者は「個人的復讐」と「犯罪隠蔽」に下位分類されている。一連犯行での犯行テーマの一貫性は，下位分類よりも大分類のほうが高いと指摘した。この種の研究は，犯罪者プロファイリングにおける事件監視，同一犯事件のリンク分析に役立ち，被疑者検挙後には余罪捜査にも有用と考えられる。また，犯人の性別に着目した連続放火の研究も認められる。和智・藤田・渡邉・横田・鈴木 (2006) は，全国で5件以上の犯行に及んだ男性の連続放火犯について，犯罪経歴と犯行特徴の関係を分析した。その結果，犯罪経歴がある放火犯は，経歴がない放火犯よりも，犯行前の飲酒・薬物摂取，広域

性，倉庫等対象，建物へ侵入，紙や木片に直に放火，証拠隠滅のための放火の割合が高かった。また，油類を布等にしみこませて放火する割合は少なかった。犯罪経歴としては，対面犯罪，対物犯罪，その他に3分類でき，最も多いのは対物犯罪の経歴者であった。また，Wachi, Watanabe, Yokota, Suzuki, Hoshino, Sato, & Fujita（2007）は，女性の連続放火犯83名についても犯行テーマによって犯行形態を分類した。結果として，道具型放火，表出型放火に2分類された。道具型放火は復讐が主動機であり，犯行の計画性が高い放火であり，犯人は自宅から遠方で犯行する傾向があった。一方，表出型放火は，鬱憤晴らしや火をつけて見たりすることで興奮を得る動機があり，機会的，衝動的な感情的放火であった。女性の連続放火犯の7割は，この表出型放火に分類された。

　連続放火に限らず，単発の放火にも焦点を当てた桐生（1998）は，Canter & Heritage（1991）の分析項目を参考に，わが国の放火事件を数量化Ⅲ類によって分類している。その結果，ヴァンダリズム型，副次型（犯行隠蔽），対社会型（都市型），対人型（田舎型），利欲型の5つの事件タイプに分類され，各タイプに応じた捜査支援についてまとめている。上野（2000）は，放火事例を数多く紹介している。犯行動機は，不満発散，怨恨・憤怒，火事騒ぎ，自己顕示欲（英雄志向），痴情関係，犯行の隠ぺい・証拠隠滅，保険金詐欺，火遊び，郷愁，自殺，性的興奮に分類している。このうち，自殺目的の事例は，単独犯であり，女性や精神疾患者が多かった。また，背景に痴情関係や離婚話との関連が多く認められた。

　ところで，冒頭に示した放火殺人2事例は，1回の犯行によって複数の被害者が死傷しており，大量殺人に該当する事件でもある。わが国の大量殺人に関する研究では，殺害方法や死体遺棄の方法として，放火が少数派ながら認められている（渡邉・佐藤・吉本・横田・和智・藤田, 2008）。殺害方法に焼殺（7.7％），死体遺棄に焼く方法（16.0％）が認められたが，これらの手段は面識関係の識別には有意な変数ではなかった。同研究では，面識関係は，被害者の6割が加害者の親族であり，知人（3割）や面識なし（1割）の比率は低かった。犯行動機の最多は金品目的であり，次いで怨恨，男女トラブル，憤怒となり，金銭トラブル，証拠隠滅，精神疾患，無理心中等は1割に満たなかった。また，横田・岩見・渡邉（2003）は，わが国で発生解決した殺人捜査本部設置事件542件をSSAによって4つの犯行テーマに分類したが，放火の変数は含まれていなかった。これらの先行研究から判断すると，わが国では，放火殺人という犯行形態を持つ殺人事件

は非常に稀であり，殺人全体を扱うような研究では極めてマイノリティな存在となる。そのため，放火殺人は殺人事件全体の中で，主たる研究結果に反映されにくいものと考えられる。

渡邉・池上・小林（2000）によれば，犯罪者プロファイリングの効用のひとつとして，発生頻度の少ない事件への対応があげられている。放火殺人は，捜査員の誰もが経験する一般的な事件には該当しない。それゆえ，その研究知見は，犯罪者プロファイリングの分析者や捜査員の経験を補い，情報分析や犯罪捜査の効率化に結びつく参考資料になると考えられることから，社会的にも研究意義があろう。

以上のことから，本研究では，犯罪者プロファイリングによる捜査支援のため，捜査心理学的な手法に基づき，放火殺人の犯行形態を多変量解析によって見いだすことを試みる。また，犯行形態と犯人特徴との連関分析によって，犯行形態別に異なる犯人特徴が存在するという前提である「相同仮説」についても検討する。

方法

1989年から2003年の間に，殺人及び殺人未遂で検挙された放火殺人，殺人放火に該当する犯人は279名であった（作成された同種事件検挙者のうち，1.8％に相当）。本研究では，これら279名の犯人のうち，主犯232名の事件について，犯行及び犯人に関する情報を収集した。

犯行特徴に関する変数には，被害者特徴，犯行時間，犯行場所，被害時状況，目的物，犯行前行動，接触・侵入行動，物色・証拠配慮，被害者統制，凶器・暴力行為，逃走時行動，移動手段を用いた。

犯人特徴に関する変数には，共犯性，性別，年齢層，職業，犯人と被害者の対人関係，放火順序，犯行動機，主要犯罪経歴，犯行地と犯人拠点との関係を用いた。

各変数は2値化したうえで，数量化Ⅲ類によって犯行変数から犯行形態を見いだした。各犯行形態と犯行変数との関係，あるいは犯人変数との関係は，それぞれ3元分割クロス集計表で示される。そのため，対数線形モデルによる連関分析を実施した（太郎丸, 2005; 財津, 2010a）。対数線形モデルは，x^2検定と同様にカテゴリカルデータに適用でき，3要因以上の仮説検定及び要因間の関係を特定で

第5章　発生頻度が低い凶悪犯罪の研究　71

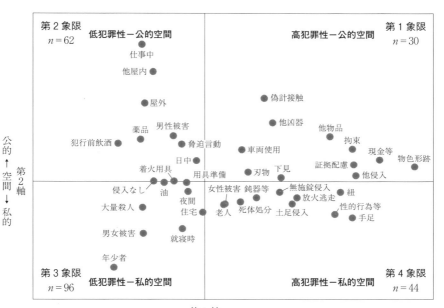

図5-3　犯行特徴に関する散布図

きる方法であるため採用した。最適モデルは，有意水準5％で棄却されなかったモデルのうち，赤池情報量基準が最も低いものとした。さらに，各セルの標準化残差によって，モデル採択の適切さを確認した。要因間の関連は，採用モデルのパラメータ推定値に基づき解釈した。

結果

(1) 放火殺人の犯行形態

犯行特徴に対する数量化Ⅲ類によって，第1軸固有値0.28，第2軸固有値0.21，累積寄与率17.9％の結果が得られた（図5-3を参照）。

カテゴリー数量を検討すると，第1軸は「様々な犯罪目的，拘束，物色，証拠配慮」と「犯行前飲酒，屋外，被害者が仕事中」等の両極から成る軸であった。

犯罪の進行度が異なる様相を呈しているため,「犯罪性」と解釈した。同様の方法により,第2軸は「屋外,他屋内,被害者が仕事中」と「住宅,就寝時,子供を含む様々な被害者」等が両極となる軸であった。犯行空間の違いを呈していることから,「犯行空間」と解釈した。

　主犯232名のサンプルスコアを第1軸と第2軸で4つの象限に分割した場合,第1象限は30名が含まれた(全体の13%)。軸解釈では,犯罪性の高さと住居以外の犯行空間が関係していることから,犯行形態は「高犯罪性-公的空間」群とした。第2象限は62名が含まれた(全体の27%)。犯罪性の低さと住居以外の犯行空間が関係していることから,「低犯罪性-公的空間」群とした。第3象限には96名が含まれた(全体の41%)。軸解釈では,犯罪性の低さと住居を犯行空間としていることから,「低犯罪性-私的空間」群とした。第4象限は44名が含まれた(全体の19%)。犯罪性の高さと住居における犯行が関係していることから,「高犯罪性-私的空間」群とした。

(2) 犯行形態間における犯行特徴の比較

　次に,4つの犯行形態間における各犯行特徴の出現率の違いを詳細に検討するため,犯罪性[A],犯行空間[B],各犯行特徴[C]とした3要因の対数線形モデル分析を実施した。各犯行変数におけるモデル選択はAICの比較によって最適モデルを選択した。要因間の関連は,採用モデルのパラメータ推定値に基づいて解釈した(表5-4を参照)。G^2は尤度比統計量,dfは自由度,pは有意確率,AICは赤池情報量基準である。

　「高犯罪性」の犯行は,放火殺人全体の32%に相当する。「高犯罪性」と関連した犯行特徴は,住宅を対象,下見,様々な侵入方法,金品,物色形跡,拘束,様々な凶器,女性のみ被害,老人被害,証拠配慮,死体処分,放火して逃走,車両使用であった。

　一方の「低犯罪性」に属する犯行は,放火殺人全体の68%を占める。「低犯罪性」と関連した特徴は,犯行前飲酒,住居以外の屋内外,侵入なし,被害者が仕事中,油類と着火用具の使用,男性のみ被害,男女被害,年少者被害,大量殺人であった。

　「公的空間」に属する犯行は,放火殺人全体の40%に相当する。「公的空間」と関連した犯行特徴は,日中の犯行,住居以外の屋内外,被害者が仕事中,偽計接

触，脅迫言動，様々な凶器，金品目的，物色形跡，証拠配慮，車両使用であった。

一方，「私的空間」の犯行は，放火殺人全体の60％を占める。「私的空間」と関連のある犯行特徴は，夜間の犯行，住宅対象，被害者が就寝時，性的行為等，女性のみ被害，男女被害，年少者被害，大量殺人，死体処分であった。

また，4つの犯行形態のうち，高犯罪性・私的空間群の犯行には，手足による暴力が関連していた。

なお，私的空間群はほぼ住宅における発生であったが，高犯罪性・公的空間群には住宅が6割，低犯罪性・公的空間群には住宅が3割含まれていた。つまり，私的空間と公的空間が完全に分離されているわけではなかった。

(3) 犯行形態間における犯人特徴の比較

4つの犯行形態間における各犯人特徴の出現率の違いを詳細に検討するため，犯罪性［A］，犯行空間［B］，各犯人特徴［C］とした3要因の対数線形モデル分析を実施した。各犯人変数におけるモデル選択，要因間の関連についての解釈方法及び統計量の説明は，先に述べたとおりである（表5-5を参照）。

その結果，「高犯罪性」と関連が認められた犯人特徴は，面識なし，男女関係，その他関係の男性犯，金銭やその他の動機，犯行隠蔽のため殺害後に放火，現場の隣接及び隣接外の市区町村に拠点を有する窃盗他の犯罪経歴者であった。

一方，「低犯罪性」と関連した犯人特徴は，親族や仕事関係にある女性犯，心中，痴情，精神障害，怨恨，口論，仕事，鬱憤といった多彩な動機，自宅や職場での犯行，放火によって殺害，現場と同一市区町村に拠点を有するというものであった。

「公的空間」と関連した犯人特徴は，面識なし，仕事や他の対人関係がある男性犯，共犯，金銭，怨恨，口論，仕事，鬱憤，その他の動機，犯行隠蔽，職場での犯行，住居不定，現場と隣接しない市区町村に拠点を有するというものであった。

一方の「私的空間」と関連した犯人特徴は，親族や男女関係にある女性，単独犯，心中動機や精神障害，殺人経歴，自宅での犯行，現場と同一及び隣接の市区町村に拠点を有するというものであった。

また，4つの犯行形態のうち，「高犯罪性・私的空間」群，及び「低犯罪性・公的空間」群のそれぞれには，主要犯罪経歴，窃盗経歴，その他犯罪経歴との関

表5-4 犯行形態における

犯行特徴 [C]	犯行形態			
	高犯罪性 [A] 公的空間 [B]	高犯罪性 [A] 私的空間 [B]	低犯罪性 [A] 公的空間 [B]	低犯罪性 [A] 私的空間 [B]
	$n=30$	$n=44$	$n=62$	$n=96$
大量殺人	10.0%	20.5%	18.0%	36.5%
男性被害	53.3%	11.4%	71.7%	24.2%
女性被害	43.3%	72.7%	23.3%	47.4%
男女被害	3.3%	15.9%	5.0%	28.4%
老人	23.3%	25.0%	9.7%	17.7%
年少者	0.0%	9.1%	1.6%	22.9%
夜間	58.6%	72.7%	64.5%	77.1%
日中	41.4%	27.3%	35.5%	22.9%
住宅	60.0%	100.0%	35.9%	94.8%
他屋内	23.3%	0.0%	32.8%	2.1%
屋外	16.7%	0.0%	31.3%	3.1%
就寝時	13.3%	52.3%	9.7%	68.8%
仕事中	10.0%	0.0%	27.4%	0.0%
犯行前飲酒	0.0%	2.3%	11.3%	5.2%
用具準備	80.0%	77.3%	80.6%	87.5%
偽計接触	43.3%	4.5%	19.4%	1.0%
下見	23.3%	36.4%	12.9%	3.1%
無施錠侵入	23.3%	31.8%	4.8%	5.2%
他侵入	46.7%	22.7%	0.0%	1.0%
侵入なし	30.0%	45.5%	95.2%	93.8%
土足侵入	10.0%	25.0%	1.6%	1.0%
物色形跡	33.3%	15.9%	0.0%	0.0%
現金等	50.0%	15.9%	0.0%	0.0%
他物品	30.0%	2.3%	3.2%	1.0%
脅迫言動	43.3%	20.5%	56.5%	22.9%
刃物	53.3%	40.9%	19.4%	12.5%
油	53.3%	38.6%	79.0%	84.4%
紐	20.0%	22.7%	1.6%	2.1%
鈍器等	16.7%	27.3%	8.1%	3.1%
着火用具	53.3%	61.4%	87.1%	82.3%
手足	6.7%	29.5%	1.6%	0.0%
薬品	6.7%	2.3%	14.5%	4.2%
他凶器	30.0%	4.5%	4.8%	2.1%
拘束	20.0%	9.1%	0.0%	0.0%
性的行為等	6.7%	22.7%	1.6%	3.1%
証拠配慮	33.3%	15.9%	0.0%	1.0%
死体処分	33.3%	40.9%	14.5%	25.0%
放火逃走	56.7%	54.5%	4.8%	14.6%
車両使用	73.3%	36.4%	30.6%	12.5%

注：1）[ABC] は飽和モデル，[AC][BC] は条件つき独立モデル，[AC][B] は1

犯行特徴出現率の比較

選択モデル[1]	正の関連要因	対数線形モデルの統計量 G^2(df), p, AIC
[AC] [BC]	[低犯罪性] [私的空間]	$G^2(2) = .04, p = .98$, AIC $= -3.96$
[AC] [BC]	[低犯罪性] [公的空間] [高犯罪性] [私的空間] [低犯罪性] [私的空間]	$G^2(3) = 1.32, p = .73$, AIC $= -4.68$
[AC] [B]	[高犯罪性]	$G^2(3) = 2.11, p = .55$, AIC $= -3.89$
[AC] [BC]	[低犯罪性] [私的空間]	$G^2(2) = .43, p = .81$, AIC $= -3.57$
[A] [BC]	[私的空間] [公的空間]	$G^2(3) = .60, p = .90$, AIC $= -5.40$
[AC] [BC]	[高犯罪性] [私的空間] [低犯罪性] [公的空間] [低犯罪性] [公的空間]	$G^2(3) = 4.51, p = .21$, AIC $= -1.49$
[A] [BC]	[私的空間]	$G^2(3) = 3.79, p = .29$, AIC $= -2.21$
[AC] [BC]	[低犯罪性] [公的空間]	$G^2(2) = .78, p = .68$, AIC $= -3.22$
[AC] [B]	[低犯罪性]	$G^2(3) = 3.01, p = .39$, AIC $= -2.99$
[A] [B] [C]	関連なし	$G^2(4) = 2.88, p = .57$, AIC $= -5.12$
[AC] [BC]	[高犯罪性] [公的空間]	$G^2(2) = .86, p = .66$, AIC $= -3.14$
[ABC]	[高犯罪性] [公的空間]	$G^2(0) = 0$, AIC $= 0$
[AC] [B]	[高犯罪性] [高犯罪性] [低犯罪性]	$G^2(5) = 5.71, p = .34$, AIC $= -4.29$
[AC] [B]	[高犯罪性]	$G^2(3) = 2.93, p = .40$, AIC $= -3.07$
[AC] [BC]	[高犯罪性] [公的空間]	$G^2(2) = .31, p = .86$, AIC $= -3.69$
[AC] [BC]	[高犯罪性] [公的空間]	$G^2(2) = 1.87, p = .39$, AIC $= -2.13$
[AC] [BC]	[高犯罪性] [公的空間]	$G^2(2) = 1.52, p = .46$, AIC $= -2.48$
[A] [BC]	[公的空間]	$G^2(3) = 1.54, p = .67$, AIC $= -4.46$
[AC] [BC]	[高犯罪性] [公的空間]	$G^2(2) = .12, p = .94$, AIC $= -3.88$
[AC] [B]	[低犯罪性]	$G^2(3) = 2.32, p = .51$, AIC $= -3.68$
[AC] [B]	[高犯罪性]	$G^2(3) = .16, p = .99$, AIC $= -5.84$
[AC] [B]	[高犯罪性]	$G^2(3) = 3.06, p = .38$, AIC $= -2.94$
[AC] [BC]	[低犯罪性]	$G^2(3) = 1.17, p = .76$, AIC $= -4.83$
[ABC]	[高犯罪性・私的空間]	$G^2(0) = 0$, AIC $= 0$
[A] [BC]	[公的空間]	$G^2(3) = 1.67, p = .64$, AIC $= -4.33$
[AC] [BC]	[高犯罪性] [公的空間]	$G^2(2) = 1.36, p = .51$, AIC $= -2.64$
[AC] [B]	[高犯罪性]	$G^2(3) = 1.82, p = .61$, AIC $= -4.18$
[AC] [BC]	[高犯罪性] [私的空間]	$G^2(2) = .69, p = .71$, AIC $= -3.31$
[AC] [BC]	[高犯罪性] [公的空間]	$G^2(2) = 2.04, p = .43$, AIC $= -1.96$
[AC] [BC]	[高犯罪性] [私的空間]	$G^2(2) = .52, p = .77$, AIC $= -3.48$
[AC] [B]	[高犯罪性]	$G^2(3) = 4.19, p = .24$, AIC $= -1.81$
[AC] [BC]	[高犯罪性] [公的空間]	$G^2(2) = 1.93, p = .39$, AIC $= -2.07$

変数独立モデル，[A][BC] は1変数独立モデル，[A][B][C] は3変数独立モデル。

表5-5 犯行形態における

犯人特徴 [C]	犯行形態			
	高犯罪性 [A] 公的空間 [B]	高犯罪性 [A] 私的空間 [B]	低犯罪性 [A] 公的空間 [B]	低犯罪性 [A] 私的空間 [B]
	$n=30$	$n=44$	$n=62$	$n=96$
単独	83.3%	95.5%	91.9%	96.9%
共犯	16.7%	4.5%	8.1%	3.1%
男性	86.7%	84.1%	80.6%	59.4%
女性	13.3%	15.9%	19.4%	40.6%
10〜20代	30.0%	18.2%	32.3%	19.8%
30代	33.3%	22.7%	14.5%	24.0%
40代	23.3%	22.7%	25.8%	22.9%
50代	6.7%	22.7%	21.0%	27.1%
60〜70代	6.7%	13.6%	6.5%	6.3%
有職	56.7%	50.0%	45.2%	45.8%
無職	43.3%	50.0%	54.8%	54.2%
面識なし	20.0%	13.6%	9.7%	1.0%
親族関係	26.7%	31.8%	35.5%	72.9%
男女関係	6.7%	27.3%	11.3%	13.5%
仕事関係	10.0%	4.5%	19.4%	8.3%
他関係	36.7%	22.7%	24.2%	4.2%
殺人放火	44.8%	55.8%	6.5%	7.3%
放火殺人	55.2%	44.2%	93.5%	92.7%
心中動機	2.6%	5.5%	2.7%	19.2%
痴情動機	5.1%	21.8%	13.3%	20.8%
金銭動機	43.6%	16.4%	9.3%	8.8%
精神障害	2.6%	10.9%	8.0%	16.0%
怨恨動機	12.8%	9.1%	25.3%	12.0%
口論動機	2.6%	3.6%	6.7%	4.0%
犯行隠蔽	15.4%	14.5%	2.7%	0.0%
仕事動機	7.7%	0.0%	5.3%	4.0%
鬱憤動機	0.0%	3.6%	16.0%	8.0%
他動機	7.7%	14.5%	10.7%	7.2%
主要犯罪経歴あり	23.3%	43.2%	40.3%	16.7%
殺人経歴	0.0%	15.9%	4.8%	5.2%
放火経歴	3.3%	9.1%	9.7%	6.3%
窃盗経歴	16.7%	27.3%	21.0%	8.3%
他犯罪経歴	10.0%	15.9%	22.6%	4.2%
住居不定	13.3%	13.6%	14.5%	3.1%
自宅犯行	10.0%	34.1%	30.6%	65.6%
職場犯行	6.7%	0.0%	14.5%	6.3%
区内拠点	56.7%	77.3%	80.6%	90.6%
隣接区拠点	16.7%	15.9%	8.1%	4.2%
隣接区外拠点	26.7%	6.8%	11.3%	5.2%

注：1）[ABC] は飽和モデル，[AC][BC] は条件つき独立モデル，[AC][B] は1変数

犯人特徴出現率の比較

選択モデル[1]	正の関連要因	対数線形モデルの統計量 $G^2(\mathrm{df})$, p, AIC
[A] [BC]	［私的空間］ ［公的空間］	$G^2(3) = 1.66$, $p = .64$, AIC $= -4.34$
[AC] [BC]	［高犯罪性］［公的空間］ ［低犯罪性］［私的空間］	$G^2(2) = 1.21$, $p = .54$, AIC $= -2.79$
[A] [B] [C]	関連なし	$G^2(13) = 14.69$, $p = .33$, AIC $= -11.31$
[A] [B] [C]	関連なし	$G^2(4) = 1.39$, $p = .85$, AIC $= -6.61$
[AC] [BC]	［高犯罪性］［公的空間］ ［低犯罪性］［私的空間］ ［高犯罪性］［私的空間］ ［低犯罪性］［私的空間］ ［高犯罪性］［公的空間］	$G^2(5) = 9.07$, $p = .11$, AIC $= -0.93$
[AC] [B]	［高犯罪性］ ［低犯罪性］	$G^2(3) = .90$, $p = .83$, AIC $= -5.10$
[AC] [BC]	［低犯罪性］［私的空間］ ［低犯罪性］［私的空間］ ［高犯罪性］［公的空間］ ［低犯罪性］［私的空間］ ［低犯罪性］［公的空間］ ［低犯罪性］［公的空間］ ［高犯罪性］［公的空間］ ［低犯罪性］［公的空間］ ［低犯罪性］［公的空間］ ［高犯罪性］［公的空間］	$G^2(10) = 16.74$, $p = .08$, AIC $= -3.26$
[ABC]	［高犯罪性・私的空間］ ［低犯罪性・公的空間］	$G^2(0) = 0$, AIC $= 0$
[A] [BC]	［私的空間］	$G^2(3) = 6.51$, $p = .09$, AIC $= .51$
[A] [B] [C]	関連なし	$G^2(4) = 1.73$, $p = .79$, AIC $= -6.27$
[ABC]	［高犯罪性・私的空間］ ［低犯罪性・公的空間］	$G^2(0) = 0$, AIC $= 0$
[ABC]	［高犯罪性・私的空間］ ［低犯罪性・公的空間］	$G^2(0) = 0$, AIC $= 0$
[A] [BC]	［公的空間］	$G^2(3) = 5.12$, $p = .16$, AIC $= -.88$
[AC] [BC]	［低犯罪性］［私的空間］	$G^2(2) = 1.29$, $p = .52$, AIC $= -2.71$
[AC] [BC]	［低犯罪性］［公的空間］	$G^2(2) = 1.95$, $p = .38$, AIC $= -2.05$
[AC] [BC]	［低犯罪性］［私的空間］ ［高犯罪性］［私的空間］ ［高犯罪性］［公的空間］	$G^2(3) = 1.09$, $p = .78$, AIC $= -4.91$

独立モデル．［A］［BC］は1変数独立モデル，［A］［B］［C］は3変数独立モデル．

連が認められた。

なお，犯人の年代，職業，放火歴については，犯行形態，犯罪性，犯行空間の要因とは有意な連関は認められなかった。

以上のことから，放火殺人における犯人特徴は，犯罪性及び犯行空間という視点に基づく犯行形態によって異なることが示された。

考察

本研究の結果，放火殺人は，「犯罪性」と「犯行空間」の視点によって，4つの犯行形態に分類可能であった。また，「犯罪性」と「犯行空間」の要因によって，犯行及び犯人特徴にそれぞれ違いが認められた。ここでは各要因と関連した犯行及び犯人特徴を包括的に捉えてみる。

「高犯罪性」の要因は，放火目的が殺害後の犯行隠蔽といった副次的側面が強い。犯人の主目的は窃盗や強盗である。そのため，被害者選択，下見や侵入方法，凶器，証拠配慮，車両使用等の犯行行動全般に計画性が示されると考えられる。捜査対象者の優先順位は，被害者と面識がないか，男女関係，その他関係にある男性である。また，窃盗他の犯罪経歴者を現場と同一市区町村に限らず，非隣接市区町村にまで捜査範囲を拡大して把握する必要があろう。

「低犯罪性」の特徴は，油類や着火用具を使用し，多人数が放火の犠牲となる。背景には，親族や仕事等の強い対人関係，心中や痴情，精神疾患等，多様かつ強い情動的動機が存在する。そのため，女性犯が多く，現場と同一市区町村に拠点があり，侵入を伴わない，自宅や職場での犯行が多いのだろう。

「公的空間」の特徴は，日中に住居以外の場所で，仕事中の被害者が犠牲となることである。犯人の動機は，怨恨等の情動性の強いものから金品目的等の経済的なものまで多様である。しかし，証拠配慮や車両使用等，犯行の計画性が高いのが共通点である。捜査範囲は広域で，現場と非隣接の市区町村にまで及ぶ。さらに，被害者と面識なし，仕事や他の対人関係等がある男性犯，住居不定者も捜査対象者となる。

「私的空間」は，夜間に住宅で就寝中の被害者が犠牲となる。大量殺人となる原因は，同居者がいるためと考えられる。動機は心中や精神疾患等情動的な面が強いため，犯人は親族や男女関係にある単独犯，女性犯である。拠点は現場と同

一か隣接市区町村内であり，自宅が現場となることも多い。

　「高犯罪性」と「公的空間」の要因は，計画性の高さや犯人の移動性が高い点が共通している。それゆえ，捜査対象者の絞り込みに時間を要すると考えられる。犯人の移動性を見ると，車両や防犯カメラに着目した捜査が有効であろう。幸いにして，両方の要因を持つ「高犯罪性・公的空間」群の犯人は，放火殺人の中で最も少なく，全体の1割に過ぎない。

　一方の「低犯罪性」と「私的空間」の要因は，情動及び被害者との対人関係の強さが共通している。それゆえ，早期に捜査対象者を絞り込むことが期待できる。両方の要因を持つ「低犯罪性・私的空間」群の犯人は，全体の4割を占め，放火殺人の中で最も多いタイプである。

　また，本研究の結果から，放火殺人の犯人像を絞り込む事件分析方法は，初めに犯行空間の評価，次に犯罪性の評価を行うのが，おそらく簡便と考えられる。つまり，犯行空間の識別は容易であり，それによって，まず犯人像が大きく異なると判断できる。次に，犯罪性の識別は，主として現場の痕跡等を入念に評価することによって，犯罪性の方向を判断できると思われる。特に，4つの犯行形態のうち，「高犯罪性・私的空間」群，及び「低犯罪性・公的空間」群の事件は，地理的な捜査範囲を設定したうえで，犯罪経歴者を重点にした捜査が有効と考えられる。

　以上，放火殺人の犯行形態には，それぞれ異なる犯人特徴が関連していた。したがって，放火殺人では，相同仮説が概ね支持されたと考えられる。性的殺人に関する研究2においても指摘したが，本研究においても，犯罪性は「目的」，犯行空間は「状況」，犯行特徴は「行動」，犯人特徴は「属性」と表現できる。本研究の結果は，放火殺人においても，性的殺人と同様に，人間の「行動」は，「状況」と「目的」によって規定され，犯人の「属性」についても，同じく「状況」と「目的」から推論可能な関係が共通して認められることを示唆している。

　ところで，岡田（2006）は，犯罪者プロファイリングによる分類研究のうち，表出型と道具型を例にあげ，個々の事例に当てはめると，この分類が排他的ではなく，重複を許すものであると指摘している。そのうえで，あらゆる事件には，表出型と道具型という成分がどちらにも含まれて，それらを詳細に検討することが，事件解決のうえでも有用であると指摘している。本研究における高犯罪性や公的空間の犯行特徴は道具型と，低犯罪性と私的空間の犯行特徴は表出型と，そ

れぞれ類似していると考えられる。

　本研究で用いた数量化Ⅲ類は，事件特徴の類型化という点では，先行研究で多用されている多次元尺度法と同じ方法である。両方法とも犯行形態を把握する目的では確かに有用であろう。しかしながら，先行研究が示しているように，多次元尺度法の類型化だけでは，犯行特徴と犯人特徴が対応する結果は，必ずしも認められてこなかった。つまり，多次元尺度法のみで，相同仮説を検証することには，方法論的に限界があるとも考えられる。

　実際，犯罪者プロファイリングの研究では，多次元尺度法以外の統計的手法も用いられている。たとえば，決定木分析（渡邉・鈴木・横田・岩見・渡辺, 2002; 岩見, 2010)，ロジスティック回帰分析（萩野谷・花山・小野・蒲生・真栄平・細川, 2014；横田・倉石・和智・大塚・小野・渡邉, 2015)，ベイジアンネットワーク（財津, 2010b）等である。大塚・平間・横田・渡邉・和智（2015）は，ロジスティック回帰分析，決定木分析，ニューラルネットを用いた犯人特徴の判別的中率を比較した。その結果，いずれの精度も同程度であった。これらの統計的手法は，同種犯罪であっても，犯人特徴によって相同する犯行形態や事件形態がそれぞれ異なるパターンが見いだされる。しかも，多次元尺度法に基づく方法よりも，予測精度の検証過程は明快である。それゆえ，相同仮説は，推定すべき犯人特徴の違いによって，相同する犯行形態が異なるという仮説のほうが成立しやすいと考えられる。

　心理学的な観点からすると，相同仮説は，広い意味で意思決定の分野に属するものと思われる。すなわち，相同仮説は，観察可能な人間の行動から，その人物の特徴を推測，判断する過程に関係する。社会心理学の研究領域では，他者に対する評価，判断，推論は，「社会的認知」に含まれる（池田・唐沢・工藤・村本, 2010）。相同仮説に関する研究は，犯行に関する事件情報と犯人情報との共変関係を前提とした，属性推論の研究と表現できよう。

　また，犯罪者プロファイリングにおける推定過程は，認知心理学をはじめとして，人間の情報処理理論として広く受容されている「2過程モデル」によって説明できる（外山, 2015）。すなわち，事件情報や現場観察での第1印象や直観的判断は，速い思考であるシステム1による推論過程である。もうひとつの推論過程は，慎重な思考であるシステム2である。本研究を含め，相同仮説に関する研究は，システム2における情報処理に寄与するものと考えられる。システム2は，

事件についての印象や直観といったシステム1のバイアスを修正し，より的確な判断を行うために不可欠な処理過程である。

Kahneman（2011）によれば，システム1の判断は，意識的にシステム2を利用しない限り，修正が難しい頑固な面を持つ。それゆえ，研究知見は，証拠等の良質な認知資源によって判断ができない場合に，判断の「基準値」として利用できよう。

なお，相同仮説を含め，研究知見に基づく推測規則は，今後同種事件が発生した際に，簡便な推論をするためのヒューリスティックとして利用できる。すなわち，研究知見が存在することで，システム2の情報処理が迅速かつ効率的になると考えられる。一方で，ヒューリスティックは，概してバイアスと関連づけられ，ネガティブに捉えられている（水田, 2002）。本研究の知見は，「研究結果に基づくヒューリスティック」であり，単なる直観や個人的経験に基づく代表性ヒューリスティックや利用可能性ヒューリスティックとは基本的に異なるものであろう。それでもなお，認知資源の調査を疎かにして，研究知見のみに基づいた推測に頼ると，単なるステレオタイプの適用となり，判断を誤る危険性が高くなると考えられる。行動と人物属性との共変関係を示す知見は，確証情報のひとつであるが，その関係は相対的なものである。実際の事件分析では，少なからず反証情報が存在することを忘れてはならない。

4　司法機関を対象とした放火事件の犯行形態と犯人像（研究4）[4]

背景と目的

本研究の分析対象である司法機関を対象とした放火事件は，取り締まる側が犯人の標的となるため，その社会的反響が大きく，警察機関は威信をかけた捜査を迫られると考えられる。また，目撃情報がないなど，容疑者が不明な場合，捜査が長期化する懸念があり，捜査支援の一環として，犯罪者プロファイリング担当者は，事件発生当初から分析要請に備える必要がある。

この種の捜査支援では，犯行形態によっては，放火，連続放火の先行研究における知見が十分に利用できると考えられる。しかしながら，本研究の犯行対象が

---

[4] 岩見（2014a）に掲載された内容を再編集したものである。

特異なことから，これに関する先行研究が皆無であり，この種事件に限定し，犯行特徴及び犯人特徴について調査した結果を記述することに価値があることから，本研究ではこれを目的とした。

方法

1987年から2013年までの検挙事件のうち，一連犯行に司法機関の関連施設が含まれる放火事件を収集した。本研究では「司法機関」を警察，検察，裁判所と定義した。なお，司法機関内において取調べ等の処理中に犯行に及んだ事件は除外した。共犯事件の場合における犯人特徴は，主犯格のみ分析対象とした。

最終的な分析対象者は83名であり，犯行特徴及び犯人特徴を収集整理した。犯行特徴は，犯行時間，犯行場所，犯行方法であり，犯人特徴は，連続性，犯人数，性別，年齢，職業，犯行動機，主要犯罪経歴，精神障害関連，検挙経緯，移動手段，犯行移動距離等である。これらの情報はMicrosoft Excelに入力し，犯行特徴及び犯人特徴の要約統計を算出した。また，犯行移動距離については72名が計測可能であり，IBM SPSS Statistics 19によって年代別，移動手段別に要約統計を算出した。また，年代を20代以下と30代以上に二分し，対数変換した距離についてt検定を実施し，若年層とそれ以外の層で犯行移動距離に違いがあるのか検討した。

結果

(1) 犯行特徴

表5-6は，司法機関を対象とした放火事件の犯行特徴に関する要約統計である。

犯行の7割強は，夜間における犯行であった。犯行場所は警察関連施設が9割を占め，そのほとんどは，交番・派出所，駐在所，警察署といった最前線施設を対象とした犯行であった。非常に稀であるが，警察，検察庁，裁判所，それぞれの職員官舎や宿舎が対象になった事例も認められた。

犯行用具は，複数の犯行用具を携行する者が8割を占め，油類ではガソリン，灯油の準備が2，3割であった。

表 5-6　犯行特徴に関する要約統計量

犯行特徴	特徴カテゴリー（％）
犯行時間	夜間（72.3％）：夜（80.0％），未明（20.0％） 日中（27.4％）：朝から午前（43.5％），昼か夕暮れ（56.5％）
犯行場所	警察関連施設（91.6％）：交番・派出所（51.3％），駐在所（11.8％），警察署（32.9％），警察本部（2.6％），官舎（1.3％） 検察庁関連施設（2.4％）：区検察庁，宿舎 裁判所関連施設（6.0％）：簡易裁判所，家庭裁判所，地方裁判所，宿舎
犯行用具	ライターのみ（16.9％） ライター（88.8％），ガソリン（38.6％），灯油（20.5％），火炎ビン（10.8％），時限発火装置（1.2％）
被害関係者との対面性	非対面（76.8％），対面（23.2％） 対面犯行の100.0％が現行犯逮捕，非対面での現行犯逮捕は28.6％
飲酒犯行	あり（6.0％）
現場再訪・い集・連絡 （現行犯逮捕を除く）	あり（8.9％）
犯行予告・犯行声明	あり（6.0％） 通信手段は電話のみ，3名は対面犯行，2名は非対面犯行で別件によって検挙

　被害関係者との非対面犯が7割強を占め，対面犯の場合は全て現行犯逮捕されていた。また，現行犯逮捕を除き，犯行現場再訪・野次馬・対象へ連絡する者は1割弱認められた。なお，犯行予告や犯行声明は6.0％認められたが，連絡手段は全て電話であった。

（2）犯人特徴

　表5-7は，司法機関対象放火事件の犯人特徴に関する要約統計量である。
　ほとんどが単発事件であるが，連続犯が1割弱認められた。連続犯のうち，司法機関のみを対象とした連続放火は4割弱であり，6割強は犯行対象の一部に司法機関が含まれていた連続放火であった。
　8割強は単独犯による犯行であった。共犯事件では男女の別なく，1割強認められ，犯人の年齢も20代以下であった。犯人の性別については男性が主であるが，女性も1割弱認められた。犯人の年齢は10代から60代までであり，各年代とも1

表 5-7 犯人特徴に関する要約統計量

犯行特徴	特徴カテゴリー（%）
連続犯	単発犯（90.4%），連続犯（9.6%）：司法機関のみ連続（37.5%），司法機関以外も含む（62.5%）
犯人の数	単独犯（84.3%），共犯（15.7%）：2から5名
性別	男性（91.6%）：共犯事件（15.6%），女性（8.4%）：共犯事件（14.3%）
犯行時年齢	14から68歳，平均年齢35歳 10代（23.8%），20代（14.3%），30代（21.4%），40代（17.9%），50代（11.9%），60代（10.7%） 共犯事件：10代（92.3%），20代（7.7%）
職業	無職（45.7%），労務者（27.2%），学生（9.9%）
身体特徴	入れ墨・身体欠損及び大きな傷跡（21.7%）
学歴	中卒（62.0%），高卒（29.6%），大卒（8.4%）
居住形態	同居者あり（57.8%），独居（31.3%），住居不定（10.8%）
犯行動機	犯行対象と関連あり（68.7%），犯行対象と関連なし（31.3%）
精神疾患等	あり（36.9%）：アルコール（10.8%），精神病（15.7%），放火癖（3.6%），知的障害（3.6%），薬物（2.4%），人格障害（2.4%） 精神疾患等該当ありのうち，現行犯逮捕（67.7%） 精神疾患等該当なしのうち，現行犯逮捕（32.7%）
主要犯罪経歴	経歴あり（39.1%）：男性（37.3%），女性（60.0%） 経歴なし（60.9%）：男性（62.7%），女性（40.0%） 同種再犯（1.2%），犯行対象と関連ある犯行動機に結びつく経歴を含めると，経歴者は過半数を占める
移動手段	なし（48.2%），自転車（10.8%），オートバイ（12.0%），自動車（28.9%）
土地鑑	あり（97.3%），なし（2.7%）
検挙経緯	現行犯逮捕（45.8%），聞き込み（14.5%），検索中職務質問（10.8%），取調べ（9.6%），別件検挙（4.8%），映像解析（3.6%），被害関係者情報（3.6%），自首（2.4%），刑務所志願（1.2%），購入情報提供（1.2%）

割以上は存在した。職業については，無職が最多の4割強であり，次いで労務者となった。学歴は6割が中卒で，高卒まで含めると9割を超える。

　精神病，放火癖，人格障害，アルコール・薬物依存，知的障害を含めた精神疾患等が認められた者は3割強であった。主要な犯罪経歴は3割強に認められたが，後述する犯行対象と関連がある犯行動機に関連した経歴まで含めると，その数は過半数となる。なお，過去に司法機関対象に放火した犯人は1名だけであった。犯人の移動手段は5割弱がなし，3割が自動車であり，土地鑑はほとんどの犯人

表 5-8 犯行対象との関連別による犯行動機の詳細

犯行動機	%	下位カテゴリー（%）
犯行対象と関連あり	68.7%	逆恨み（71.9%） 他には，嫌がらせ，脅かし，抗議，反感・不満，保護されたい，困らせたい，取調べの回避に関連した動機
逆恨みの原因		応対（34.1%），交通（24.4%），保護（7.3%） 他には，刑罰，職務質問，精神疾患関連，DV関連，制度，逮捕，督促状，犯罪容疑，補導等に関連した動機
犯行対象と関連なし	31.3%	愉快犯・自己顕示（26.9%），精神疾患関連（19.2%），うっ憤晴らし（15.4%），自暴自棄（11.5%），逮捕されたい（11.5%）等

表 5-9 移動手段別による住居との最短犯行移動距離

移動手段別による住居との犯行移動距離（m）	N	最小値	中央値	75%点	最大値	平均値
なし	33	275	1,547	3,290	22,416	2,976
自転車	8	518	2,778	4,317	9,083	3,156
オートバイ	10	378	1,246	2,718	5,609	1,883
自動車	21	637	6,684	9,722	47,364	9,712
全体	72	275	2,145	5,205	47,364	4,809

が有していた。検挙経緯については，犯人の過半数が現行犯逮捕もしくは検索中の職務質問によって判明していた。また，初動捜査や基礎捜査の徹底に関するものが全体の36.1%を占めた。

なお，犯行動機は多岐にわたったが，犯行対象と関連のある動機か否かという視点によって大別すると，表5-8のように整理可能であった。

犯行動機のうち，犯行対象と関連した動機は7割弱であり，そのうちのさらに7割が犯行対象の司法機関，もしくは勤務員に対する逆恨みであった。逆恨みの主な原因は，職員の応対，交通関係，保護に関するものであり，他に刑罰，職務質問，補導，犯罪容疑，DV関連，督促状，制度への不満等が認められた。逆恨み以外の動機には，嫌がらせや脅かし，困らせたい，取調べ回避等が認められた。一方，犯行対象と関連のない動機の場合，愉快犯・自己顕示，精神障害関連，うっ憤晴らし等が認められた。

次に，表5-9は，移動手段別に住居との最短犯行移動距離を比較したもので

表 5-10　犯人の年代別による住居との最短犯行移動距離

犯人年代別による住居との犯行移動距離（m）	N	最小値	中央値	75％点	最大値	平均値
10代	19	442	1,994	4,332	9,083	2,990
20代	11	378	1,269	9,794	47,364	8,369
30代	16	411	3,156	8,793	45,766	6,926
40代	12	630	1,446	4,853	13,502	3,783
50代	7	728	4,403	6,684	8,043	4,058
60代	7	275	2,399	3,259	3,299	1,819
全体	72	275	2,145	5,205	47,364	4,809

ある。中央値比較では，距離の短い順に，オートバイ1.3km，移動手段なし1.6km，全体2.2km，自転車2.8km，自動車6.7kmとなった。

さらに，表5-10は，犯人の年代別による住居との最短犯行移動距離である。中央値比較では，距離の短い順に，20代1.3km，40代1.5km，10代2.0km，60代2.4km，30代3.2km，50代4.5kmとなった。20代以下（30名）と30代以上（42名）の間では，最短犯行移動距離の中央値は，それぞれ1,683m，2,687mであったが，対数変換した最短犯行移動距離を比較ところ，統計的には有意な差は認められなかった（$t=-.40, df=60.27$）。

考察

司法機関を対象とした放火の検挙事件を分析した結果，犯人の過半数は現行犯逮捕もしくは検索中の職務質問によって判明していた。犯罪者プロファイリングでは，犯行件数が少ない場合，解決した類似事件に関する犯行移動距離を利用して，犯人の居住圏等を推定することが可能である。特に，移動力の高い自動車犯の場合，その領域は広大となるが，犯行動機や犯罪経歴の特徴を活用して捜査対象者たちを把握し，それらの容疑性の検討材料にすることができよう。

実際のところ，犯罪経歴者から捜査対象者を探す場合には，犯行移動距離を参考に地理的な捜索範囲を設定し，犯罪経歴の傾向を考慮して捜査対象者をリストアップできる。さらに，リストアップされた捜査対象者について，この種の放火

に関する犯行動機を持つ可能性があるかどうか検討することで，捜査対象者の絞り込みができると考えられる。犯罪経歴がない者を探索する場合にも，地理的な捜索範囲を設定し，犯行対象機関との間に逆恨み原因を抱えた者を優先的に捜査対象とすることが可能であろう。

一方，犯行対象機関との間に何ら関係しない犯行動機を持つ者については，おそらく，通常の連続放火もしくは放火における犯人像とかなり酷似した者になると考えられる。

放火は，検挙事件の情報から判明している犯行情報はもともと乏しいが，現場における基礎捜査では，発生事件の情報のなかに犯人像を絞り込める情報が存在する可能性があるため，事例分析が非常に重要である。それらの情報は捜査部門，鑑定及び捜査支援部門が保有している可能性がある。通常，実際の事件ではより多くの捜査情報が入手できると考えられ，犯人絞り込みに有力な情報を積極的に活用した推定が実戦的な手法といえる。

連続事件の場合，連続犯行のなかでの犯人の司法機関に対する位置づけをどのように解釈するかが重要であろう。放火対象として司法機関に固執している状況があれば，司法機関に関連のある犯行動機が重要であると考えられる。同一対象への連続犯行，再被害という観点からは，脅威査定，ストーカー等に関する研究知見が犯行動機の解明や犯行予測に利用できる場合があると考えられる。

また，この種の事件は犯行対象が司法機関であるだけに，報道の動きも活発化すると考えられ，その影響から模倣犯への注意及びその識別が必要となる場合もあろう。特に，犯行予告・犯行声明等がある場合，それらの情報は犯人検挙に直結することもあり，さらに，犯行動機や犯人像の解明，行動予測にとって重要な資料になると考えられる。

5　同一場所で再犯行に及ぶ性犯罪の連続犯に関する時空間特徴（研究5）[5]

背景と目的

性犯罪の連続犯のなかには同一場所で再犯行に及ぶ者がおり，その中には同一

---
[5] 岩見（2014c）に掲載されたものを再編集したものである。

人が再被害に遭うことも認められる。岩見（2008a）は北海道における連続性犯の犯行移動距離等を分析し、2割強の事例は同一場所での再犯行が認められることを指摘した。ただし、岩見（2008a）の同一場所再犯行は、必ずしも同一人の再被害ではない。これらの再犯行には、同一の一戸建て住宅だけではなく、同一アパート内における他の居室に対する犯行、前回被害者の転居後に入居した者が被害に遭うケースも含まれると考えられる。いずれにせよ、同一場所に対する再犯行には、同一被害者の再被害も含まれることから、捜査機関にとっては看過できない犯罪である。

しかしながら、現状では、同一場所に対する再犯行が生じやすい環境、再犯行までの日数等の実態は判然としておらず、1件目の性犯罪が発生した時点で再犯行が行われるか否かを予測することは困難であるといえよう。

以上のことから、本研究では捜査支援を目的に、性犯罪の連続犯による同一場所への再犯行に焦点を当て、その時空間特徴について記述し、捜査における研究知見の活用について考察する。

方法

2004年から2008年までに東日本で検挙された被害者と面識のない強姦、強制わいせつ犯のうち、犯行現場が犯人による被害者の誘い込みによるもの（犯人居宅、車両内等）を除き、同一場所で再犯行に及んだ犯人を分析対象とした。再犯行対象が建物の場合、犯人の再訪性を重視し、同一部屋、同一建造物、複数棟連立の団地及びそれらの敷地は同一場所として処理した。

最終的な分析対象は、犯行移動距離（犯人住居や最寄り拠点と犯行場所との直線距離）が計測可能な延べ99名250事件とした。

分析対象者については、犯行時間帯、犯行間隔（日数）、犯行場所（土地鑑、屋内外犯行、同一被害者、同一部屋、同一建物、同一敷地）、被害者選択、移動手段、犯人拠点（住居、最寄拠点）、主要犯罪経歴、犯行移動距離を集約し、基礎統計等を算出した。同分析にはIBM SPSS Statistics 19及びMicrosoft Excel 2010を使用した。犯行移動距離の計測にはゼンリン社製電子地図帳 Zi 15を使用した。

表5-11 同一場所で再犯行に及ぶ連続犯の犯行時間帯の一貫性

1件目 (n)		2件目 (n)		一貫性（時間帯毎％）	一貫性（全体％）
日中	32	日中	24	75.0%	78.8%
		夜間	8		
夜間	67	日中	13	80.6%	
		夜間	54		

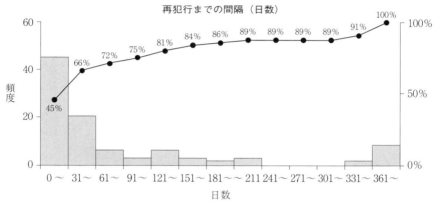

図5-4 同一場所で再犯行に及ぶ犯行間隔（日数）のヒストグラム

結果

(1) 時間特徴

同一場所への再犯行者延べ99名（2件以上犯行），再々犯行者25名（3件以上犯行）について，犯行時間を日中（6から18時）と夜間（18時から6時）に二分し，犯行時間帯の一貫性を検討した。その結果，表5-11のとおり，再犯行者の一貫性は8割弱と非常に高く，夜間犯行で80.6％，日中犯行で75.0％であった。また，再犯行までの犯行間隔は，図5-4のとおり，中央値で39日後，75％点で121日後であった。

次に，再々犯行者の一貫性は，表5-12のとおり，再犯行時で80.0％であり，うち再々犯行時でも一貫性が認められたのは90.0％であった。また，再々犯行までの犯行間隔は，中央値で15日後，75％点で45日後であった（図5-5）。

表5-12 同一場所で再々犯行に及ぶ連続犯の犯行時間帯の一貫性

再々犯行 (n)	1～2件目一貫性 (n)		3件目		一貫性（時間帯毎％）	一貫性（全体％）
25	日中	9	日中	7	77.8%	90.0%
			夜間	2		
	夜間	11	日中	0	100.0%	
			夜間	11		

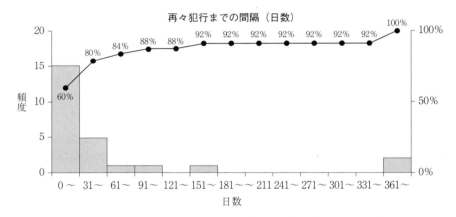

図5-5 同一場所で再々犯行に及ぶ犯行間隔（日数）のヒストグラム

(2) 空間特徴

再犯行場所に対する犯人の土地鑑（警察の捜査では「勘」ではなく「鑑」を使用し，その人の日常行動から知りえた地理や場所に関する犯行前の実体験に基づく知識を意味する）は，ほとんどで認められた（97.7％）。図5-6のとおり，再犯行場所の過半数は，共同住宅（38.7％）と団地群（14.0％）であった。一連犯行における屋内犯行もしくは屋外犯行の一貫性を合わせると87.1％と高く，屋内犯行で一貫した事例は41.9％，屋外犯行で一貫した事例は45.2％であった。

再犯行場所が建物及びその敷地である場合，敷地を除く同一建物への再犯行が最多の89.8％であり，うち同一部屋への再犯行が14.3％，同一敷地内における再犯行が10.2％であった。

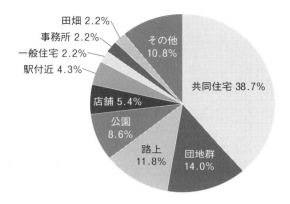

図5-6　同一場所で再犯行に及ぶ場所の種類

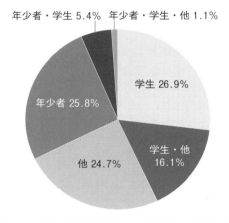

図5-7　同一場所再犯行における犯人の被害者選択

(3) 被害者選択

　同一場所再犯行の22.6%には，同一人に対する再被害が含まれていた。また，図5-7のとおり，同一場所再犯行の75.3%には，年少者もしくは学生の被害者が含まれていた。年少者を対象とした犯人の8割は年少者のみを対象とし，被害者選択に一貫性が認められたが，学生を犯行対象とした犯人の一貫性は5割弱であった。

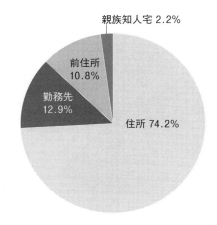

図 5-8　同一場所で再犯行に及ぶ犯人の犯行拠点

(4) 犯人の拠点及び犯行移動距離

図 5-8 のとおり，犯人の拠点の74.2％は犯人の住居であり，それ以外には勤務先，元居住地等が関係していた。

犯人の移動手段は，自動車が40.9％，なしが28.0％，自転車が18.3％，オートバイが5.4％であり，複数の移動手段を用いた者は7.5％であった。

最短犯行移動距離は，住居の場合が中央値2.2km，75％点は7.7kmであったが（図 5-9 を参照），最寄り拠点の場合には中央値1.8km，75％点は3.8kmとなった（図 5-10を参照）。

(5) 犯罪経歴

犯人の年齢は10代から70代までであり，犯罪経歴は49.5％に認められ，30代から50代まではその割合は過半数に至った。犯罪経歴者のうち，窃盗経歴者は71.1％であり，性犯罪経歴は53.3％であった。犯罪経歴の有無に関係なく，犯人の拠点の7割は住居であり，次いで勤務先，元居住地となった。

住居との犯行移動距離の中央値は，犯罪経歴者で3,104m，犯罪経歴がない者で1,464mとなった。また，住居を含む最寄り拠点との犯行移動距離は，犯罪経歴者で1,967m，犯罪経歴がない者で1,394mであった。10代の犯行移動距離の中央値は住居で1,004m，最寄り拠点で822mであり，20代は住居が1,792m，最

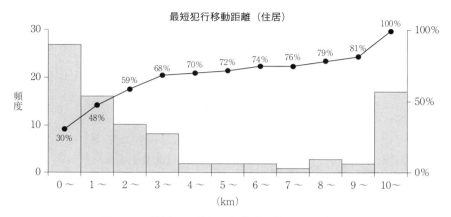

図5-9 住居との最短犯行移動距離ヒストグラム

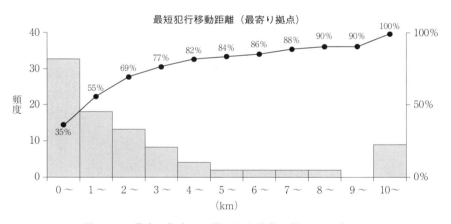

図5-10 最寄り拠点との最短犯行移動距離ヒストグラム

寄り拠点が1,277m，30代が住居で3,810m，最寄り拠点で2,481m，40代は住居で3,330m，最寄り拠点で2,103m，50代以上はサンプルがそれぞれ3名以下であったので省略する。

考察

性犯罪の連続犯による同一場所の再犯行は，特異な犯行形態であるが，同所の

監視力強化によって犯人検挙の可能性を高めることができよう。ただし，監視力強化といっても，それには人的，物的な有限資源を，どこに，どのくらいの期間割けばよいか明確ではない。それゆえ，再犯行の犯行地環境や犯行時間や犯行間隔の傾向を掴むことによって，それらの監視力は活きてくると考えられる。

本研究では分析事項としなかったが，一連犯行の犯行間隔と同一場所再犯行の犯行間隔は同じではないと考えられる。同一犯推定事件に同一場所再犯行が認められる場合，本研究結果の時空間的特徴，一連犯行の詳細な情報分析の結果と比較し，再犯行リスクを高くする特徴を発見できる可能性がある。それらの特徴によって，犯人の行動を的確に推定でき，効果的な監視力強化に基づく捜査の展開が期待できる。

本研究の結果からは，特に，一連犯行が共同住宅や団地群と関係する場合，潜在的に同一場所再犯行のリスクは高くなると考えられる。監視力投入箇所の的確な選定には，犯人の建物への侵入方法を絞り込むのが鍵となる。そのうえで，再犯行，再々犯行の時間帯，間隔日数等を参考に，物的・人的資源の配分を決定するのが合理的な考え方であろう。実務的感覚から考察すると，再犯行，再々犯行の間隔日数は事件化した犯罪であり，その間に犯行地周辺において犯人の物色や未届の犯行等が認められる可能性は十分にある。つまり，犯罪の暗数を考慮すれば，より早期に捜査対象者を発見できる可能性があると考えられる。

また，犯人の半数は，再犯行現場から半径1.8km圏内に住居等の何らかの拠点が存在したことから，連続性犯罪者の犯行移動距離の研究知見，一連犯行全体の分布における地理的位置や環境変数の分析結果を加えることで，捜査対象者を絞り込む際の領域設定に活用できると考えられる。

6 女性単独のコンビニ強盗犯に関する特徴（研究6）[6]

背景と目的

本研究では，コンビニ強盗のうち，女性の単独犯による事件について，犯人特徴を検討する。わが国では，犯罪者プロファイリングを目的としたコンビニ強盗事件の研究として，岩見・龍島（2005）があげられる。同研究では，北海道のコ

---
[6] 岩見（2013a）に掲載されたものを再編集したものである。

ンビニ強盗犯に焦点を当て，犯人特徴及び犯行移動距離について検討した。同研究のサンプルは，結果的に単発犯主体であった。犯人の半数近くに犯罪経歴が認められたが（42.7％），強盗経歴は少なく，粗暴犯や窃盗の経歴が多かった。また，犯行移動距離は都市規模と移動手段の影響を受けると指摘した。

岩見（2012）では，コンビニ強盗の連続犯に焦点を当て，犯人特徴及び犯行移動距離，犯行地選択について研究した。連続犯の過半数は犯罪経歴があり（53.2％），うち7割以上は窃盗経歴者であった。また，犯行件数が多いほど，犯行圏は拡大するが，同圏内の居住率も高くなり，5件以上の連続犯では，サークル仮説と疑惑領域の重複領域に6割以上が居住していた。さらに，連続犯行が複数の犯行市町村にまたがるほど，犯行市町村の居住率が低くなった。

一方，警察庁（2012a）の犯罪統計によれば，2004年から2011年までのコンビニ強盗の認知件数は5,491件，うち検挙件数は3,229件であり，検挙率は58.8％である。同時期におけるコンビニ強盗の検挙人員2,358名のうち，女性の犯人は89名（3.8％）に過ぎず，女性によるコンビニ強盗犯が非常に稀であり，コンビニ強盗犯全体から見ればマイノリティ属性であるといえよう。

女性の強盗犯という視点では，吉本・渡邉・横田・和智・藤田（2005）が，女性犯人による住宅対象の侵入強盗事件について検討した。その結果，全体傾向は知的障害，精神障害，薬物中毒，持病を持つ者は少なく，土地鑑者は6割，面識ありが過半数であり，連続犯行や余罪は少なく，25歳以下の若年層，26から40歳までの壮年層，41歳以上の中高年層別に，犯人及び犯行の特徴を説明している。

実際のコンビニ強盗では店舗内外設置の防犯カメラ映像から，犯人の性別を判断できることが多い。ただし，この場合に，先行研究において示された男性優位のコンビニ強盗犯の特徴，もしくは住宅を対象とした侵入強盗の女性犯の特徴が，コンビニ強盗の女性犯の犯人像として適用可能かは確認されていない。

したがって，本研究では，女性単独犯によるコンビニ強盗に焦点を当て，その犯人特徴，犯行特徴，犯行地選択について記述することを目的とした。共犯事件を除いたのは，女性は犯行の意思決定権が少ない従犯のケースが多いという理由である。なお，コンビニ店舗内において窃盗を現認され強盗に転じた事後強盗は，本研究の対象から除いた。

方法

　分析対象は，1992年から2012年までの間に，全国で検挙された女性単独犯によるコンビニ強盗である。人口統計学的属性及び犯行特徴が分析可能な対象は78名，犯行移動距離が計測可能な対象は75名86事件であった。

　犯人の人口統計学的特徴としては，年齢，職業職歴，居住形態，体格，精神障害等（知的障害，薬物等含む），犯罪経歴，物質乱用，ギャンブル嗜好，入れ墨，土地鑑，拠点の種類について調査した。

　犯行特徴は，連続犯，スプリー犯，強取品目，犯行結果，凶器，犯行時拠点，犯行場所の知識，犯行時間帯，移動手段の基礎統計を記述した。連続犯とは犯行間隔を1日以上空けた犯人，スプリー犯とは犯行間隔が1日未満の犯人を意味する。

　人口統計学的特徴は基礎統計のほかに，決定木分析により，犯罪経歴を従属変数，その他の犯人及び犯行特徴を独立変数として，犯罪経歴の有無を示す犯人・犯行パターンを分類した。

　犯行移動距離は基礎統計のほかに，最小犯行移動距離を中央値，75％点で3分し，決定木分析によって各圏内に属する犯人・犯行パターンを分類した。

　これら統計分析には，IBM SPSS Statistics（Ver. 19）を使用した。決定木分析では，Exhaustive CHAID を用い，親ノードを最小20ケース，子ノードを最小10ケースに設定した。さらに，10交差検証法（10-flod cross-validation estimate）を実施し，決定木ルールの正答率，推定精度の安定性を確認した。10交差検証法は，元データを10個のブロックに分割し，ひとつめのブロックをテストデータ，その他のブロックをトレーニングデータとして，モデルの構築と精度を算出する。次に，ふたつめのブロックをテストデータにして，同様の作業を繰り返し，10回算出された精度の平均を，そのモデルの推定精度とする方法である。

結果

（1）女性コンビニ強盗単独犯の犯人特徴及び犯行特徴

　まず，女性単独犯78名の犯人特徴は，年齢15から70歳，平均年齢39歳であり，20から50代で84.7％を占めた。また，犯行時に精神的問題等を抱えていた者は

78.2%にのぼった。犯罪経歴者は38.5%であり，うち窃盗経歴が63.3%，粗暴犯経歴が43.3%，薬物毒物経歴が40.0%，強盗恐喝経歴が23.3%であり，コンビニ強盗の再犯者は3.8%であった。職業は無職者が89.7%を占め，水商売系の職歴を持つ者が35.9%を占めた。居住形態は，親族等と同居が70.5%にのぼった。物質乱用歴は16.7%，ギャンブル嗜好は23.1%認められた。

次に，女性単独犯78名の犯行特徴は，連続犯が6.4%，スプリー犯が6.4%であった。現金目的が97.8%であり，犯行のうち52.8%は強盗未遂であった。全員が凶器を使用し，うち93.6%は刃物であった。犯行時拠点の94.9%は住居であり，犯人の91.3%は犯行場所やその付近環境の地理に明るい者であった。犯行時間帯は日中が43.6%もあり，移動手段は徒歩が52.8%であり，自転車は24.7%，自動車は21.8%であった。

(2) 女性コンビニ強盗単独犯の犯行移動距離

女性コンビニ強盗犯に関する現場から犯人拠点までの犯行移動距離の範囲は，76から98,659mまでであり，中央値666m，75%点3,240m，平均値8,036m（平均値は，全体の87.2%が近似値）であった。移動手段別の最小犯行移動距離の中央値及び75%点は，各々，徒歩（$n=44$）が348m，1,103m，自転車（$n=22$）が839m，4,012m，自動車（$n=18$）が3,055m，11,527mであった。なお，オートバイは2名だけであり，その距離は373から864mであった。

女性コンビニ強盗単独犯の犯行現場からの地理的な捜査範囲は，オートバイを除き，図5-11に移動手段別に犯行移動距離の中央値で示した。

(3) 女性コンビニ強盗単独犯の犯罪経歴及び犯行移動距離の推定

女性コンビニ強盗単独犯の犯罪経歴の有無，犯行地から犯人拠点までの距離圏を決定木分析によって推定できるか検討した。

犯罪経歴の有無に関する決定木分析を実施した結果，まず物質乱用の有無によって犯罪経歴の有無のみ有意に識別できた。物質乱用がある場合の犯罪経歴者率は92.3%であり，物質乱用がない場合の犯罪経歴者は27.7%であった。

しかしながら，物質乱用の有無は犯行時の犯人の行動から必ずしも被害者や目撃者等から証言が得られるとは限らない特徴である。そのため，物質乱用の変数を独立変数から除いて，再度，犯罪経歴の有無を識別するために決定木分析を実

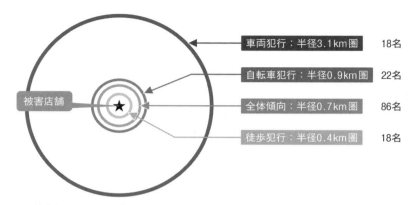

注：被害店舗から犯人拠点までの距離圏

図5-11　移動手段別による女性コンビニ強盗単独犯の犯行移動距離

施した結果が，図5-12である。犯罪経歴の有無の識別パターンに影響を与えたのは，精神障害等の有無，入れ墨の有無，居住形態であり，犯行特徴は含まれず，犯人特徴のみで構成された。

　決定木モデルの正答率は75.6％あるが，10交差検証では57.7％まで低下した。決定木モデルにおける犯罪経歴ありの適中率は56.7％，犯罪経歴なしの適中率は87.5％であった。

　犯罪経歴者の割合が高い犯人特徴は，先に述べた「物質乱用者」を含め，「精神障害等がある」，「入れ墨がある」，「独居もしくは施設居住である」という特徴があげられた。女性単独犯の犯罪経歴者率はもともと38.5％であるが，精神障害等がある場合には，犯罪経歴者の割合は44.3％であり，ない場合は17.6％であった。「精神障害等かつ入れ墨」が認められる場合は，犯罪経歴者の割合が最も高く8割であった。また，「精神障害等があり，入れ墨がなく，独居あるいは施設居住」の場合には，犯罪経歴者の割合が7割弱となった。以上が，決定木分析から示唆された犯罪経歴者の割合が高い犯人特徴である。この結果から，物質乱用が認められない，精神障害等が認められない場合は，犯罪経歴者による犯行の割合が低いことを示唆するものといえよう。

　次に，最小犯行移動距離帯のパターンを識別するために決定木分析を実施した。最小犯行移動距離の中央値が605m，75％点が2,973mであったため，最小犯行

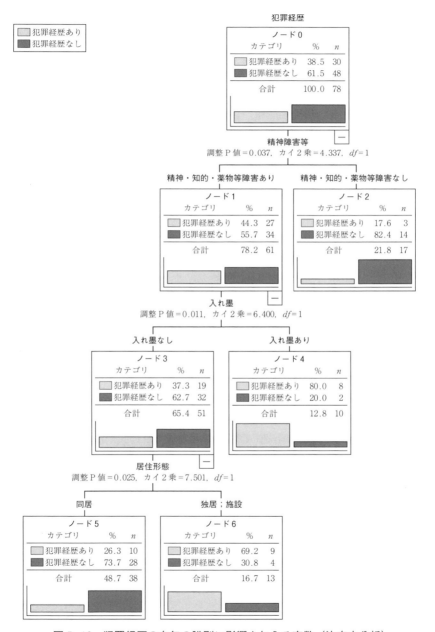

図 5-12　犯罪経歴の有無の識別に影響を与える変数（決定木分析）

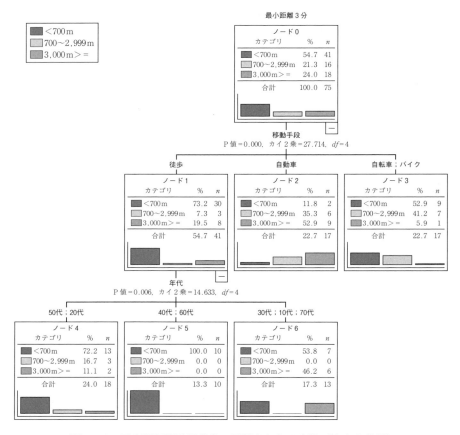

図 5-13 最小犯行移動距離帯に影響を与える変数（決定木分析）

　移動距離を700m未満，700m以上3km未満，3km以上に3分し，従属変数とした。その他の特徴は独立変数とした。

　決定木分析の結果は，図5-13である。最小犯行移動の距離帯識別には，移動手段が最も影響していた。徒歩犯の7割強は犯行場所から700m圏内に犯行拠点が存在した。自転車・バイク犯の9割以上は犯行場所から3km圏内に，自動車犯の9割弱は犯行場所から700m圏外に，それぞれ犯行拠点が存在した。また，徒歩犯に関しては，さらに犯人の年代が距離帯識別に影響しており，10代，30代，70代については3km圏外に住居等拠点がする割合が高かった。しかしながら，

年代に比例して距離帯が変化する，あるいは若年及び老年以外は距離帯が長いなどの特徴は読み取れなかった。

なお，決定木モデルの正答率は64.0％，10交差検証でも64.0％であり，モデル自体の精度は安定している。特に，700m未満における移動手段的中率は95.1％と非常に高く，多くは徒歩であることが理解できる。700から2,999mまでの的中率は0.0％，3,000m以上の的中率は50.0％であった。

考察

本研究の結果，解決事件という条件であるが，女性単独のコンビニ強盗犯は全国でも稀な犯罪者に属するマイノリティな存在といえる。そのため，実際の捜査では，女性犯によるコンビニ強盗事件を扱う捜査員はそう多くないと考えられる。しかしながら，防犯カメラ映像，被害関係者の証言等から，犯人が女性である可能性が高い場合，本研究の結果から，いくつかの顕著な犯人特徴があることが示唆できるため，捜査支援が可能な場面もあると考えられる。

吉本・渡邉・横田・和智・藤田（2005）による研究では，住宅強盗の女性犯には精神的問題を抱える者の割合は少なかったが，コンビニ強盗の女性犯の場合には，逆に8割弱に精神的な問題があるため，この種の事件では重要な着眼点となる。

次に，犯行時の犯人及び犯行特徴から犯罪経歴の有無を推定できれば，犯罪経歴者の捜査を効率化できる知見になると考えられる。コンビニ強盗の女性単独犯では，犯罪経歴者の割合は4割弱であることから，決して低い値ではない。女性犯による事件が発生した場合，犯罪経歴者からの容疑適格者絞り込みは，基本的な捜査事項のひとつになろう。本研究では，決定木分析を用いて犯罪経歴者の割合が高い特徴を見いだした。特に，この手の捜査事項が重要なケースは，犯人が物質乱用者であることが推察できる場合，精神障害等が推察できる場合であった。犯人の言語的及び身体的な行動から物質乱用や精神障害等が疑われる場合，犯罪経歴者による犯行の可能性が高いといえよう。

また，犯行現場である店舗から犯人の住居等拠点が存在する場所までの地理的な捜査範囲は，犯行移動距離の要約統計量及び決定木分析の結果から，移動手段によって影響を受けることが明らかとなり，先行研究を支持する結果となった。

実際の事件では,捜査情報によって犯人の移動手段が絞り込める場合もあり,それら移動手段に応じて,本研究の知見を利用し,優先的に捜査すべき地理的な捜査範囲の設定に活用できよう。捜査への活用方法としては,距離帯の大きさに関係なく,犯罪経歴者の検索に利用でき,距離帯が小さい場合には聞き込み捜査の地理的範囲としても利用可能である。この場合,その他の犯人特徴や犯罪経歴の特徴を参考にすることで,捜査対象者に捜査の優先順位をつけることも可能になる。なお,決定木分析の結果では,移動手段が徒歩の場合のみ,年代が影響していたが,年代に比例するなどの特徴ではないため,合理的な説明がつかないものであった。ただし,年代に関係なく700m圏内を捜査範囲として重視する点に変わりないことのほうが,捜査活用のうえでの重要な解釈であると考えられる。

7　第5章のまとめ

　第5章では,発生頻度の低い凶悪犯罪について,犯罪者プロファイリングに活用可能な推定規則を見いだすことが目的であった。研究2の性的殺人,研究3の放火殺人,研究6の女性によるコンビニ強盗の研究においては,多変量解析を用いて犯罪者プロファイリングの基盤となる犯行特徴と犯人属性との間の関連性を検討した。その結果,それぞれ犯行形態と個々の犯人属性との間に連関が認められた。つまり,犯行形態から特定の犯人属性を推定することが可能であることを示唆している。

　特に,性的殺人と放火殺人のそれぞれにおいて認められた犯行形態には共通点があり,それらが犯人属性と関連していることを示していた。性的殺人の犯行形態は「接触方法」と「犯行動機」の2つの視点から分類でき,放火殺人の犯行形態は「犯行空間」と「犯罪性」の2つの視点から分類できた。接触方法と犯行空間は,被害者と遭遇した場所に関係した「状況」を示す要素である。また,犯行動機と犯罪性は,それぞれ犯人の意図する犯行の「目的」といえる。つまり,性的殺人と放火殺人の双方は,犯人の目的に応じて選択した「状況」によって分類できることを示唆していると考えられる。犯人の目的と状況の選択によって組み合わさった「行動」は,犯行形態や犯行特徴として表現でき,これらの犯行のパターンの違いによって,犯人の「属性」とも関連していることが認められた。これらの結果は,犯人像は犯人の目的と状況を精査することで推定できることを意

味するものと考えられる。また，犯人の目的の重要性は研究4の特異な放火事件と，犯人の状況の選択の重要性は研究5の同一場所で再犯行に及ぶ性犯罪にも関係しているといえよう。

第6章　発生頻度が高い凶悪犯罪の研究

1　はじめに

　前章のまとめで述べたように，犯罪者プロファイリングには，捜査員が稀にしか扱わない経験に乏しい犯罪について支援することが，大きな役割として求められていた。捜査員及び分析者にとっても，発生時に備えて，特異な犯罪の捜査支援に役立つ知見を準備しておくことは重要である。その一方で，発生頻度の低い凶悪犯罪は，わが国において犯罪者プロファイリングを一般的な捜査支援技術として普及させること，分析者の実務能力を日常的に高めることには馴染まないといえよう。わが国では，効果的な捜査支援に結びつく犯罪者プロファイリングの実務的手法の開発が急務である。そのためには，日常的に扱うような凶悪犯罪についても対応し，平素から分析者の実務能力を鍛えることが重要であると考えられる。

　そこで，本論文では，発生頻度が低い凶悪犯罪だけではなく，並行して発生頻度の高い凶悪犯罪についても研究対象とした。本章では，発生頻度が高い強盗や性犯罪といった凶悪事件について，多変量解析を用いて犯罪者プロファイリングの基盤となる犯行特徴と犯人属性との間の関連性を検討した。筆者が主として実施した発生頻度の高い凶悪犯罪の研究のうち，研究7の金融機関強盗，研究8の年少者対象の性犯罪，研究9の被疑者順位づけシステムを利用した犯人像推定について焦点を当てる。研究7と研究8は，筆者が北海道警察において実務で扱った事件と犯行行動が類似したものを取り上げている。研究9は，筆者が科学警察研究所に出向中に研究テーマとしたものである。特に，研究7と研究8は，ともに決定木を利用した犯人属性の推定方法である。研究8と研究9は，ともに性犯罪を分析対象として犯人属性の異なる推定方法について検討した。

2　金融機関強盗犯の犯人像と生活圏（研究7）[7]

背景と目的

　金融機関強盗に関連する研究は，わが国においてもいくつか存在する。高村・横井・山元（2003）によれば，金融機関強盗は店舗セキュリティの高さから，計画性が高くても犯行に失敗し，計画性が低い場合は，初動捜査で大半が検挙される可能性が高いという。特に，計画性がある犯人特徴は，40代以上で犯罪経歴がない者であり，計画性のない犯人や未遂犯の特徴は，50代以上，住居不定，流し，犯罪経歴のある者であると述べている。

　横井（2000b）は，民家や店舗，金融機関を対象とした強盗事件を比較し，顕著な犯人の特徴として，50から60代の高齢層，定住者，中卒，住居との犯行移動距離が中央値で3kmであったと述べた。横井・山元（2001）による金融機関強盗の研究では，犯行及び犯人特徴をそれぞれ数量化Ⅲ類及びサンプル数量間の相関分析によって，犯行の計画性が高い場合は犯人の活動性が高く，犯行の効率性が高い場合は犯人の社会性が低いことを示唆した。

　また，横井・高村・山元（2002）は，住居，金融機関，店舗を対象としたそれぞれの強盗事件について犯行特徴と犯人特徴との連関分析を実施し，金融機関強盗については，発生地人口20万人以上の都市，変装，手袋，主たる被害者の性別，偽計行為，被害者協力，金品取得の成否，公共交通機関の使用といった特徴の有無によって，年齢層，居住地，犯罪経歴及びその詳細，犯行移動距離等の犯人特徴が異なることを示した。横井・高村・山元（2003）では，金融機関強盗を含む侵入強盗事件の犯人特徴と犯行移動距離の連関を分析し，銃器使用，車両窃取・変造，車両等使用，共犯事件，下見等が認められる計画性の高い群は低い群に比べて犯行移動距離が長いことを示した。さらに，吉本・渡邉・横田・藤田・和智（2006）は，金融機関強盗を含む店舗強盗事件を分析し，犯人の年齢や覆面の有無によって，累犯者識別の可能性を指摘した。

　2004年から2009年までの6年間における全国の金融機関強盗は，認知件数772件に対し，検挙件数549件（71.1％）であることから，確かに検挙率は高い水準の犯罪といえる。また，検挙事件のうち，505件（92.0％）は単独犯の犯行でも

---
[7] 岩見（2010）に掲載された内容を再編集したものである。

あった。

　本研究では，金融機関強盗の主力である単独犯による事件に焦点を当てた。第1目的は，犯人及び犯行の特徴について要約することである。第2目的は，解決が困難な事件の特徴を明らかにし，それら特徴をその他の犯人及び犯行特徴によって識別を試みることである。第3目的は，警察が把握している犯罪経歴者から捜査対象者を絞り込むために，主要犯罪経歴の識別を試みることである。第4目的は，犯人及び犯行特徴と犯行移動距離との連関について明らかにすることである。さらに，これらの分析結果に基づいて，金融機関強盗に対する捜査支援の可能性について考察する。

方法

　2001年から2010年までの間に全国で検挙された金融機関強盗単独犯454名を分析対象とし，犯人特徴及び犯行特徴を調査した。犯人特徴は，性別，年齢，体格，身長，職業，学歴，主要犯罪経歴，同居者，犯行動機，土地鑑，拠点，ギャンブル趣味，精神障害等（精神疾患，発達障害，薬物・アルコール依存を含む），解決経緯である。犯行特徴は，時間帯，凶器，変装，移動手段，店舗種別，犯行地の人口及び人口密度，犯行地環境である。また，欠損値を除いた事件毎の454件について犯行移動距離を計測した。

　犯行移動距離に関するデータ作成には，ゼンリン電子地図帳 Zi 12及び informatix 社製 Gistat を使用した。

　犯人及び犯行特徴と犯行移動距離との連関については，犯行移動距離を対数変換したうえ，Levene 検定後に ANOVA もしくは Welch 検定を実施し，多重比較では Bonferroni もしくは Tamhane の方法（SPSS 12.0J）を使用し，p 値は5％水準とした。解決困難な事件，移動手段，主要犯罪経歴の犯行及び犯人特徴を識別するために，決定木分析（Exhaustive CHAID, SPSS AnswerTree 3.1J）を用いた。x^2の p 値は5％水準とし，親ノードを最小10ケース，子ノードを最小5ケースに設定し，10交差検証法を実施し，決定木ルールの正答率，推定精度の安定性を確認した。10交差検証法は，元データを10個のブロックに分割し，ひとつめのブロックをテストデータ，その他のブロックをトレーニングデータとして，モデルの構築と精度を算出する。次に，ふたつめのブロックをテストデータにし

表6-1　金融機関強盗単独犯の犯行特徴

犯行特徴	特徴カテゴリー（％）
犯行時間	朝（2.6％），午前（22.7％），昼（23.6％），午後（48.7％），宵・夜（5.3％）
犯行対象店舗	郵便局（67.0％），銀行（28.0％），その他（5.0％）
犯行地環境	住宅街（54.6％），商店・飲食店街（32.6％），農漁村・山間部（11.5％），ビル・オフィス街（6.6％），工場街（0.9％） 政令指定都市（28.6％）
凶器	あり（90.1％），複数凶器所持（20.5％），刃物類（69.8％），油類（12.1％），燃焼器具（9.5％），銃砲（8.6％），工具類（3.1％）
犯行成否	既遂（77.8％），未遂（22.2％）
余罪	あり（18.1％）

て，同様の作業を繰り返し，10回算出された精度の平均を，そのモデルの推定精度とする方法である。

結果

(1) 金融機関強盗単独犯の犯行特徴及び犯人特徴

金融機関強盗単独犯454名の犯行特徴は，表6-1のとおりである。

犯行時間帯は，昼から午後にかけて選択した犯人が7割強であり，対象とした店舗は郵便局が7割弱，銀行が3割弱であった。政令指定都市に所在する金融機関が狙われた犯行が3割弱であった。対象店舗の土地利用は，住宅街が5割強，次いで商店・飲食店街が3割強であり，農漁村・山間部の店舗も1割存在した。

9割の犯行で凶器所持が認められ，2割は複数の凶器所持が認められた。凶器の7割弱は刃物類であった。犯行成否については既遂事件が8割弱であり，余罪がある者は2割弱認められた。

次に，金融機関強盗単独犯454名の犯人特徴は，表6-2のとおりである。

金融機関強盗の連続犯は6.4％，再犯者は1.5％であった。性別はほとんどが男性であるが，女性も2.0％存在した。年代は10代から80代まで様々であるが，40代と50代をピークとした逆U字の年代構成となり，平均年齢も47歳となった。

職業は無職が6割，次いで労務者等が2割となった。学歴は高卒以下で9割弱

表6-2 金融機関強盗単独犯の犯人特徴

犯人特徴	特徴カテゴリー（%）
連続性・再犯性	連続犯（6.4%），再犯（1.5%）
性別	男性（98.0%），女性（2.0%）
年齢	16から85歳，平均年齢47歳 10代（1.8%），20代（8.4%），30代（15.6%），40代（27.1%），50代（27.5%），60代（16.5%），70代（2.9%），80代（0.2%）
職業	無職（61.7%），労務者等（21.8%），サラリーマン等（15.0%），学生（0.9%），暴力団（0.7%）
学歴	中卒以下（47.7%），高卒（42.1%），大卒その他（10.3%）
居住形態	独居（42.4%），同居（39.9%），住居不定（17.7%）
嗜好	ギャンブル（46.9%）
犯行動機	借金返済（46.7%），生活困窮（26.7%），遊興費（7.9%），その他金銭欲しさ（13.0%），刑務所志願（2.9%），精神障害（0.9%），その他（1.9%）
精神傷害・知的障害・物質依存	あり（12.6%），なし（87.4%）
犯罪経歴	主要犯罪経歴なし（65.2%），主要犯罪経歴あり（34.8%），主要犯罪経歴者のうち，窃盗（66.5%），強盗（25.9%），詐欺（15.8%），恐喝（12.7%），性犯（6.3%），殺人（3.8%），放火（2.5%），誘拐（0.0%）
土地鑑	土地鑑（87.4%），敷鑑（2.4%），なし（10.2%）
犯行地と拠点の行政界関係	同一市町村（47.3%），隣接市町村（19.2%），その他（33.5%）
犯行拠点	住居（87.9%），元住居（8.1%），親族・知人宅（2.9%），勤務先（0.9%）
移動手段	自動車（37.9%），車両等なし（32.8%），自転車（20.5%），オートバイ（7.3%），複数移動手段（1.5%）

であり，住居不定者が2割弱存在した。ギャンブル嗜好を有する者が半数近く存在する。犯行動機は借金返済が最も多く5割弱であり，次いで生活困窮の3割弱であった。精神障害，知的障害，物質依存のいずれかが認められた者は1割強であった。

　主要犯罪経歴を有する者は3割強であるが，うち主な罪種は，窃盗7割弱，強盗2割強，詐欺及び恐喝がそれぞれ1割強と，金銭に関連する罪種が主たるものであった。

　土地鑑等の犯行地への知識はほとんどの者に認められたが，全く縁のない者が

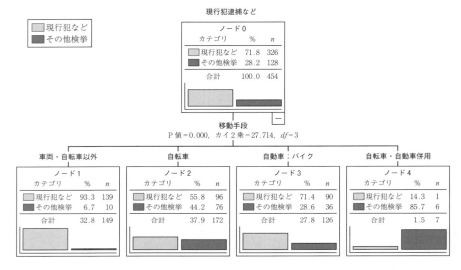

図6-1　解決困難な事件の識別に影響する犯行特徴（決定木分析）

1割ほど存在した。7割弱の犯行地は，犯人の拠点と同一もしくは隣接の市区町村から選択され，犯行拠点の9割弱は住居であり，次いで過去の住居所在地であった。乗り物の使用者は7割弱であり，自動車が4割弱と最も多く，複数の移動手段を用いる犯人も1.5%とわずかながら存在した。

(2) 解決困難な事件の特徴

本研究では，「解決困難な事件」を「現行犯逮捕もしくは発生直後の逮捕」以外の事件と定義した。その結果，解決困難な事件は454件中128件（28.2%）を占めた。解決困難な事件を従属変数とし，犯行及び犯人特徴を独立変数とし決定木分析を実施した。その結果，解決困難な事件の識別条件として最初に抽出されたのは，図6-1のとおり，犯人の移動手段であった。10交差検証の結果，モデルと交差検証の推定値から，正答率はともに72.9%であった。この決定木モデルは，現行犯逮捕の的中率が非常に高く，99.7%であった。

解決困難な事件の割合は，自転車・自動車併用（85.7%），自動車（44.2%），自転車あるいはバイク（28.6%），車両なし（6.7%）であり，移動手段の能力の高さに比例していた。

(3) 移動手段の識別可能性

犯人の移動手段については，犯人が複数の移動手段を用いた場合，移動能力が高い手段のほうへ計上し，「自動車」，「自転車・バイク」，「車両なし」に3分割した。そのうえで，移動手段を従属変数，その他の犯行及び犯人特徴を独立変数として，決定木分析を実施した。10交差検証の結果，モデルと交差検証の推定値から，正答率はともに52.9％であり，全体的な精度は高くなかった。しかしながら，移動手段個別の的中率は異なっており，車両なしが61.3％，自転車・バイクが0.0％，自動車が81.6％であり，自動車の識別率が高いモデルであった。

図6-2は，決定木分析によって移動手段の識別条件を抽出した結果である。移動手段の選択に最初に影響を与えたのは犯行地環境であった。つまり，農漁村・山間部に所在する金融機関で犯行に及んだ場合，犯人の91.4％が自動車を使用していた。さらに，農漁村・山間部の犯行では，犯人が60代以上であれば，自動車以外に自転車やオートバイも移動手段として考えられ，30代以下では車両なしの場合も1割認められたが，40から50代の犯人は自動車使用のみであった。

逆に，農漁村・山間部以外の金融機関で犯行に及んだ場合，犯人が覆面等をしていたケースでは，半数近くの45.3％が自動車による犯行であり，それに対して，覆面等をしなかったケースでは5割が車両なしであった。

(4) 主要犯罪経歴の識別可能性

先に述べたように，要約統計上，金融機関強盗の単独犯は，主要犯罪経歴がない者のほうが6割強と優勢である。しかしながら，主要犯罪経歴者を有する犯人も3割強存在するため，その識別は捜査上重要である。経歴者のうち，割合の高い罪種は窃盗66.5％，強盗25.9％，詐欺15.8％，恐喝12.7％の順であった。また，最も多い窃盗もしくは強盗のいずれかの経歴を有する者は，経歴者のうち84.2％にのぼった。

主要犯罪経歴の有無を従属変数，その他犯行及び犯人特徴を独立変数とし，決定木分析を実施した結果が，図6-3である。10交差検証の結果，モデルと交差検証の推定値から，正答率はそれぞれ67.0％，61.0％と6割台であり，全体的な精度は高くなかった。主要犯罪経歴のうち，経歴ありの的中率は39.9％，経歴なしの的中率は81.4％であることから，このモデルは，主要犯罪経歴がない犯人の識別力が高かった。

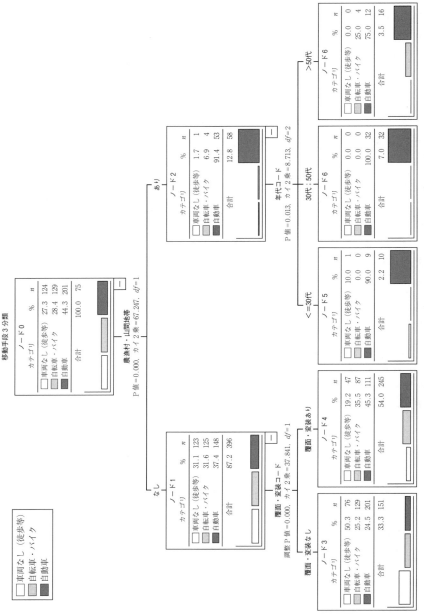

図6-2 移動手段の識別に影響する犯行及び犯人特徴(決定木分析)

第6章 発生頻度が高い凶悪犯罪の研究　113

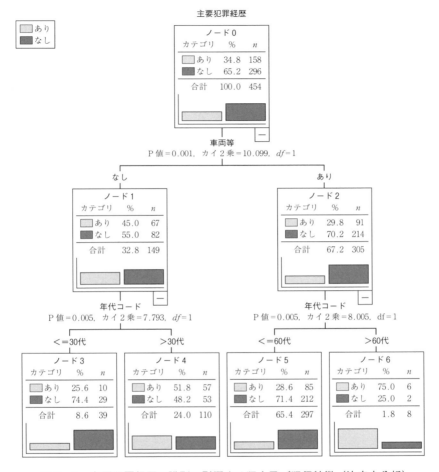

図6-3　主要犯罪経歴の識別に影響する犯人及び犯行特徴（決定木分析）

　決定木の分岐から，主要犯罪経歴の有無の識別に最初に影響を与えたのは，移動手段の違いであり，次いで年齢層の違いであった。経歴者の割合が高い組み合わせ順に，70代以上の車両等使用の犯人が7割強，40代以上の車両等を使用しない犯人が5割，60代以下の車両等使用の犯人が28.6％，30代以下の車両等を使用しない犯人が25.6％となった。

表6-3　犯行移動距離と連関の高い犯人特徴及び同距離の基礎統計

属性	カテゴリー（n）	平均	SD	最小	25%点	中央値	75%点	最大値
犯人の性別**	男性（445）	11,096	27,776	43	1,075	3,700	10,669	420,251
	女性（9）	1,411	2,242	194	338	396	1,831	6,977
就業状態**	有職（186）	14,174	37,036	170	1,629	5,313	12,409	420,251
	無職（261）	8,657	18,156	43	720	2,579	9,450	202,058
居住形態*	同居（196）	9,454	14,203	73	1,227	4,220	12,278	116,006
	独居（201）	12,245	38,067	43	720	2,562	8,026	420,251
	不定（55）	11,406	15,741	211	1,902	6,665	15,011	90,753
精神障害等**	精神障害・発達障害・人格障害等（54）	5,192	19,923	43	433	920	2,873	145,920
	なし（400）	11,675	28,336	73	1,252	4,220	11,370	420,251
土地鑑**	敷鑑（10）	10,121	12,266	187	663	4,527	15,127	34,120
	土地鑑（362）	8,188	16,304	43	855	2,915	8,822	168,351
	流し（32）	30,689	41,580	1,073	7,125	15,321	39,288	202,058
移動手段**	車両なし（124）	9,735	20,488	43	440	1,407	6,806	145,920
	自転車・バイク（129）	6,535	18,637	135	833	2,395	6,358	168,351
	自動車（201）	14,429	34,799	141	2,643	6,761	15,256	420,251
凶器*	あり（413）	11,389	28,682	43	1,088	3,822	10,784	420,251
	なし（41）	6,015	9,214	73	539	1,525	6,933	39,843
人口**	10万人未満（135）	14,827	22,699	43	2,288	7,179	19,080	202,058
	10～50万人未満（191）	10,915	35,462	77	854	3,422	8,383	420,251
	50万人以上（128）	6,750	15,661	104	667	1,938	6,437	145,920
人口密度**	1000人未満/km^2（181）	15,850	39,085	43	1,574	5,345	15,677	420,251
	1,000～4,999人/km^2（161）	8,491	17,095	84	906	3,319	7,889	145,920
	5,000人以上/km^2（112）	6,381	11,243	77	657	2,374	7,222	74,503
犯行地環境**	住宅街（232）	8,988	20,790	43	821	2,973	8,031	202,058
	商店・飲食店街（134）	11,289	39,328	73	744	2,602	7,511	420,251
	濃漁村・山間部・ビル・オフィス街（80）	16,491	20,768	194	4,701	10,293	20,348	145,920

$p<.05$*　$p<.01$**

第6章　発生頻度が高い凶悪犯罪の研究　115

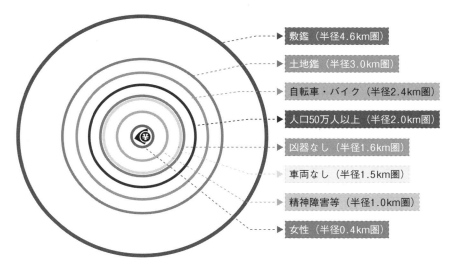

図6-4　現場近隣犯の特徴別による犯行移動距離の比較（中央値）

(5) 犯人及び犯行特徴と犯行移動距離の連関

次に，犯人及び犯行特徴のうち，カテゴリー間で犯行移動距離に有意差が認められた特徴は，表6-3のとおりである。

有意差が認められた特徴のうち，犯行移動距離が短い属性カテゴリーを中央値によって示すと，距離圏の短い順に，女性犯396m，精神障害等920m，車両なし1,407m，凶器なし1,525m，犯行地人口50万人以上の市町村1,938m，犯行地人口密度5,000人以上／km^2の市町村2,374m，自転車・バイク2,395m，独居者2,562m，無職者2,579m，商店・飲食店街2,602m，土地鑑者2,915m，住宅街2,973m，犯行地人口密度1,000から5,000人未満／km^2の市町村3,319m，犯行地人口10から50万人未満の市町村3,422m，敷鑑4,527mであった。これらの特徴を有する事件は，他の特徴を有する事件に比べ，捜査範囲が狭いことになる。これら捜査範囲が狭い現場近隣犯の地理的な捜査範囲を図示したのが，図6-4である。

なお，犯人の年齢，主要犯罪経歴，覆面等の要因は，属性カテゴリー間で有意差は認められず，これらの要因単独では，犯行移動距離に影響を与えるものではなかった。

考察

 本研究における犯行及び犯人特徴は，先行研究の結果を概ね支持するものであった。単独犯による金融機関強盗事件のうち，支援ニーズが高いものは，早期解決が困難なケースと考えられ，本研究の結果からは，犯人が自動車を用いたケースとなろう。

 移動手段の識別に関する決定木分析の結果から，農漁村・山間部に所在する過疎地域の金融機関が被害に遭った場合，犯人の移動手段が自動車の可能性が極めて高いため，支援のニーズが高いと考えられる。この場合，犯罪経歴に関する決定木分析の結果から，犯人が非常に高齢のケースでは主要犯罪経歴を有する割合が非常に高いため，地理的な捜査範囲は広いながらも，その他の捜査情報と組み合わせることで，容疑適格者を絞り込む可能性がある。

 次に，車両等を使用しないケースは，解決事件の決定木分析の結果から，発生時もしくは発生直後に犯人が検挙される確率が極めて高く，実際のところ，犯罪者プロファイリングのニーズは低いと考えられる。しかしながら，このタイプの事件が早期解決せず，捜査対象者が浮上しなかった場合には，本研究の結果から，次のことが示唆できよう。

 まず，車両なしの可能性がある農漁村・山間部以外に所在する金融機関が被害に遭い，かつ犯人に覆面等がないケースでは，車両なしの犯行移動距離の結果から，犯人の地理的な捜査範囲は比較的狭いと想定できる。犯人の外見的特徴に基づく情報公開や聞き込み捜査と組み合わせることによって，容疑適格者が浮上する可能性が高くなると考えられる。また，決定木分析の結果から，車両なしの場合は，犯罪経歴者に対する捜査も重要であり，特に40代以上の犯人による犯行の場合，この種の捜査手法は最も有望であると考えられる。

 本研究の結果から，犯罪経歴者の捜査の有効性が低いケースは，車両なしの若年層の犯人，老年層を除く車両等使用の犯人となる。しかしながら，前者は車両なしであるため犯人を捜索する地理的な捜査範囲が比較的狭域であり，犯人の外見特徴等に基づく聞き込み捜査等で容疑適格者が浮上する可能性がある。後者は車両等使用事件であるため，地理的な捜査範囲は広域となるが，現場付近の目撃情報，組織的な防犯カメラ捜査等を通して，犯人の移動経路が絞り込めれば，犯人検挙に結びつく可能性がある。

3 年少者対象の性犯罪における犯人の犯罪経歴推定（研究8）[8]

背景と目的

　渡邉・鈴木・田村（2001）は，年少者対象の連続強姦，連続強制わいせつ犯の犯罪経歴は多岐にわたるもの，性犯罪の割合が最も高く，しかも年少者への犯行割合が高く，初犯に比べて犯罪経歴者の再犯率が高く，特に男児対象の場合は，6割が再犯者であったと指摘した。宮脇（2013）は，男児を対象とした男性の強制わいせつ犯を分析し，犯罪経歴者による犯行が5割強であり，うち性犯罪が4割弱を占めたと指摘している。

　また，渡邉・藤田・和智・横田・佐藤（2007）は，年少者対象の強制わいせつ犯の再犯リスク要因を分析した。その結果，犯人が18歳以上であり，かつ被害者が親族以外の場合，「性犯罪の前科前歴で2回以上有罪判決，もしくは性犯罪で3回以上逮捕」の経歴を持つ者は，ほかの性犯罪者に比べて再犯リスクが4倍高く，実際に5割が再犯者であったと論じている。

　このように，先行研究では，年少者対象の性犯罪は，他の性犯罪よりも性犯罪経歴者の割合が高いというのが共通した見解である。現状の捜査環境を考慮すると，犯罪捜査による性犯罪の再犯者対策には，「DNA型鑑定による再犯者割出」，「再犯性が高い性犯罪経歴者の監視」，「性犯罪監視による再犯者割出」等の方法が選択肢としてあげられる。

　このうち，第1の手法であるDNA型鑑定はわが国でも制度化されているが，すべての性犯罪経歴者が登録されているわけではない。第2の手法である再犯性の高い性犯罪者の監視は，先述した渡邉・藤田・和智・横田・佐藤（2007）のとおり，再犯リスクの高い性犯罪経歴者の特徴が判明しており，これらの知見も参考に再犯防止措置が進められている。第3の手法である性犯罪監視による再犯者割出は，現在のところ，捜査員の経験によって実施されているが，性犯罪経歴の有無を識別できる知見は決して多くないのが現状である。

　本研究では，日常的に発生する性犯罪を監視し，再犯者を割り出す第3の手法を補うために2つの研究目的について検討した。第1研究は「性犯罪経歴者の割合が高い事件特徴の把握」であり，第2研究は「性犯罪経歴推定における第1研

---
[8] 岩見（2013b）に掲載された内容を再編集したものである。

究結果の適用可能性」である。

方法

1982年から2004年の間に検挙された年少者対象の強姦1,159事例及び強制わいせつ7,516事例を分析対象とし，それぞれ分析した。強姦，強制わいせつにおける性犯罪経歴者の割合は，ともに27.0％であった。

(1) 第1研究の方法

性犯罪経歴者の割合が高い事件を把握するために，EXHAUSTIVE CHAIDによる決定木分析を用いた（IBM SPSS Statistics 19）。従属変数は性犯罪経歴の有無，独立変数は犯行特徴及び観察可能な犯人特徴とした。ツリーの最大深度は3から10，親ノード最小ケース50，子ノード最小ケース25に設定した。ノード0である全体の性犯罪経歴者率をカットオフ値とし，同率以上のノードに該当した場合，性犯罪経歴者の割合が高い事件特徴とみなした。さらに，10交差検証法を実施し，決定木の精度及びその安定性を確認した。10交差検証法は，元データを10個のブロックに分割し，ひとつめのブロックをテストデータ，その他のブロックをトレーニングデータとして，モデルの構築と精度を算出する。次に，ふたつめのブロックをテストデータにして，同様の作業を繰り返し，10回算出された精度の平均を，そのモデルの推定精度とする方法である。

(2) 第2研究の方法

年少者対象の強制わいせつのみ検証した。決定木分析データには含まれない犯人42名の同種解決事例を検証用データとし，第一研究のカットオフ値に基づいて性犯罪経歴の有無を判定した。複数ノードに該当する事例は判定不能になるため，複数分岐直前ノードの性犯罪経歴者率を用いて判定した（図6-5を参照）。また，ツリー最大深度3から10までの判定精度を比較した。

第6章 発生頻度が高い凶悪犯罪の研究　119

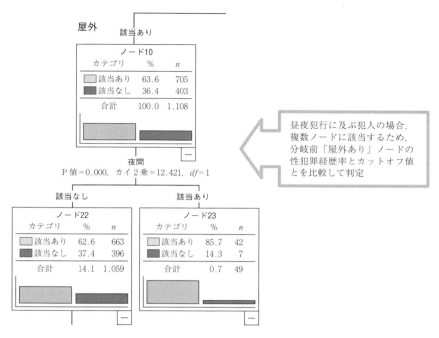

図6-5　複数ノードに該当する事例の判定方法の例

結果

(1) 第1研究の結果

決定木分析の結果，年少者対象の強姦，強制わいせつにおいて，カットオフ値以上の性犯罪経歴者率を有する事件特徴は，図6-6のとおりであった。

まず，強姦ではツリー最大深度10の場合，カットオフ値以上の事件形態が8種類抽出された。図6-6に示したとおり，同事件の主な特徴としては，「犯行用具準備」，「犯人の年代」，「追尾」，「路上等」，「学校等」，「下見」，「脅迫言動」，「被害者情報の収集」，「首を絞める」，「正常位以外」等の有無が関係していた。これらの特徴の有無の組み合わせによって，性犯罪経歴者の割合が変動した。カットオフ値27.0%以上の経歴者率であった性犯罪経歴者の可能性が高い事件特徴は，表6-4に示した。

次に，強制わいせつでは，ツリー最大深度7の場合，カットオフ値27.0%以上

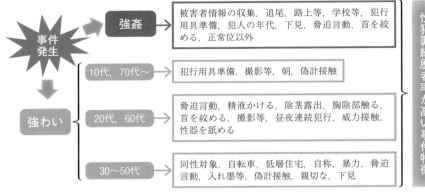

※事件特徴は，上記特徴の有無が複数組み合わさったものである。

図6-6　性犯罪経歴者の割合が高い事件特徴

の事件形態が30種類認められた。まず，犯人の年代が関連していた。主な下位特徴としては，「犯行用具準備」，「同性対象」，「下見」，「朝」，「自転車」，「低層住宅」，「入れ墨等」，「自称」，「偽計接触」，「親切な」，「威力接触」，「脅迫言動」，「暴力」，「首を絞める」，「陰茎露出」，「胸陰部触る」，「性器を舐める」，「撮影等」，「精液をかける」，「昼夜連続犯行」等の有無が関係していた。カットオフ値以上の経歴者率であった性犯罪経歴者の可能性が高い事件特徴は，表6-5に示した。

なお，強姦のツリー最大深度10では，カットオフ値を50.0％に設定した場合の決定木モデル及び10交差検証の推定値から，正答率はそれぞれ75.2％，71.6％と比較的高いものであった。ただし，性犯罪経歴なしの的中率は96.4％と極めて高いものの，性犯罪経歴ありの的中率は16.3％と低く，カットオフ値50.0％での性犯罪経歴者ありの識別力は，極めて低かった。

また，強制わいせつのツリー最大深度7では，カットオフ値を50.0％に設定した場合のモデル及び10交差検証の推定値から，正答率はそれぞれ74.5％，72.9％と比較的高いものであった。ただし，性犯罪経歴なしの的中率は95.7％と極めて高いものの，性犯罪経歴ありの的中率は17.1％と低く，カットオフ値50.0％での性犯罪経歴者ありの識別力は，極めて低かった。

第 6 章　発生頻度が高い凶悪犯罪の研究　121

表 6-4　性犯罪経歴者による犯行の可能性が高い事件特徴（強姦）

事件形態	経歴者率	事件特徴（分岐順序ではない）
1	64.4%	追尾なく，路上等で接触し，被害者情報を収集する
2	58.3%	30代・50代の犯人が，犯行用具準備し，住宅街・学校等以外で接触し，被害者情報を収集せず，首を絞めず，正常位以外の体位はない
3	46.5%	学校等で接触し，被害者情報を収集せず，正常位以外の体位はない
4	45.2%	被害者情報を収集せず，正常位以外の体位がある
5	40.5%	追尾なく，道路等で接触せず，被害者情報を収集する
6	38.8%	30代・50代以外の犯人が，下見なく，学校等以外で接触し，脅迫言動を用い，首を絞めず，被害者情報を収集せず，正常位以外の体位はない
7	36.8%	学校等で接触せず，首を絞め，被害者情報を収集せず，正常位以外の体位はない
8	27.6%	30代・50代の犯人が，犯行用具準備し，学校等以外の住宅街で接触し，被害者情報を収集せず，首を絞めず，正常位以外の体位はない

(2) 第 2 研究の結果

　研究 1 では，決定木における性犯罪経歴者の有無を，カットオフ値50.0%で設定した結果，性犯罪経歴者ありの的中率は，全体の性犯罪経歴者率である27.0%よりも低いものであった。

　そのため，第 2 研究では，決定木分析データには含まれない年少者対象の強制わいせつの解決事例42名の事件を検証用データとし，全体の性犯罪経歴者率である27.0%をカットオフ値に設定して，ツリー最大深度 3 ら10までの各モデルについて性犯罪経歴有無の的中率を比較した。

　表 6-6 は，決定木分析におけるツリー深度別の的中率を示したものである。的中率は54.8%から73.8%まで幅があり，最も成績が良かったのは，最大深度 7 及び10のモデルであった。

　たとえば，性犯罪経歴ありの的中率が66.7%と最高であった最大深度7のモデルは，性犯罪経歴なしの的中率77.8%，感度62.5%，特異度80.8%と他の深度に比べて高く，誤分類は28.4%と他の深度に比べて低い。性犯罪経歴者の割り出しが主目的であることから，陽性的中率（性犯罪経歴ありと推定した者のうち，性犯罪経歴が実際にあった者の割合）の高さと説明の複雑さを回避するならば，深

表6-5　性犯罪経歴者による犯行の可能性が高い事件特徴（強制わいせつ）

事件形態	経歴者率	事件特徴（分岐順序ではない）
1	69.9%	30から50代の自転車犯が、他施設等で接触せず、脅迫言動を用いる
2	68.8%	入れ墨等がある30から50代の自転車を用いない犯人が、日中に、屋外で偽計接触しない
3	62.5%	30から50代の自転車犯が、空き地等で接触し、脅迫言動はない
4	62.2%	40代の自転車を用いない小太りでない犯人が、山見をして、表通り以外の屋内で犯行
5	62.1%	20代・60代の犯人が、脅迫言動を用い、首を絞め、陰茎露出せず、胸陰部を触り、精液はかけない
6	61.8%	20代・60代の犯人が、脅迫言動を用い、精液をかける
7	60.0%	入れ墨等がない30から50代の自転車を用いない犯人が、日中に屋外で男児に対し、親切なところをみせない
8	58.5%	20代・60代の犯人が、陰茎露出し、脅迫言動を用い、胸陰部を触り、精液をかけない
9	56.3%	30から50代の自転車犯が、空き地等で接触なく、低層住宅で、脅迫言動を用いず、暴力がない
10	55.6%	30から50代の自転車を用いない犯人が、下見せず、自称を用い、他の侵入方法によって屋内で犯行する
11	52.8%	30から50代の自転車犯が、空き地等以外で、脅迫言動を用いず、暴力を振るう
12	51.3%	入れ墨等がない30から50代の自転車を用いない犯人が、日中に屋外で親切なところをみせる
13	46.9%	30から50代の自転車犯が、他施設等で接触し、脅迫言動を用いる
14	45.5%	入れ墨等がある30から50代の自転車を用いない犯人が、日中に屋外で偽計接触する
15	44.0%	20代・60代の犯人が、日中に道路等で接触せず、年少者を誘い出さず、脅迫言動を用いないが、威力のある接触をする
16	43.4%	10代・70代以上の犯人が、犯行用具を準備し、撮影等する
17	43.2%	30から50代の自動車犯が、下見せず、自称を用い、他の侵入方法を用いず屋内で犯行する
18	41.3%	入れ墨等がある30から50代の自転車を用いない犯人が、山見せず、自称を用いず、低層階以外の屋内で犯行する
19	40.3%	30代・50代の小太りでない自転車を用いない犯人が、表通り以外で、下見をして、屋内で犯行する
20	39.3%	20代・60代の犯人が、道路等で接触し、脅迫言動を用いず、撮影等する

21	38.9%	20代・60代のバイクを用いない犯人が，道路等で接触し，脅迫言動を用いず，撮影等せず，スプリー犯行する
22	37.9%	10代・70代の犯人が，朝以外の時間に，犯行用具準備なく，表通り以外で犯行する
23	36.5%	30から50代の自転車犯が，夕暮れ以外の時間に，空き地等や低層住宅で接触せず，脅迫言動を用いず，素手の暴力もない
24	36.1%	10代・70代の犯人が，朝の時間に，犯行用具準備なく犯行する
25	34.1%	20代・60代の自動車を用いない犯人が，脅迫言動を用い，首を絞めず，陰茎露出せず，胸陰部を触り，精液はかけない
26	33.6%	入れ墨等がない30から50代の自転車を用いない犯人が，日中に屋外で，男児以外を対象に，親切なところをみせない
27	32.2%	10代・70代以上の犯人が，鈍器・緊縛以外の犯行用具を準備し，偽計接触し，撮影等しない
28	31.3%	20代・60代の自転車を用いない犯人が，下見せず，自称なく，低層階以外の屋内で，性器を舐める
29	30.8%	20代・60代の犯人が，脅迫言動を用い，陰茎露出し，胸陰部を触らず，精液をかけない
30	27.6%	20代・60代の犯人が，裏通り以外で，脅迫言動を用い，陰茎露出せず，胸陰部を触らず，精液をかけない

表6-6 決定木分析のツリー深度別の的中率比較（強制わいせつ）

ツリー最大深度	的中率	陽性的中率[1]	陰性的中率[2]	感度[3]	特異度[4]	誤分類[5]
3	54.8%	43.5%	68.4%	62.5%	50.0%	43.8%
4	69.0%	61.5%	72.4%	50.0%	80.8%	34.6%
5	64.3%	53.3%	70.4%	50.0%	73.1%	38.5%
6	69.0%	60.0%	74.1%	56.3%	76.9%	33.4%
7	73.8%	66.7%	77.8%	62.5%	80.8%	28.4%
8	71.4%	62.5%	76.9%	62.5%	76.9%	30.3%
9	69.0%	60.0%	74.1%	56.3%	76.9%	33.4%
10	73.8%	64.7%	80.0%	68.8%	76.9%	27.2%

注：1）性犯罪経歴ありと推定した中で，実際に経歴があった割合．
2）性犯罪経歴なしと推定した中で，実際に経歴がなかった割合．
3）性犯罪経歴ありの者を正しく判定した割合．
4）性犯罪経歴なしの者を正しく判定した割合．
5）性犯罪経歴ありの誤判定と性犯罪経歴なしの誤判定の平均値．

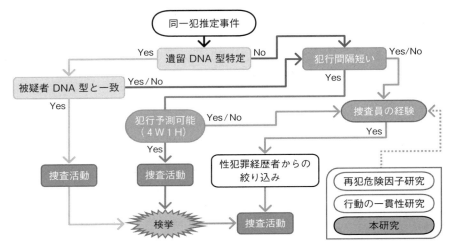

図6-7　犯罪捜査における本研究知見の活用例

度10よりも深度7の決定木が適している。また，カットオフ値50.0%では，性犯罪経歴ありの的中率は17.1%に過ぎなかったが，カットオフ値を全体の性犯罪経歴者率に設定した場合，その的中率は66.7%まで上昇した。

なお，複数ノードに該当する事例は14%あり，これらには，犯行日時や犯行場所が関係していた。つまり，複数ノード該当は連続犯であることを意味し，連続犯のなかには昼夜問わず犯行する者，屋内屋外双方で犯行する者がいることを示しており，事件リンク分析に際しての留意事項である。

考察

本研究の結論として，年少者を対象とした強姦，強制わいせつ事件では，性犯罪経歴者の割合が高い事件形態が存在し，これらの特徴に合致する事件では，通常よりも性犯罪経歴者に対する捜査の必要性が高いと考えられる。実際の犯罪捜査に本研究の知見を用いて，犯人の検挙を支援するためには，図6-7に示した捜査の流れを考慮する必要がある。現状ではDNA型鑑定が適用できない，あるいは犯行現場のDNA型が前歴者にヒットしない事件において，先制捜査と平行

して，性犯罪経歴者から捜査対象者を抽出し，捜査対象者とする捜査が行われる。この場合，目撃情報，犯行特徴，犯行地分布等を検討のうえ，本研究の知見を加えることで，性犯罪経歴者から捜査対象者を抽出し，他の捜査支援技術と併用して，犯人を割り出していくのが，ひとつの捜査手法として成立すると考えられる。

4 犯罪手口に基づく被疑者順位づけシステムを利用した犯人像推定手法（研究9）[9]

背景と目的

犯罪者プロファイリングの定義は多様であるが，Copson（1995）は，「犯行現場や被害者，その他入手可能な証拠類の詳細な評価によって，犯人属性を演繹する警察の捜査手法」であると述べている。わが国の犯罪捜査に照らし合わせても，この定義は最も現実場面に適合するものである。すなわち，犯人の絞り込みに有益なあらゆる情報を駆使して，当該事件の犯罪者プロファイルを推定するものと理解できる。

また，Jackson & Bekarian（1997）によれば，犯罪者プロファイリングは，臨床経験や研究，犯罪者に関するデータベースの統計的分析に基づいて実施されるという。さらに，犯人属性を演繹するプロセスには，社会的・心理学的な査定による解釈が伴うと述べている。このような犯罪者プロファイリングが可能であるという根拠としては，「類似した事件特徴を有する事件の犯人属性には，共通性が認められる」という仮説があげられる（Burgess, Ressler, Douglas, 1980; Canter 1997）。

これまで，わが国においては，犯罪手口の類似性に着目して，被疑者検索の手法が研究されてきた。新たに事件が発生した際，当該事件の犯人が前歴者であれば，犯罪手口に基づいた前歴者データベースから当該発生事件と類似した犯罪手口を用いた経験のある前歴者を検索すれば，より効果的な犯罪捜査が可能である。このような視点に基づいて，足立・鈴木（1993；1994）及び足立（1996a；1996b）は，犯罪手口の選択確率の類似性に基づく被疑者検索手法を数理統計学的な研究によって開発した（図6－8）。この手法は新規事件の犯罪手口の類似度

---
[9] 岩見・横田・渡邉（2005）に掲載された内容を再編集したものである。

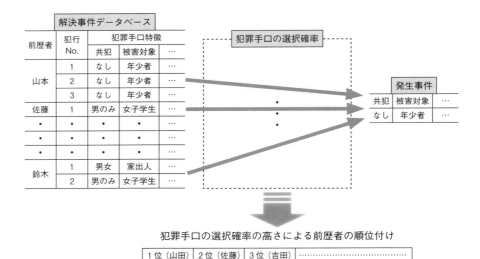

図6-8　犯罪手口に基づく被疑者検索手法の概念

によって前歴者を順位づけし，最終的には上位の前歴者から捜査を優先的に行うことを提案する捜査支援手法である．換言すれば，発生事件情報に基づいて前歴者に優先順位をつけ，容疑者リストを作成する方法といえる．

一方，House（1997）は，地理的情報システムを用いて前歴者の住所情報を登録し，新規事件現場の最近隣に住所情報を持つ前歴者から捜査を優先的に実施することを提案し，このシステムを被疑者順位づけシステムと命名した．

足立らの手法とHouseの手法は，前歴者の順位づけに用いる犯罪情報が異なるものの，その目標は同じであると考えられる．すなわち，順位づけのための犯罪情報に関する何らかの基準を設定して前歴者に関する容疑者リストを作成するものといえる．Houseの手法が，住所情報に基づいた被疑者順位づけシステムであるのに対し，足立・鈴木（1993）の手法は，犯罪手口に基づいた被疑者順位づけシステムと表現できよう．以後，ここでは，足立らの手法を犯罪手口に基づく被疑者順位づけシステムと呼ぶことにする．

Yokota & Watanabe（2002）は，侵入窃盗に関する大規模な検証用データベースを作成して，犯罪手口に基づく被疑者順位づけシステムの有効性を検証した．彼らは，12,468名の侵入窃盗犯に関する情報を用いたが，12,468名のうち，複数

回犯罪を行っている7,382名については，犯行日付が最新の1件を除外したうえで，残った事件の情報に基づいて，検証用の侵入窃盗犯データベースを作成した。除外された事件は，仮想未解決事件とみなし，これら未解決事件の犯人が検証用データベースから，正しく抽出されるかを検討した。抽出には，データベース内の犯人を，定量化された事件情報の類似性によって順位づける方法を用いた。仮想未解決事件7,382件について検証した結果，全体の20.2％にあたる1,491件において，実際の犯人が第1位に順位づけられた。全体における実際の犯人に関する順位の中央値は，29位であった。

また，Yokota & Watanabe（2001）は，これよりも小規模のデータによる検証であるが，上記と同様の手続きによって，性的犯罪に関する428名の検証用データベースと85件の仮想未解決事件を作成して，犯罪手口に基づく被疑者順位づけシステムの有効性を検証した。その結果，実際の犯人が第1位に順位づけられたのは，85件中48件（56.5％）であり，10位以内に実際の犯人が含まれていたのは，85件64件（75.3％）であった。

この犯罪手口に基づく被疑者順位づけシステムは，発生事件の犯人が同一罪種の前歴者である場合に，特に有効な方法である。しかしながら，性的犯罪を行った者が，過去に同一罪種で検挙された比率は高くない。たとえば，平成13年中における成人の強姦検挙者1,022名のうち，何らかの罪種について前科があった者は359名（35.1％）であり，同一罪種の前科があった者は92名（9.0％）にすぎない（警察庁，2002b）。それゆえ，同一罪種の前歴者に限定した容疑者リストの作成が犯人の絞込みに有効な場面は制約されるといえよう。

そこで，発生事件の犯人が同種罪種の前歴者ではない場合，図6-9のような概念によって犯罪手口に基づく被疑者順位づけシステムを利用し，検索上位者の犯人属性を犯人像として活用できる可能性があると考える。これが活用できれば，有効な犯罪者プロファイリングのひとつの手法となりえる。

このような犯罪者プロファイリングの手法が実用化できれば，実際の捜査場面において，2つの捜査支援方法を用いることが可能になると考えられる。

第一の捜査支援手法は，新規発生事件の犯罪手口を識別し，犯罪手口に基づく被疑者順位づけシステムを利用して，同一罪種の解決事件データベースに含まれる前歴者を順位づけし，前歴者群に関する容疑者リストを作成して，捜査現場に提供するという統計学的な手口捜査による捜査支援である。

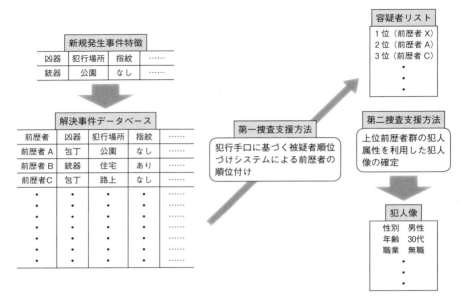

図6-9 犯罪手口に基づく被疑者順位づけシステムによる捜査支援方法

　第二の捜査支援方法としては，犯人が前歴者ではないと推定される場合，あるいは第一の捜査支援方法が成功しなかった場合に，先に順位づけられた上位前歴者の犯人属性を犯人像とし捜査現場に提供するという捜査支援である。この第二の捜査支援方法が統計学的な犯罪者プロファイリングの一手法となる。

　本研究では屋内強姦を対象にして，新規事件が発生した際に，犯罪手口に基づく被疑者順位づけシステムを利用して，上位前歴者群の犯人属性のうち，職業と主要犯罪経歴の有無について推定を試みた。

方法

(1) 犯罪手口に基づく被疑者順位づけシステム

　ここでは，本研究において利用する犯罪手口に基づく被疑者順位づけシステムについて説明する。

　まず，各前歴者が新規発生事件の犯罪手口を用いて犯行に及ぶ確率の算出には，

足立・鈴木（1994）が提案した無作為選択確率挿入法を用いた。なお，犯罪手口（例：侵入口＝［窓，玄関，縁側…］）は，それぞれ大分類（例：侵入口）と，その下位カテゴリーである手口項目（例：窓，玄関，縁側…）の2階層によって表現されている。

無作為選択確率挿入法に基づくと，各前歴者 S_i が大分類 j に属する手口項目 R_{jk} を選択する確率 θ_{ijk} は，

$$\theta_{ijk} = \frac{f_{ijk} + \frac{1}{m_j}}{f_{ij} + 1}$$

と表せる。f_{ijk} は前歴者 S_i の過去の犯行記録を通した手口項目 R_{jk} の選択頻度を，m_j は大分類 j に含まれる手口項目数を示している。例えば，大分類 j（例：侵入口）に含まれる手口項目が3項目（例：窓，玄関，縁側）の場合，$m_j = 3$ となる。また，過去に5回屋内強姦を敢行した前歴者 S_i がこれまでに大分類 j（例：侵入口）に属する手口項目 R_{jk}（例：窓）を3回選択していれば，$f_{ij} = 5$，$f_{ijk} = 3$ となる。

また，大分類の総数を c，発生事件の犯人 S_i の事件情報を

$$y_i = [|y_{i11}, \cdots, y_{i1m_1}|\cdots|y_{ij1}, \cdots, y_{ijm_j}|\cdots|y_{ic1}, \cdots, y_{icm_c}|]$$

　　　　　　大分類1　　　　　大分類 j　　　　大分類 c

とすると，前歴者 S_i が手口 y_i で犯行を行う確率 $P(y_i|S_i)$ は最終的に，

$$P(y_i|S_i) = \prod_{j=1}^{c} \prod_{k=1}^{m_j} \theta_{ijk}^{y_{ijk}}$$

となる。ただし，手口項目 R_{jk} が選択された場合には $y_{jk} = 1$，選択されなかった場合には $y_{jk} = 0$ になる。

解決事件データベース内の前歴者毎に，$P(y_i|S_i)$ を算出し，その値の高いものほど，発生事件の犯人である可能性が高いとみなす論理である。同手法は，比較的計算が簡便なため，実用的であり，かつ信頼性が高いことが明らかになっている（足立・鈴木，1994）。

(2) 犯罪者プロファイリングにおける犯人属性の推定基準

本研究では，屋内強姦の事件情報から検証用の前歴者データベースを構築した。データベース内の前歴者数は，8,508名であった。同データから無作為抽出され

た50件を仮想未解決事件とみなし，残り8,458件を検証用の解決事件データベースとみなした。仮想未解決事件50件について，それぞれ1件毎に，犯罪手口に基づく被疑者順位づけシステムを利用して，解決事件8,458件の前歴者をそれぞれ1位から8,458位まで順位づけした。

なお，本研究において設定された仮想未解決事件の前歴者50名については，最新情報のみを抽出し，それ以前のデータは全て削除している。それゆえ，本研究は現実場面よりも厳しい条件下における検証であると考えられる。

犯罪手口に基づく被疑者順位づけシステムによって，解決事件データベース内の前歴者を順位づけした後，上位10％まで順位づけられた前歴者群，上位5％まで順位づけられた前歴者群，上位2％まで順位づけられた前歴者群，上位1％まで順位づけられた前歴者群，上位0.5％まで順位づけられた前歴者群，上位0.25％まで順位づけられた前歴者群，上位0.1％まで順位づけられた前歴者群という，7つの抽出段階を設定して，それぞれの前歴者群を抽出した。

7つの抽出段階によって抽出された前歴者群の犯人属性から仮想未解決事件の犯人属性を推定する基準は，次のとおりである。

仮想未解決事件の被疑者S_iについて，抽出段階iにおける犯人属性kの属性保有率をq_{ijk}とする。また，検証用の解決事件データベース内における犯人属性kの属性保有率をQ_kとし，以下のような犯人属性の推定基準を用いて，仮想未解決事件の犯人属性を推定した。

$Q_k < q_{ijk} \Rightarrow S_i$には犯人属性$k$がある

$Q_k > q_{ijk} \Rightarrow S_i$には犯人属性$k$がない

ただし，$Q_k = q_{ijk}$の時，$Q_k \geq 50.0\%$ならば，「犯人属性kあり」と判定し，$Q_k < 50.0\%$ならば，「犯人属性kなし」と判定する。

以上の手続きによって，本研究では屋内強姦の仮想未解決事件50件について，被疑者の職業と主要犯罪経歴の有無に関する推定を実施した。

結果

(1) 犯罪者プロファイリングのシミュレーション

まず，検証用の解決事件データベース（$n=8,458$）における犯人属性保有率

第6章 発生頻度が高い凶悪犯罪の研究　131

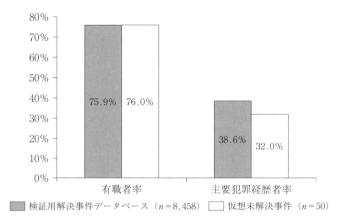

図6-10　検証用解決事件データベースと仮想未解決事件の各犯人属性保有率

(Q_k) について算出した。その結果，主要犯罪経歴者率は38.6％であり，有職者率は75.9％であった。なお，参考までに，屋内強姦8,508件から仮想未解決事件として無作為抽出された50件の実際の犯人に関する主要犯罪経歴者率は32.0％，有職者率は76.0％であり，検証用の解決事件データベースのそれぞれの比率とほとんど差はなく，無作為抽出が良好であったことを示している（図6-10）。

　次に，仮想未解決事件50件を1件毎に，犯罪手口に基づく被疑者順づけシステムを利用し，解決事件データベース内の前歴者8,458名を1位から8,458位までそれぞれ順位づけした。さらに，仮想未解決事件毎にそれぞれ順位づけられた前歴者群は，7つの抽出段階によって分けられた。各抽出段階に含まれる前歴者数は，上位10％群が846名，上位5％群が423名，上位2％群が169名，上位1％群が85名，上位0.5％群が42名，上位0.25％群が21名，上位0.1％群が8名であった。

　最終的に，仮想未解決事件50件について，各抽出段階における主要犯罪経歴者率及び有職者率をそれぞれ算出し，犯人属性の推定基準を利用して，仮想未解決事件における犯人の主要犯罪経歴と職業の有無を推定した。

(2) 犯罪者プロファイリングの結果

　図6-11は，犯人属性の推定基準を利用して犯罪者プロファイリングを実施した結果，仮想未解決事件50件に対する職業と主要犯罪経歴に関する推定的中率を

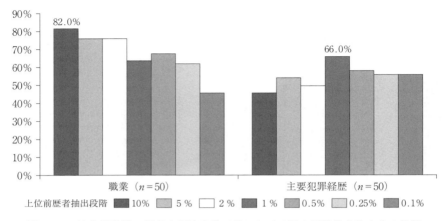

図6-11　抽出段階別の仮想未解決事件50件における犯人属性推定的中率の比較

上位前歴者10%から0.1%までの抽出段階別に示したものである。ここでいう推定的中率とは，仮想未解決事件50件のうち，推定結果が正しかった割合を意味する。すなわち，仮想未解決事件のうち，実際に有職であった犯人を正しく有職者であると推定できた件数と，実際に無職であった犯人を正しく無職であると推定できた件数の合計値である。たとえば，図6-11の職業の推定では，上位前歴者10%抽出段階における推定的中率が82.0%であるが，これは仮想未解決事件50件のうち，推定結果が正しかったのは41件（82.0%）であり，推定結果が誤っていたのが9件（18.0%）であったことを意味する。

結果として，職業及び主要犯罪経歴ともに，抽出段階によって推定的中率がかなり変動することが読み取れる。

職業に関する推定の場合は，推定的中率が抽出段階によって46.0%から82.0%までばらつきが認められた。最も成績が良かったのは抽出段階が上位前歴者10%群の場合であった。

主要犯罪経歴に関する推定の場合，推定的中率は抽出段階によって46.0%から66.0%まで変動し，最も成績が良かったのは抽出段階が上位前歴者1%群の場合であった。

いずれにせよ，犯人属性の種類と抽出段階によって，推定的中率が大きく変動することは，結果が安定していないことを示唆しており，適切な抽出段階をどこ

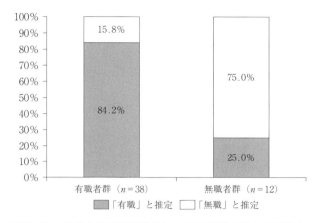

図6-12　仮想未解決事件50件における実際の犯人の職業と推定結果の比較（上位前歴者10％群の結果）

に設定すればよいのか，その基準が判然としない点を克服することは今後の課題である。しかしながら，様々な罪種，特に犯罪データが全国的に整備されている罪種については，それぞれ本研究と同様の手続きを経て，それぞれのデータの性質を理解することが必要であると思われる。こうした研究を継続して，罪種別，属性別に最も推定的中率の高い抽出段階を識別していけば，課題を克服できるのではないだろうか。

図6-12は職業に関する推定的中率が82.0％と最も高かった上位前歴者10％群（$n=846$）について，仮想未解決事件における実際の犯人の職業別にそれぞれの推定的中率を示したものである。

つまり，仮想未解決事件50件中，犯人が実際に有職者であったのは38名であり，無職者であったのは12名であったことを意味する。上位前歴者10％群では，実際は有職者であった38名のうち，有職者であると正しく推定できたのが32名（84.2％）であり，有職者を誤って無職者であると推定したのが6名（15.8％）であったことを示している。

また，実際は無職者であった12名のうち，無職者であると正しく推定できたのは9名（75.0％）であり，誤って有職者であると推定したのが3名（25.0％）であったことを示している。

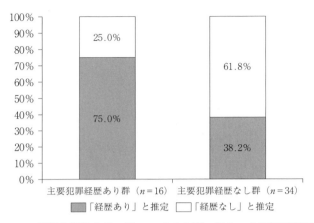

図6-13　仮想未解決事件50件における実際の犯人の主要犯罪経歴と推定結果の比較（上位前歴者1％群）

　図6-10のような解決事件データベースの要約統計を単純に用いた未解決事件の犯罪者プロファイリングの場合，データベースの有職者率は75.9％であることから，犯人が有職者であるとある程度自信を持って推定することはできても，無職者と推定することはかなり困難であろう。しかしながら，犯罪手口に基づく被疑者順位づけシステムを利用した犯罪者プロファイリングの場合，実際に有職者である犯人のうち，84.2％を正しく推定でき，また，実際に無職である犯人の75.0％も正しく推定できたのであり，その結果，全体の推定的中率は82.0％まで上昇したのである。

　同様に，主要犯罪経歴の推定において最も成績が良かった上位1％群（$n=85$）について，仮想未解決事件における実際の犯人の主要犯罪経歴有無別にそれぞれ推定的中率を比較した（図6-13）。その結果，実際に主要犯罪経歴を有する犯人16名のうち，主要犯罪経歴があると正しく推定できたのは12名（75.0％）であり，誤って主要犯罪経歴なしと推定したのは4名（25.0％）であった。

　また，実際に主要犯罪経歴がない犯人34名のうち，主要犯罪歴がないと正しく推定できたのは21名（61.8％）であり，誤って主要犯罪経歴ありと推定したのは13名（38.2％）であった。

　図6-10における解決事件データベースの主要犯罪経歴者率は，38.6％である

ことから，要約統計を単純に適用した犯罪者プロファイリングでは，主要犯罪経歴がないと推定することはある程度可能であっても，主要犯罪経歴があると推定することは困難であろう。職業に関する推定の場合と同様に，犯罪手口に基づく被疑者順位づけシステムを利用した犯罪者プロファイリングでは，実際に主要犯罪経歴がなかった犯人の61.8%が正しく推定でき，実際に主要犯罪経歴があった犯人の75.0%を正しく推定できた。全体としては推定的中率が66.0%であった。要約統計の適用による犯罪者プロファイリングとは異なり，実際に主要犯罪経歴がある犯人の推定に対しても，この手法の有効性が示唆されたと考えられる。

考察

本研究では，犯罪手口に基づく被疑者順位づけシステムを犯罪者プロファイリングに利用した場合，一部の犯人属性が推定可能であることを示唆する結果が得られた。しかしながら，順位づけされた上位前歴者群の犯人属性の保有率は，抽出段階によってばらつきがあることも明らかになった。

特に，本研究において用いた主要犯罪経歴は，犯人の犯罪経歴の一部しか反映していない。すなわち，主要犯罪経歴とは，殺人，強盗，放火，誘拐，恐喝，窃盗，詐欺，性的犯罪に関する経歴のみを示しており，傷害，銃刀法違反，覚せい剤取締法違反，道路交通法違反等のあらゆる犯罪経歴が含まれているわけではない。犯人の犯罪経歴を全て反映させたうえで，犯罪手口に基づく被疑者順位づけシステムを利用した犯罪者プロファイリングの手法について再試行すれば，本研究よりも推定精度が向上し，抽出段階間における推定的中率も本研究よりは安定した結果が得られる可能性はある。それゆえ，今後は，全ての犯罪経歴を用いて本研究の犯罪者プロファイリングの取法について追試する必要があろう。

また，本研究では解決事件データベースの犯人属性の比率と抽出された検索上位群の犯人属性の比率を比較して，その犯人属性の有無を推定するという推定基準を用いたが，より洗練された基準を開発して再検討する必要がある。

さらに，犯罪手口に基づく被疑者順位づけシステムを単純に利用するのではなく，今後は犯罪者プロファイリングにより適したかたちで，当該事件と類似した事件を解決事件データベースから抽出する方法も検討し，これと犯罪手口に基づく被疑者順位づけシステムと併用する必要もあろう。そのためには，本研究にお

いて犯罪手口に基づく被疑者順位づけシステムに用いた犯罪手口変数の再分類や絞り込みなどによって推定精度の向上を図らねばならない。犯罪手口に含まれる犯行変数の再分類や絞り込みのためには，屋内強姦，広くは性的犯罪に関する先行研究の知見を引用し，犯人属性と強い連関が認められ，犯人属性の判別に有効であることが確認された犯行変数を利用する必要がある。具体的には，犯行変数と犯人変数の連関に関する研究知見（Aitken, Connolly, Gammerman, Zhang and Oldfield, 1995; Davis, Wittebrood and Jackson, 1998; 渡邉・鈴木・横田・岩見・渡辺, 2002; 長澤, 2002; 渡邉・鈴木・横田・岩見, 2003），犯行特徴や犯人属性の類型に関する研究知見（Canter & Heritage, 1990; Hazelwood & Burgess, 1995; 田口・猪口, 1998; 岩見・久保, 1999; 横田・渡辺・渡邉, 2001），犯人の行動に関する研究知見（Hazelwood, 1983; 田口, 2002）等が引用可能であると考えられる。

これら研究知見を引用して，予め当該事件とより類似性の高いデータのみを条件抽出したうえで，犯罪手口に基づく被疑者順位づけシステムを利用し，犯罪者プロファイリングを試行することで，おそらく，本研究よりも犯人属性を正しく推定できる可能性はあると考えられる。

5 第6章のまとめ

第6章では，わが国において犯罪者プロファイリングを一般的な捜査支援技術として普及させ，分析者の実務能力を日常的に高めるための方策として，発生頻度の高い凶悪犯罪について，犯罪者プロファイリングに活用可能な推定規則を見いだすことが目的であった。

ただし，前章のような特異な凶悪犯罪とは異なり，捜査員の利用頻度が高い凶悪犯罪であるため，分析者側も研究結果の実務への具体的な活用方策について，より実践的に考える必要に迫られよう。

本章の研究7から研究9において共通しているのは，強盗や性犯罪が被害者と対面しなければならない面接犯罪という点である。そのため，殺人の研究とは異なり，特定の犯人属性との関連性を検討する際には，犯行行動だけではなく，犯人の年齢等の観察可能な犯人属性をも含めて検討している。特に，筆者がこだわったのは犯罪経歴の推定についての検討である。犯人の犯罪経歴の有無によって，警察が手にした犯罪情報の有効な活用方略が異なってくると考えられる。

結論として，犯罪者プロファイリングの基盤である犯行特徴と犯罪経歴等を含めた犯人属性との関連は，研究7から研究9においてそれぞれ認められた。本章における3つの研究のなかで最も新しい研究8では，連続犯罪を想定して，実務における研究知見の活用例について考察している。このなかで，犯罪経歴者による犯行かどうかの識別は，研究7及び研究9にも当てはまる共通した重要事項であるといえよう。

　また，金融機関強盗に関しては，解決困難なケースでは，犯行に車両を用いる犯人が関係していることを指摘できた。車両の利用が犯人の移動性を高めると同時に，地理的な捜査範囲も広がるため，解決までに時間を要すると考えられた。それに応じて，犯行地と犯人の拠点との距離についても検討する必要が生じ，犯人の犯行移動距離に影響を与える犯行特徴もいくつか指摘できた。しかしながら，金融機関強盗は単発事件がほとんどであるため，研究7のような研究方法は，単発事件のみに適用できるものである。すなわち，前章で述べた性的殺人や放火殺人などにも適用できる研究方法である。

　第5章の発生頻度の低い凶悪事件，本章の発生頻度の高い凶悪事件に共通した問題点は，犯人を絞り込むためには地理的な要因について詳細な研究がなされていなかったことである。特に，第5章及び第6章の研究のうち，2000年代前半に実施したものは，この種の研究への理解が，わが国の警察内部に十分に浸透していなかったため，犯行地や犯人の拠点に関する情報が乏しかった。それだけでなく，地理的なデータを作成する地図ソフトの普及も進んでいなかった。しかしながら，2000年代後半は，警察内部におけるこの種の研究への理解が進み，地理的な要因を検討することも可能になってきた。

　ここでは，同一犯による連続凶悪事件への対応が重要となる。連続犯による凶悪犯罪の地理的な犯行特徴を理解し，犯人の検挙に役立てることは，犯罪者プロファイリングの総合的な分析手法の開発にとって不可欠な部分である。わが国の警察においても犯人の捜索範囲として期待されているサークル仮説，疑惑領域モデルといった犯行地分布に基づく犯人の拠点推定モデルが導入されている。しかしながら，わが国におけるこれらのモデルの適用度は，様々な罪種について十分に検証されていなかった。次章では，捜査員が日常的に取り扱う一般的な強盗や性犯罪の連続事件について，これらのモデルが適用できる基準率を得ることが主たる目的となる。

第7章　犯罪者に関する地理的領域の研究

1　はじめに

　第5章及び第6章では，凶悪犯罪における犯行特徴と犯人属性との間に関連性を見いだし，犯罪者プロファイリングを実施するうえでの推定規則を発見し，蓄積していくことが目的であった。発生頻度が低い特異な凶悪犯罪の研究は，捜査経験の乏しい犯罪の捜査を支援し，発生頻度の高い一般的な凶悪事件は，犯罪者プロファイリングを捜査支援技術として普及させることに役立ち，分析者の実務能力を高めることに寄与すると考えられた。

　しかしながら，凶悪犯罪を分析し，可能性のある犯人像を推定しただけでは，実際の捜査に活用することが困難である。これらの研究が捜査に活用されるためには，効果的な捜査支援に結びつく総合的な実務的手法の開発という視点が欠かせない。この視点から，犯人像と符合する人物を探す場所を具体的に絞り込む研究が同時に必要であることが理解できる。

　わが国の警察では，犯人の捜索範囲として期待されているサークル仮説，疑惑領域モデルといった犯行地分布に基づく犯人の拠点推定モデルが導入されている。しかしながら，わが国におけるこれらのモデルの適用度は，様々な罪種において十分に検証されてこなかった。

　そこで，本章では，捜査員が日常的に取り扱う一般的なコンビニ強盗や性犯罪の連続事件について，これらのモデルが適用できる基準率を得ることが主たる目的となる。この種の研究では，犯人像に符合する人物を探す場所として，犯人の居住地のみに焦点が当てられている。しかし，本論文では，実務での用途を考慮し，居住地等を含む犯人の拠点，さらに，連続犯の捜索を目的とした，主たる犯行領域の推定にも焦点を当てるものとする。

2 連続コンビニ強盗犯の特徴と犯行地選択について（研究10）[10]

背景と目的

　犯罪者プロファイリングは，同一犯の事件を抽出し，犯人の特徴や居住圏，今後の犯行予測をする捜査支援技術である。この技術は，観察可能な人間の選択行動から，他者の属性を推論する社会的推論に関する心理学的研究の枠組みに含まれると考えられる。この技術が，発生頻度の高い未解決事件へ適用できれば，日常業務として定着するであろう。そのため，本研究では，発生頻度が比較的高い凶悪事件のひとつであるコンビニ強盗に焦点を当てる。

　わが国では，2004年から2012年までの間に，コンビニ強盗の年間認知は平均680件であり，年間検挙率の平均は60.0％であった。同期間における住宅強盗，金融機関強盗の認知及び検挙率の年間平均は，それぞれ452件（62.6％），99件（79.9％）であった。3種の強盗事件の中では，コンビニ強盗の認知が最も多く，かつ検挙率の低い事件となる（警察庁, 2013）。

　コンビニ強盗は，住宅や屋外の強盗から比べれば，犯行対象の所在地が明白で，その数も少ないため，犯行の可能性がある場所を絞り込みやすいと考えられる。また，被害店舗から犯人の居住圏を推定できれば，捜査対象者を探す重要な手掛かりのひとつとなる。犯人の居住圏を示す測度のひとつとして，犯行移動（journey to crime：JTC）距離があげられる。わが国では，犯行地から犯人の住居等拠点までの直線距離を JTC 距離に用いることが多い。岩見・龍島（2005）は，北海道で発生検挙したコンビニ強盗犯89名の JTC 距離を研究した。その結果，都市規模及び移動手段によって JTC 距離は有意に異なることが示された。しかしながら，同研究のサンプルは北海道のみであり，8割強は犯行が1件のみの単発犯であり，半数近くは発生当日に検挙されていた。

　一方，連続コンビニ強盗犯は，発生当日に検挙されることが多い単発犯と異なり，逮捕を免れながら繰り返し犯行に及ぶ。警察が一連事件を早期解決するためには，連続コンビニ強盗犯に関する犯人像，犯行地選択を理解した対応が必要であるが，わが国にはその研究知見が存在しない。また，連続犯の居住圏の推定では，JTC 距離だけではなく，サークル仮説（Canter & Larkin, 1993），空間平均

---
[10] 岩見（2012）に掲載された内容を再分析，岩見（2017）に掲載された内容を再編集したものである。

を中心とした疑惑領域（羽生，2005）を代表とする拠点推定モデルが利用可能である。両モデルは，犯行地情報のみで領域を作成できるため，犯人の拠点情報がなければ領域を作成できないJTC距離よりも簡便に使用できる手法である。サークル仮説は，連続犯の犯行地のうち，直線で最も遠い2地点を直径とした円を描き，その中に犯人の犯行地と住居が含まれるという仮説である。一方，空間平均を中心とした疑惑領域は，連続犯の犯行地の空間平均から各犯行地までの直線距離の平均値を半径とした円を描き，その中に犯人の住居が含まれるという仮説である。連続コンビニ強盗における両モデルの適用度は検証されていない。また，実務では，両モデルの重複領域における犯人居住が期待されているが，その仮説を検証した研究は皆無である。

したがって，本研究では，他者の属性推定のために，全国で発生検挙した連続コンビニ強盗犯の時間的，地理的な犯行行動と犯人特徴との関連についての分析を目的とする。

方法

分析対象は，2003年から2009年までの間に，全国で検挙された連続コンビニ強盗犯の事件資料のうち，JTC距離が計測可能な197名による犯行698件とした。犯行行動は，犯行時間，犯行地の都市規模，最短犯行間隔，犯行件数，サークル仮説及び疑惑領域の円半径である。連関を検討した犯人特徴は，犯人数，犯罪経歴，土地鑑，移動手段，サークル仮説及び疑惑領域の円内居住，JTC距離である。なお，距離，犯行間隔及び犯行件数は，連関分析のために，33%点，66%点で3分割した。連関分析は，x^2検定もしくはFisherの直接確率法を実施し，5%水準で有意な結果を採用した。さらに，*Cramer's V*で対称性を確認のうえ，残差分析において5%水準で有意な結果について解釈した。

結果

(1) 犯行特徴と犯人特徴の連関

表7-1のとおり，犯行時間，都市規模，犯行間隔，犯行件数，サークル仮説及び疑惑領域の円半径は，多数の犯人特徴との間に有意な連関が認められた。

表7-1　犯行行動と犯人特徴の連関分析結果

犯行行動		犯行行動との連関が認められた犯人特徴（％）
犯行時間		朝：車両等なし（46.2），昼：車両等なし（66.7），夜：共犯（25.9），未明：車両等（85.6），自動車（61.5），サークル仮説・疑惑領域外居住（57.7）
都市規模	都市型（人口10万人以上）	単独犯（88.7），自動車なし（59.1），サークル仮説・疑惑領域外居住（56.5），最長JTC 2.8km未満（47.8），車両等なし（29.6）
	地方型（人口10万人未満）	犯罪経歴なし（75.9）
	都市地方混合型	自動車（81.1），サークル仮説・疑惑領域外周内居住（71.7），疑惑領域内居住（64.2），犯罪経歴（64.2），サークル仮説・疑惑領域重複領域内居住（58.5），最短JTC 3.5km以上（54.7），共犯（47.2）
犯行間隔	最短1日以下	犯罪経歴（70.5），共犯（32.8）
	最短2～9日以下	なし
	最短10日以上	単独犯（91.0），犯罪経歴なし（67.2），サークル仮説・疑惑領域外居住（61.2），最長JTC 2.8km未満（46.3）
犯行件数	2件	土地鑑（93.5），単独犯（88.5），サークル仮説・疑惑領域外居住（67.8），犯罪経歴なし（57.5），最長JTC 2.8km未満（44.8），車両等なし（31.0）
	3件	なし
	4件以上	車両等（91.3），サークル仮説・疑惑領域外周内居住（73.9），サークル仮説内居住（71.0），疑惑領域内居住（59.4），サークル仮説・疑惑領域重複領域内居住（56.5），最長JTC 13.2km以上（53.6），共犯（37.7），土地鑑なし（26.3），バイク（14.5）
サークル仮説半径	1.1km未満	土地鑑（95.1），単独犯（93.8），最長JTC 2.8km未満（78.5），疑惑領域外居住（76.9），窃盗歴なし（75.4），サークル仮説外居住（73.8），自動車なし（70.8），犯罪経歴なし（60.0），車両等なし（46.2）
	1.1～5.7km未満	土地鑑（96.3），最長JTC 2.8～13.2km未満（66.2），自転車（29.2）
	5.7km以上	自転車なし（92.5），自動車（77.6），最長JTC 13.2km以上（83.6），サークル仮説・疑惑領域外周内居住（71.6），サークル仮説内居住（68.7），疑惑領域内居住（65.7），犯罪経歴（65.7），サークル仮説・疑惑領域重複領域内居住（62.7），最短JTC 3.5km以上（62.7），窃盗歴（46.3），共犯（40.3），土地鑑なし（30.4）
疑惑領域半径	0.9km未満	土地鑑（95.2），単独犯（93.9），最長JTC 2.8km未満（78.8），疑惑領域外居住（78.8），サークル仮説外居住（74.2），窃盗歴なし（77.3），同居者なし（71.2），自動車なし（69.7），犯罪経歴なし（62.1），車両等なし（43.9）
	0.9～4.8km未満	土地鑑（96.4），最長JTC 2.8～13.2km未満（66.2），自転車（27.7）
	4.8km以上	自転車なし（92.4），最長JTC 13.2km以上（83.3），自動車（80.3），サークル仮説・疑惑領域外周内居住（69.7），サークル仮説内居住（66.7），疑惑領域内居住（63.6），犯罪経歴（63.6），サークル仮説・疑惑領域重複領域内居住（60.6），共犯（39.4），土地鑑なし（31.5）

※残差分析の結果，5％水準で有意な結果は下線あり，1％水準で有意な結果は下線なし。

表7-2　発生市町村と居住市町村の比較

	犯行市町村居住	隣接市町村居住	非隣接市町村居住
同一市町村犯行**	81.3%	10.0%	8.7%
隣接市町村犯行**	70.3%	21.9%	7.8%
非隣接市町村犯行*	35.3%	19.6%	45.1%

**$p<.01$, *$p<.05$

　犯行時間は，移動手段の違いと関連が高く，夜間や未明は車両等を用いた犯行の割合が高く，日中はその割合が低かった。JTC距離は，都市部で短く，都市犯行を含む都市地方混合型では，JTC距離が長くなった。

　サークル仮説及び疑惑領域の円内犯人居住率が高い連続犯の犯行特徴は，都市地方混合型の犯行，未明の犯行，犯行4件以上，長い円半径であった。犯人特徴は，自動車を含む車両等の使用率が高く，JTC距離は長い傾向が認められた。また，共犯，土地鑑なし，犯罪経歴や窃盗歴を有する犯人の割合が高かった。さらに，サークル仮説及び疑惑領域の重複領域内居住率は，6割と高いものであった。

　一方，サークル仮説及び疑惑領域の円内犯人居住率が低い連続犯の犯行特徴は，都市型犯行，犯行2件，犯行間隔10日以上，短い円半径であった。犯人特徴は，単独犯，土地鑑があり，自動車等の移動手段が少なく，JTC距離は短く，犯罪経歴なしの割合が高かった。

　さらに，犯罪経歴がある者や共犯事件は，犯行間隔が短く，サークル仮説及び疑惑領域の円半径が長かった。犯罪経歴がない者には，その逆の傾向が認められた。

(2) 住居と犯行地の市町村関係

　実務的には，住居と犯行地の関係は，距離で示すよりも，市町村関係で示したほうが，直観的に理解しやすいと考えられる。そのため，犯行移動距離や拠点推定モデルではなく，発生地市町村と居住地市町村の関係を比較した。結果は，表7-2のとおりである。連続犯の犯行地パターンは，同一市町村犯行，隣接市町村犯行，非隣接市町村犯行の3パターンに分類した。連続犯の居住地パターンは，

犯行地との関連から，犯行市町村居住，隣接市町村居住，非隣接市町村居住の3パターンに分類した。犯行地パターン別の居住地パターンについてx^2検定及び残差分析を実施した結果，同一市町村犯行と隣接市町村犯行では1％水準で，非隣接市町村犯行では5％水準で，それぞれ犯人の居住市町村に相対的な違いが認められた。

すべての犯行が同一市町村の場合，同市町村居住者は81.3％，隣接市町村居住者は10.0％であった。残差分析の結果では，犯行市町村居住者が1％水準で有意に高いことが示された。また，犯行が隣接市町村においても発生した場合，発生市町村居住者は70.3％であり，隣接市町村居住者が21.9％であった。残差分析の結果では，犯行市町村居住者が1％水準で有意に高いことが示された。さらに，犯人が非隣接市町村を犯行地として選択し場合，犯行市町村居住者は35.3％，隣接市町村居住者が19.6％，非隣接市町村居住者が45.1％となった。残差分析の結果では，非隣接市町村居住者が5％水準で有意に高いことが示された。

考察

本研究の結果，犯行行動に基づいて人物属性を推論できる可能性は，いくつか示唆できたと考えられる。

まず，都市型，少ない犯行件数，長い犯行間隔等の犯行行動は，JTC距離が短く，犯行の行動圏の狭さに関連すると考えられた。特に，店舗数の多い都市部という環境は，犯人が居住地から比較的近い店舗を犯行対象に選択したことを示唆する。ただし，サークル仮説や疑惑領域は狭く，犯人の居住圏として利用できないケースが多かった。

次に，都市地方混合型，犯行件数の多さ，自動車使用，共犯等の犯行行動は，JTC距離が長く，犯行の行動圏の広さに関連すると考えられた。サークル仮説や疑惑領域は広範囲となったが，犯人居住率は高くなった。しかも，両モデル重複領域内の居住率の高さは，実務の仮説を支持する結果であり，捜査範囲を狭めるひとつの指標になろう。

さらに，犯罪経歴者や共犯による犯行は，犯行間隔が短く行動圏が広域であったが，犯罪経歴がない者や単独犯の犯行では，逆の行動傾向が認められた。それぞれの犯人特徴から，前者は大胆な態度，後者は静観な態度という異なる側面が

見受けられる。しかしながら，双方の行動傾向は，逮捕を回避しながら犯行を重ねようとする，連続犯ならではの狡猾な基本戦略という共通点が示唆できよう。

なお，市町村という行政区画の枠組みによって，犯行地と犯人の居住地との関係を検討した結果，連続犯行が同一市町村内，もしくは隣接市町村内に収まっている場合は，犯人は犯行地が所在する市町村に土地鑑のある者が捜査対象となる。一方，連続犯行が相互に隣接しない市町村をまたいで発生した場合，犯人は犯行地以外の市町村に土地鑑を持つ者まで拡大しなければならないと考えられる。

3　性犯罪における点分布パターンによる地理的分析手法の比較（研究11)[11]

背景と目的

日本の捜査現場における犯罪者プロファイリングの実務は，2000年に北海道警察に設置された特異犯情報分析班が先駆けとなった（田村, 2000; 渡辺, 2005; 岩見, 2006)。同チームを嚆矢とし，全国の分析担当者による実務での試行錯誤及び研究の積み重ねによって，現場捜査に適用可能な分析手法，分析結果の活用方法が次第に明らかとなり，形成されていったと考えられる。

実務においては，犯罪者プロファイリングにおける事件リンク分析，犯人像推定，地理的プロファイリングの各分析結果は，個別に機能するだけでなく，有機的に組み合わせて，「捜査対象者の割り出し」，「捜査対象者の順位づけ」，「よう撃捜査」等の犯罪捜査を支援している（岩見, 2006)。

岩見（2011a）によれば，性犯罪は当初女性への追従であった行動が次第にエスカレートして強制わいせつ，さらに強姦へと発展してくことが多いという。心理学では，性犯罪は罪名に着目するのではなく，被害者との対人的相互作用，犯罪場面の状況要因，性的行為や犯罪行為のエスカレートに着目するのが重要であり，性的逸脱から性暴力までを含む幅広いスペクトラムで捉えたほうが，性犯罪者の一連の犯行行動や心理を理解しやすい。

たとえば，FBIが犯罪者プロファイリングを目的に使用している強姦被害者に対する事情聴取事項（Hazelwood & Burgess, 1995）には，精神医学や犯罪捜査

---
[11] 岩見（2016a）に掲載された内容を再編集したものである。

の視点だけではなく，犯人と被害者の対人的相互作用等の社会心理学的な視点も含まれている。このように，推定過程には社会的・心理的な査定による解釈が関連する（Jackson & Bekarian, 1997）。

　事件リンク分析は，複数事件の情報を分析し，同一犯による連続事件を絞り込む方法である。同分析で重視する情報の優先順位は，物的証拠，犯人の外見特徴，犯行に関する犯人の選択行動である（岩見, 2011b）。このうち，性犯罪における犯人の選択行動は，犯人の嗜好や空想に関連する特異な行動が多岐にわたるため，同分析には適している（岩見, 2006）。横田・藤田・渡邉・和智・佐藤（2006）は，5件以上の犯行に及んだ連続性犯は，時間帯，曜日，犯行場所，道路環境，被害者の年齢層，被害者への接触手段等の選択行動について一貫性・弁別性が高く，事件リンクに利用できると指摘している。横田・渡邉・和智・大塚・倉石・藤田（2015）では，2件以上の犯行に及んだ連続性犯についても追試し，同様の研究結果を得ている。また，岩見（2014c）は，同一場所で再犯行する連続性犯の場合，日中あるいは夜間で二分した犯行時間帯の一貫性は，8割弱の犯人に認められていると述べている。これらの行動は犯人のみの意思決定による選択行動であり，犯人と被害者との対人的相互作用によって潜在的に変化する選択行動が含まれていないことも重要である。

　性犯罪における犯人像の推定事項は，観察可能な特徴と観察不可能な特徴に分けられる。外見特徴等は事件リンク分析の結果から絞り込める観察可能な特徴である。観察可能な特徴の評価には，客観的情報と目撃情報の評価が関係する。観察不可能な犯人像の推定としては，渡邉・鈴木・横田・岩見・渡辺（2002），岩見・横田・渡邉（2005），岩見（2013b），宮脇（2013）等の累犯者，犯罪経歴を推定する研究が多い。これらは，警察情報の分析を効率化する客観的な手続きの確立を目的とした研究と位置づけられる。たとえば，発生事件の目撃情報，犯行行動を分析し，さらに犯人像に関する研究知見を活用したうえで犯罪経歴者や累犯者の可能性が高いと推定できる場合，観察可能な推定特徴と組み合わせて捜査対象者を絞り込むことが可能となる。

　性犯罪における地理的プロファイリングは，事件リンク分析や犯人像推定の結果に基づき，捜査対象者を発見する際の地理的な捜査範囲を示すために不可欠である。これら地理的な捜査範囲の推定には，日常活動理論（Cohen & Felson, 1979），犯罪パターン理論（Brantingham & Brantingham, 1993）等の犯罪の空

間行動についての基礎理論が関連する。日常活動理論は，「適当な犯行対象」「犯意のある人」「監視者の不在」の3要素が同時生起した際に犯罪が生じるという理論である。すなわち，犯行予測は連続犯の時空間行動を分析し，3要素が収斂した時間及び場所を絞り込むことでもある。これに対する警察活動は，主に「犯罪捜査による犯人検挙活動」，「犯行機会を封じるための犯罪抑止活動」の2通りに大別される。前者は3要素が揃った場所への捜査力の投入，後者は3要素を揃えない防犯指導や警察活動といえる（岩見, 2008b）。

　犯罪パターン理論は，人間の生活における行動空間は居住・雇用・商業娯楽といった主な活動拠点（ノード）とそれらを結ぶ道路網（パス）で示すことが可能であり，犯罪はこれらの場所及び近傍で発生するというものである。つまり，犯人の選択する犯行地は犯人の日常行動によって制約されることを意味する。連続性犯については，犯人の生活行動圏やその近傍での犯行が多い（渡邉・鈴木・田村, 2000），あるいは9割以上が土地鑑犯行者であるとの指摘もある（長澤, 2003）。このように，犯行地の地理的な選択範囲と生活行動圏は重なる部分が多いため，犯行地の地理的な分布が犯人の地理的な捜査範囲に用いられる根拠となる。環境心理学や空間学の視点では，犯行地の地理的な選択範囲は，犯人の日常生活における行動圏，テリトリー，認知地図を部分的に再構成したものと表現できる。

　犯行の行動圏は，犯行移動距離や点分布パターン分析によって推定される。前者には横井（2005）や岩見（2008a）の研究が例としてあげられる。後者の研究例としては，杉浦・中俣・水内・村山（2003），岩見（2008a），大塚（2009）がある。これら領域の再構成は，犯人の犯行地選択等の空間行動や類似犯罪等の犯罪情勢の比較等によっても行われる。

　場所に関する地理的プロファイリングには，2つの大きな目的がある。ひとつは犯人の住居等を含む生活圏の絞り込み，もうひとつは今後の犯行地の予測である。

　日本の実務で一般的に使用されている3種類の点分布パターン分析は，サークル仮説（Canter & Larkin, 1993），空間平均の疑惑領域（羽生, 2005），中央点の疑惑領域（三本・深田, 1999）である。岩見（2008a）は，連続性犯の住居を含む拠点が上記3モデルの各領域内に含まれる割合を比較した。犯行5件以上の事例において拠点含有率を比較した結果，サークル仮説が69.6%，空間平均の疑惑領域が58.7%，中央点の疑惑領域が47.8%であった。

ところで，点分布パターン分析には，様々な種類が存在する。米国司法省の委託によって開発されたCrimeStatでは，標準偏差楕円（SD楕円），階層クラスター分析によるホット・スポット抽出等の点分布パターン分析が実行できる（中谷, 2006; 鈴木, 2011）。SD楕円については，サークル仮説よりも有効とした研究が国外において認められるが（Kent & Leitner, 2007），日本における実用性は十分に検討されていない。

また，日本では連続犯の今後の犯行地を予測する際，犯人の住居を含む生活圏推定と同様に，第一段階ではカーネル密度推定等の点分布パターン分析によって，主たる犯行圏やホット・スポット等の領域を検出している。しかしながら，ホット・スポットにおける犯行発生率の検討を含め，それらの適用可能性は十分に検討されているわけではない。

以上のことから，本研究では，日本の性犯罪における犯人の住居を含む生活圏の推定及び犯行地の予測について，それぞれ複数の点分布パターン分析の精度を比較検討し，実務の地理的プロファイリングにおける適用可能性を考察することを目的とする。

本研究は，第1研究と第2研究によって構成される。第1研究は，住居を含む生活圏の推定における点分布パターン分析の精度比較である。第2研究は，今後の犯行地予測における点分布パターン分析の精度比較である。Rossmo（2000）は，地理的プロファイリングでは最低5つの犯行地点が分析に必要であると述べている。岩見（2008a）は，サークル仮説，空間平均の疑惑領域，中央点の疑惑領域の全てが，犯行5件以上の事例の拠点含有率が，犯行4件以下の事例に比べて高いことを示していることから，第1及び第2研究では，犯行5件目までの点分布パターン分析によって検出された各領域内におけるそれぞれの住居等の拠点含有率，6件目以降の犯行発生率について精度を比較する。

方法

(1) 第1研究のデータ及び手続き

第1研究のデータは，2003年から2009年までの間に，北海道において5件以上の犯行に及んで検挙された連続性犯罪者47名の事件記録521件に関する犯行現場及び住居・拠点の経緯度座標である。複数罪名を含む連続犯が多く，強姦25名，

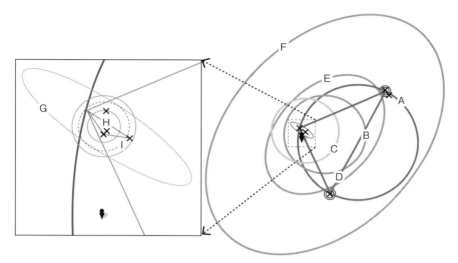

A：サークル仮説の円（最も遠い犯行地2地点を直径とした正円）
B：空間平均の疑惑領域（各犯行地の経緯度平均である空間平均を重心、重心と犯行地の平均距離を半径とした正円）
C：中央点の疑惑領域（各犯行地との距離総和が最小となる中央点を重心、重心と犯行地の平均距離を半径とした正円）
D：凸包ポリゴン（犯行地を頂点とし、頂点角が180度以下になるように全犯行地を含めた領域）
E：SD楕円（空間平均と各犯行地の標準偏差を長軸及び短軸とした楕円で、標準偏差楕円という）
F：2SD楕円（SD楕円の長軸及び短軸をそれぞれ2倍にした楕円で、2標準偏差楕円という）
G：最近隣2SD楕円（最近隣クラスター分析によって同一クラスターとなった犯行地点から得られた2標準偏差楕円）
H：最近隣凸包ポリゴン（最近隣クラスター分析によって同一クラスターとなった犯行地点から得られた凸包ポリゴン）
I：カーネル密度推定の等高線（カーネル密度推定に基づいた等高線のうち、少なくとも2件の犯行地が含まれる等高線を採用した領域）

図7-1　本研究で用いた点分布パターン分析による検出領域の例

強制わいせつ37名、その他わいせつ8名であった。

第1研究の手続きは、犯行5件目までの犯行地点を用い、図7-1に示した9種類の点分布パターン分析を実施した。このうち、1）サークル仮説の円、2）空間平均の疑惑領域モデル、3）中央点の疑惑領域、4）カーネル密度推定による等高線の領域検出には、Informatix社製Gistat（Ver. 2.0）を用いた。残りの5）凸包ポリゴン、6）SD楕円、7）2SD楕円、8）最近隣2SD楕円、9）最近隣凸包ポリゴンの領域検出には、米国司法省の委託で開発されたCrime Stat

Ⅲ（Ver. 3.0）を使用した。

合計9種類の点分布パターン分析によって検出された各領域の面積，円換算の半径を算出し，各領域内における住居等が含まれる割合を算出した。なお，本研究では「住居のみ」含有と「住居・拠点」含有とを区分し，それぞれの拠点含有率を比較した。

(2) 第2研究のデータ及び手続き

第2研究のデータは，2003年から2009年までの間に，北海道において6件以上の犯行に及んで検挙された連続性犯39名の事件記録481件における犯行現場及び住居・拠点の経緯度座標である。複数罪名を含む連続犯が多く，強姦21名，強制わいせつ30名，その他わいせつ5名であった。

第2研究の手続きは，犯行5件までのデータを使用し，第1研究と同一の方法によって9種類の点分布パターン分析を実施した。検出された各領域の面積，円換算の半径を算出し，各領域内における6件目以降の犯行が含まれる割合を算出した。なお，本研究では各領域における6件目の犯行発生を「次犯行」，6件目以降に1回以上発生した場合を「後犯行」と区分し，それぞれの犯行発生率を比較した。

結果

(1) 第1研究の結果

表7-3のとおり，第1研究では連続性犯47名の初期犯行5件を用いて，それぞれ9つの点分布パターン分析による領域を作成し，それぞれの領域内における犯人の拠点含有率を比較した。ただし，9つの領域がすべての事例で作成可能とはいえず，検出率の低い最近隣2SD楕円（21.3%），最近隣凸包ポリゴン（7.4%）は，複数の犯行地が相互に近距離に位置し，かつ直線上に位置しない地点が3地点以上なければ，クラスターが形成されないため，領域は検出されないことが示された。

表7-3に記載の面積は，住居もしくは住居・拠点が領域内に含まれていたケースについて，日本の警察が一般的に使用しているサークル仮説の円面積を1として基準化し，9つの領域面積を中央値で比較したものである。

第7章 犯罪者に関する地理的領域の研究

表7-3 各点分布パターン分析の領域面積及び拠点含有率

領域	領域検出数	住居					住居・拠点*1				
		含有率	円半径(m) *2	面積 *3	相対含有率 *4	単位含有率 *5	含有率	円半径(m) *2	面積 *3	相対含有率 *4	単位含有率 *5
サークル仮説	47	48.9%	3,330	1.00	1.00	1.0	68.1%	3,217	1.00	1.00	1.0
空間平均の疑惑領域	47	38.3%	1,851	0.46	0.78	1.7	53.2%	2,214	0.47	0.78	1.7
中央点の疑惑領域	47	36.2%	1,952	0.40	0.74	1.9	48.9%	2,628	0.40	0.72	1.8
凸包ポリゴン	46	19.6%	1,449	0.24	0.40	1.7	26.1%	1,575	0.20	0.38	2.0
SD楕円	46	47.8%	2,027	0.58	0.98	1.7	63.0%	1,956	0.60	0.93	1.5
2SD楕円	46	60.9%	3,713	2.46	1.24	0.5	82.6%	3,509	2.32	1.21	0.5
最近隣2SD楕円	35	20.0%	528	0.09	0.41	4.8	25.7%	547	0.09	0.38	4.4
最近隣凸包	10	0.0%	—	—	—	—	0.0%	—	—	—	—
等高線	46	13.0%	1,163	0.25	0.27	1.1	21.7%	1,242	0.16	0.32	1.0

*1：住居・拠点とは，領域内に住居もしくはその他拠点が含まれることを示す。
*2：含有ケースの各領域面積を円に換算し，半径を算出（中央値比較）。
*3：含有ケースにおいて最大円を1と基準化した場合の各領域面積（中央値比較）。
*4：含有ケースにおいて最大円を1と基準化した場合の含有率。
*5：相対含有率を面積で除した値。

　まず，犯人の住居が各領域内に含まれた割合は，高い順に，2SD楕円60.9%，サークル仮説48.9%，SD楕円47.8%，空間平均の疑惑領域38.3%，中央点の疑惑領域が36.2%，最近隣2SD楕円20.0%，凸包ポリゴン19.6%，カーネル密度推定の等高線13.0%であり，最近隣凸包ポリゴンは0.0%であった。
　また，住居が含まれていたケースについて，各領域面積を中央値で比較すると，サークル仮説よりも広い領域は，2SD楕円の2.46倍のみであり，サークル仮説の領域よりも狭いのは，SD楕円の0.58倍，空間平均の疑惑領域0.46倍，中央点の疑惑領域0.40倍，カーネル密度推定の等高線0.25倍，凸包ポリゴンの0.24倍，最近隣2SD楕円0.09倍となった。2SD楕円はサークル仮説よりも住居含有率が高く6割であり，SD楕円はサークル仮説と住居含有率が同等レベルであったが，住居含有ケースの面積の中央値及び住居の単位含有率をそれぞれ比較すると，SD楕円の面積はサークル仮説の6割弱であり，かつ単位含有率が1.7と高い。円

の半径に換算し，中央値で比較すると，2SD楕円はサークル仮説の円よりも半径が約400m長くなり，SD楕円はサークル仮説よりも半径が約1,300m短くなった。

次に，住居を含む拠点が各領域内に含まれた割合は，高い順に2SD楕円82.6%，サークル仮説68.1%，SD楕円63.0%，空間平均の疑惑領域53.2%，中央点の疑惑領域48.9%，凸包ポリゴン26.1%，最近隣2SD楕円25.7%，カーネル密度推定の等高線21.7%，最近隣凸包ポリゴンは0.0%となった。サークル仮説と同等か，それ以上に住居等拠点の含有率が高いのは，2SD楕円及びSD楕円であった。SD楕円の住居等拠点含有率はサークル仮説を下回ったが，中央値比較の面積がサークル仮説の6割であり，かつ単位含有率は1.5と高かった。一方の2SD楕円は，中央値比較の面積はサークル仮説の円の2.32倍と広大になり，単位含有率も0.5と低かったが，住居等拠点の含有率が8割強と非常に高かった。

なお，円換算の半径を中央値で比較すると，2SD楕円はサークル仮説よりも半径が約300m長くなり，SD楕円はサークル仮説よりも半径が約1,300m短くなった。また，ホット・スポットに関連する最近隣2SD楕円やカーネル密度推定の等高線には，2割強の犯人について，拠点が認められた。

(2) 第2研究の結果

表7-4は，連続性犯罪者39名の5件目までの犯行地点を用いた9種類の点分布パターン分析によって作成された各領域における6件目の犯行である「次犯行」，6件目以降に1回以上犯行があった「後犯行」の発生率をそれぞれ比較したものである。

表中の領域検出数を見ると，サークル仮説の円，空間平均の疑惑領域，中央点の疑惑領域，カーネル密度推定による等高線は39事例全てにおいて領域が検出された。最近隣凸包ポリゴンの検出率が17.9%と低いのは，第一研究で述べた理由と同様であると考えられる。

まず，各領域における6件目の「次犯行」の発生率は，高い順に2SD楕円86.8%，サークル仮説61.5%，SD楕円57.9%，中央点の疑惑領域51.3%，空間平均の疑惑領域46.2%，凸包ポリゴン39.5%，最近隣2SD楕円25.8%，カーネル密度推定の等高線25.6%，最近隣凸包ポリゴンは0.0%であった。

サークル仮説の円面積を1として基準化した場合，次犯行が認められたケース

第7章 犯罪者に関する地理的領域の研究

表7-4 各点分布パターン分析の領域面積及びその後の犯行発生率

領域	領域検出数	次犯行[*1]					後犯行[*2]				
		発生率	円半径(m)[*3]	面積[*4]	相対発生率[*5]	単位発生率[*6]	発生率	円半径(m)[*3]	面積[*4]	相対発生率[*5]	単位発生率[*6]
サークル仮説	39	61.5%	2,349	1.00	1.00	1.0	87.2%	2,100	1.00	1.00	1.0
空間平均の疑惑領域	39	46.2%	1,491	0.45	0.75	1.7	76.9%	1,338	0.47	0.88	1.9
中央点の疑惑領域	39	51.3%	1,472	0.38	0.83	2.2	79.5%	1,191	0.40	0.91	2.3
凸包ポリゴン	38	39.5%	1,136	0.17	0.64	3.7	76.3%	1,035	0.22	0.88	3.9
SD楕円	38	57.9%	1,918	0.51	0.94	1.8	86.8%	1,591	0.63	1.00	1.6
2SD楕円	38	86.8%	3,514	2.23	1.41	0.6	94.7%	3,340	2.54	1.09	0.4
最近隣2SD楕円	31	25.8%	593	0.08	0.42	5.3	61.3%	411	0.05	0.70	14.4
最近隣凸包	7	0.0%	—	—	—	—	42.9%	122	0.00	0.49	1,057.3
等高線	39	25.6%	874	0.07	0.42	5.8	61.5%	649	0.09	0.71	7.9

＊1：次犯行は6件目の犯行が領域内で発生した場合を示す。
＊2：後犯行は6件目以降の犯行が領域内で発生した場合を示す。
＊3：発生ケースの各領域面積を円に換算し、半径を算出（中央値比較）。
＊4：発生ケースの最大円を1と基準化した場合の各領域面積（中央値比較）。
＊5：発生ケースにおいて最大円を1と基準化した場合の発生率。
＊6：相対発生率を面積で除した値。

における各領域面積の中央値を比較すると、サークル仮説よりも広い領域は、2SD楕円の2.23倍のみであった。他7領域はいずれもサークル仮説の領域よりも狭く、面積の広い順に、SD楕円0.51倍、空間平均の疑惑領域0.45倍、中央点の疑惑領域0.38倍、凸包ポリゴン0.17倍、最近隣2SD楕円0.08倍、カーネル密度推定による等高線0.07倍であった。

次犯行の発生率が5割以上の領域について、円半径に換算した中央値を比較すると、2SD楕円が半径3.6km圏、サークル仮説が半径2.4km圏、SD楕円が半径2.0km圏、中央点の疑惑領域が半径1.5km圏となり、単に領域の広さだけで考えると、犯行予測領域としては広すぎるといえる。今後の犯行地を予測する領域として相応しい特徴は、次犯行の発生率が高く、かつ可能な限り領域面積が狭い領域といえよう。その指標が、表中の単位発生率である。単位発生率が高いほど、領域が狭くある程度の発生が見込めると評価できると考えられる。次犯行の

場合には，最近隣2SD楕円，カーネル密度推定の等高線の単位発生率が高く，発生した領域の円半径中央値がそれぞれ半径0.6km，半径0.9kmであった。両領域は複数の犯行が相互に近距離で発生しているホット・スポットに関連するものである。検出数だけで見れば，カーネル密度推定の等高線のほうが汎用性は高いが，各領域における次犯行発生率はそれぞれ25％台であり，決して高い値ではない。

次に，6件目以降に1件でも犯行が認められた「後犯行」の各領域発生率について比較する。後犯行発生率が高い順に，2SD楕円94.7％，サークル仮説の円87.2％，SD楕円86.8％，中央点の疑惑領域79.5％，空間平均の疑惑領域76.9％，凸包ポリゴン76.3％，カーネル密度推定の等高線61.5％，最近隣2SD楕円61.3％，最近隣凸包ポリゴン42.9％となった。

サークル仮説の面積を1として基準化し，後犯行が発生した各領域面積の中央値を比較した結果，次犯行と同様にサークル仮説よりも広い領域は，2SD楕円の2.54倍であった。サークル仮説よりも狭い領域は，面積の広い順に，SD楕円の0.63倍，空間平均の疑惑領域が0.47倍，中央点の疑惑領域の0.40倍，凸包ポリゴンの0.22倍，カーネル密度推定の等高線が0.09倍，最近隣2SD楕円の0.05倍，そして最近隣凸包ポリゴンの0.00046倍であった。

後犯行発生率5割以上の各領域について，円半径に換算した中央値は長い順に，2SD楕円の半径3.4km圏，サークル仮説の半径2.1km圏，SD楕円の半径1.6km圏，空間平均の疑惑領域の半径1.4km圏，中央点の疑惑領域の半径1.2km圏，凸包ポリゴンの半径1.1km圏，カーネル密度推定の等高線の半径0.7km圏，最近隣2SD楕円の半径0.5kmであった。最近隣凸包ポリゴンは後犯行発生率が最も低いながら，4割強も発生し，しかも領域の広さを円半径に換算した場合，その中央値は半径0.2km圏と非常に狭い領域であった。特に，最近隣凸包ポリゴンの検出率は2割弱であり，汎用性は低いものの，単位発生率が1,057倍と桁外れであるため，領域が検出された場合には，現場付近の環境評価を実施したうえで，その利用価値を検討すべきと考える。

以上の結果から，犯行地予測に活用できる条件は，領域検出率が高い汎用性を持ち，後犯行発生率が高く，かつ単位発生率が高い特徴を併せ持つ領域と考えられる。こうした特徴を有する領域は，9つの領域のうちでカーネル密度推定の等高線，最近隣2SD楕円の順となろう。また，領域が検出されたという条件つきで，

最近隣凸包ポリゴンにも利用価値があると考えられる。

考察

(1) 第1研究の考察

　第1研究の結果から，現在の日本で一般に使用されているサークル仮説，空間平均の疑惑領域といった正円の領域よりも，犯人の移動範囲をより反映した犯行地分布に近くなるSD楕円，2SD楕円のほうが推定精度は高いと考えられる。SD楕円はサークル仮説よりも地理的な捜査範囲は狭く，拠点含有率がサークル仮説と互角の捜査範囲といえよう。Kent & Leitner（2007）は，侵入窃盗と強盗の連続犯ではサークル仮説よりもSD楕円のほうが有効であると指摘しており，本研究における連続性犯についてもそれが支持されたといえよう。2SD楕円は捜査範囲としてはサークル仮説よりも広くなるが，住居等拠点含有率は極めて高い。そのため，推定される犯人像等がマイノリティに属する人物である場合には，他の推定結果と組み合わせることで，捜査対象者を絞り込む捜査範囲として十分に利用できると考えられる。また，犯行移動距離の統計量を用いた生活圏推定には，同種連続事件の検挙データが不可欠であるが，SD楕円や2SD楕円は分析対象事件の犯行地点のみで領域を検出できる点で優れている。

　なお，9つの領域のうち，狭域群に相当する最近隣2SD楕円やカーネル密度推定の等高線の領域内においても犯人の20から25％は拠点が存在した。これは複数の犯行が比較的近距離で発生するホット・スポット付近での犯人の土地鑑を示唆するものである。

　先に述べたように，検出領域の面積についての評価は，狭域は捜査コストが低く，広域は捜査コストが高いとするだけの単純なサーチコストの視点には疑問が残る。実際の犯罪捜査では，検出領域内で犯人を捜すために，どのような捜査を実施するかで，捜査コストが変わってくるため，単に領域面積の広さだけで捜査コストの優劣を判断するのはあまりにも表面的な視点である。また，本研究の点分布パターン分析によって検出された領域は犯行地点のみを用いた方法に過ぎず，領域内の地形等の地理的特徴は全く考慮していない。たとえば，犯行地の地形が海岸線や湾口付近，山岳地帯，過疎地の集落であれば，検出領域が広域であっても，実際にその領域内における人間の行動圏は限られている。そのため，実務で

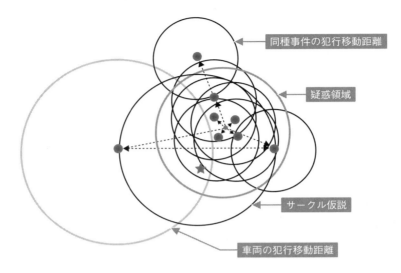

図7-2 犯人の行動圏の再構成

は単純な検出領域の適用ではなく，犯行地に関する地理的な環境要因の検討が不可欠となる。

　したがって，生活圏推定の第1段階では，図7-2のように，事件情報を評価したうえで複数の点分布パターン分析や犯行移動距離を併用して，犯人の行動圏を広めに再構成することが重要と考えられる。

　同図は，入手した発生事件情報に基づいて，犯行移動距離の統計量や点分布パターン分析の結果を組み合わせた現実的な方法といえる。第2段階では，個々の犯行地の環境要因を評価することによって，領域内のどこに捜査の矛先を向けるか考察しなければならない。さらに捜査対象者を絞り込むために，どのような捜査方法が使えるかを領域別に検討することのほうが重要ではないかと考える。

　また，検出領域は，この種の研究で多い，犯人の住居を探すことのみを目的とするのではなく，住居等拠点を含む土地鑑について幅広く検索する領域として使用するほうが，捜査への利用価値が高いといえよう。このことは，犯人の犯行に関する行動圏が複数の拠点の影響を受けて形成されていると考えられるためである。なお，実務上は，円の集合体の内包領域に限定せず，各領域が示す市区町村全体を捜査領域とするほうが汎用性は高いといえよう。

(2) 第2研究の考察

　第2研究では，連続性犯罪者の初期犯行5件の点分布パターン分析によって9つの領域検出を試み，各領域内の6件目以降の犯行発生率を比較した。

　9つの領域のうち，狭域，かつ発生率が高い領域は，カーネル密度推定の等高線及び最近隣2SD楕円であった。これらは今後の犯行地予測の領域として，最も捜査に利用価値があると考えられる。この2つの領域は犯罪多発地区を意味するホット・スポットに関連するものであり，一般に考えられているホット・スポットに対する捜査力投入が適切であることを改めて支持したものといえる。

　また，9つの領域はすべてのケースで検出されるわけではなかった。たとえば，最近隣凸包ポリゴンは初期犯行5件では検出率が17.9％と非常に低かった。しかしながら，同領域は9つの領域内で最も狭域で，円半径に換算すると中央値で半径約120m，後犯行発生率は4割であり，単位発生率も極めて高い。それゆえ，同領域が検出された場合は，今後の犯行が非常に狭域で発生する可能性があるため，犯行現場の周辺環境を評価したうえで，捜査に活用可能か検討を要する領域と考えられる。

　次に，犯行地の予測に点分布パターン分析を利用する場合，6件目の発生である「次犯行」よりも，6件目以降である「後犯行」のほうが当然発生率も高くなることから，ある程度の期間を念頭にした捜査活動が不可欠となる。岩見（2008b）では，実際の連続性犯罪者の犯行予測に関する精度は，選択した分析データに影響されると指摘しており，連続犯の犯行行動から分析対象データを同種罪種，あるいは異種罪種まで含めるかを考慮する必要がある。つまり，確度の高い事件リンク分析が犯行予測の精度を高めると考えられる。また，連続性犯罪には未届事件等の暗数があるため，「次犯行」が未届けになる可能性があり，「次犯行」の予測として捜査員に説明するのは，現場の混乱を招き，犯行予測の有効性を不当に低下させる悪影響を及ぼしかねない。したがって，「次犯行」ではなく「後犯行」の予測として説明したほうが，暗数の影響を受けにくく，かつ捜査員への正しい説明であり，それに応じた現実的な捜査への用途を考えることに結びつくであろう。

　さらに，岩見（2008b）で指摘したように，連続犯の今後の犯行地を予測する分析過程は，第1段階では，本研究で実施した点分布パターン分析によって犯行圏やホット・スポット等の「エリア」を検出する。検出されたエリアは，図

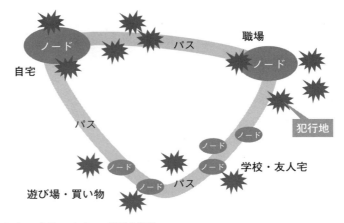

出典:Brantingham & Brantingham, 2008を修正。

図7-3　拠点・移動経路・犯行地の関係

7-3に示したように，犯罪パターン理論でいう犯人の活動拠点であるノードと重複していることも十分に考えられる。したがって，犯行地予測の第2段階ではエリア内，エリア間の「パス」を分析する必要がある。第3段階では，連続犯の物色及び犯行場所等に関する環境要因を分析し，図7-4のように特異な空間選好を識別した場合には，エリア内において潜在的に出没可能性の高い類似「サイト」等を検出することも可能となる（岩見, 2008b）。

なお，連続犯における時間帯と場所の一貫性については，複数の先行研究が指摘しており（横田他, 2006; 岩見, 2014; 横田他, 2015），犯人を発見するためには，特定の場所に出没する時間を絞り込むことが重要である。岩見（2008b）が指摘するように，今後の犯行地の予測は，時間要因との共生起を必ず検討するのが基本的な手続きと考えられる。

第1研究で述べたように，通常，推定した犯行予測領域の面積についての評価は，狭域は捜査コストが低く，広域は捜査コストが高いとするのが基本的な考え方である。しかしながら，実際の犯罪捜査では，推定された領域内で犯人を捜すために，どのような捜査を実施するかで，捜査コストが変わってくるため，単に領域面積の広さだけで判断できるものではない。たとえば，推定した犯行予測領域が広域であっても，犯行現場に共通特徴が認められ，それらの特徴を有する場

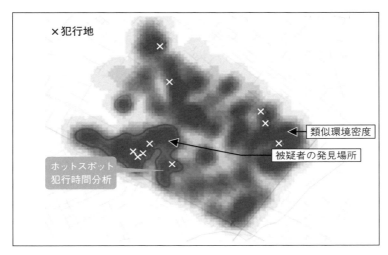

図7-4　類似環境による犯行予測（岩見, 2008b）

所が推定領域内で限られていれば，実際は領域全体を捜査するコストは必要ではない．また，そうした領域間のパスが非常に限られていれば，それも犯人発見に有用な指標となる．岩見（2011b）によれば，犯行予測には4W1H情報が重要であり，これらの情報は点分布パターン分析による生活圏から居住地域を絞り込むための判断材料にもなるという．

本研究は，犯行地の点分布パターン分析の捜査への適用度を検討したものであり，犯行地環境の評価を経た生活圏や犯行地予測には全く言及していない．犯行地環境の要因は，本研究の連続性犯罪についても個別には居住圏や犯行地の選択に影響していると考えられる．今後の研究ではこれらの変数を加えた分析と捜査への適用可能性を検討する必要がある．実際の犯罪捜査では，点分布パターン分析は机上分析であり，犯人の発見には，さらに現場観察によって犯行地環境や現場間道路網等を分析したうえで，犯人のノードやパス，潜在的な犯行地となるサイトを絞り込むなど，捜査現場に密着した分析が重要な手続きであろう．

4　第7章のまとめ

第7章では，わが国の警察が既に利用しているサークル仮説，疑惑領域モデル

等の拠点推定モデルが，一般的な強盗や性犯罪の連続事件において十分に検証されていなかったことから，適用できる基準率を得ることが主な目的であった。本論文では，実務での用途を考慮して，犯人像に符合する人物を探す場所として，犯人の居住地のみではなく，居住地等を含む犯人の拠点，さらに，連続犯の捜索を目的とした，主たる犯行領域の推定にも焦点を当てた。

　研究10では，連続コンビニ強盗犯の犯行の行動圏は，犯行地の都市規模，犯行件数，犯行間隔といった選択行動によって異なることが示された。これらの行動は，サークル仮説や疑惑領域モデルが居住地推定に利用できるか否かにも影響を与えていた。さらに，犯罪経歴や共犯性といった犯人属性との関連性も認められた。地理的特性と犯人特性の組み合わせによって，犯罪者プロファイリングを実施できると考えられる。

　研究11では，性犯罪の連続犯の拠点推定及び犯行予測において，複数の犯行地分布に基づく領域の適用度をそれぞれ検証した。拠点推定では，面積が大きい領域ほど犯人の拠点含有率が高かったが，サークル仮説等の従来モデルよりも，より犯行地分布を忠実に表現した楕円が適していることを示唆した。一方の犯行予測においては，経験的に有効と考えられていた複数の犯行地が近接しているホット・スポットを重視することが，データにおいて改めて支持できることが明らかとなった。

　次章の総合考察では，本論文がテーマとした凶悪犯罪に対する犯罪者プロファイリングの総合的な分析手法という枠組みを，実際の捜査現場で活用するための方策について，社会心理学の視点を利用して説明したい。また，これらを踏まえた今後の研究課題についても述べていく。

第8章 総合考察
―― 社会心理学的な視点による研究の総括と今後の課題 ――

1 研究1から研究11の総括

　研究の総括では，本論文において論述した凶悪犯罪に対する犯罪者プロファイリングに関連する研究1から研究11までの研究結果を中心に総括し，実務への研究結果の応用と限界について社会心理学的な視点に基づいて考察する。本論文における各研究によって明らかにされた結果の概念図は，図8-1に示した。

　まず，第4章で論述した研究1（岩見，1999a）は，わが国の犯罪者プロファイリングにおいて，実務上必要となる研究課題を明確にした事例研究である。社会心理学的な視点では，研究1の取り組みはフィールドワークに当たり，研究スタイルはアクション・リサーチのスタートラインに当たると考えられる。

　事例は脅迫文や犯行行動の分析であるが，脅迫文の分析目的は，犯人像を絞り込むのではなく，脅迫文を通しての犯行現場及び被害者との相互作用に基づく犯人の行動予測である。その意味では，大塚（2011）が述べている潜在的な脅威を分析・評価する枠組みである「脅迫分析」あるいは「脅威査定」と同じであると考えられる。同研究は，わが国で犯罪者プロファイリングの実務が公式に始まる前に行われたパイロット的な位置づけである。顧みれば，同研究から第5章以降で論述した研究へと波及していったといえる。研究1の事例研究では，捜査員の事例に対する評価が行われるとともに，性犯罪，放火，特殊な物品の窃盗，犯罪手口を有する対人犯罪，連続犯罪といった犯罪に対する支援ニーズを把握できた。これらの犯罪には発生頻度が高いものが含まれるが，特殊な物品の窃盗等，発生頻度が低いものも含まれる。また，渡邉・池上・小林（2000）は，犯罪者プロファイリングの効用として，発生頻度の少ない事件の対応支援をあげている。このことから，研究においては，発生頻度の少ない犯罪と発生頻度の高い犯罪の双方を扱うことが必要であることが明確となった。

　近年公表された犯罪者プロファイリングに対する捜査員の満足度に関する研究

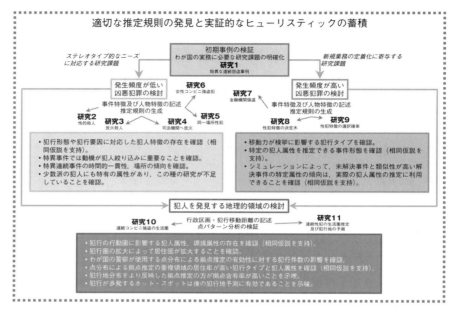

図 8-1　本論文の研究 1 ～研究11において明らかにされた結果の概念図

では，再依頼希望事件は性犯罪が 8 割弱と最多であった（小野・倉石・横田・和智・大塚・渡邉, 2013）。また，連続事件だけではなく，殺人や強盗等の単発凶悪事件についてのニーズも高いことが示された。したがって，研究 1 で指摘した性犯罪等の発生頻度が高い事件へ対応はもちろんのこと，殺人等の発生頻度が低い事件対応というニーズは，現在においても変わらないものと考えられる。

さらに，捜査支援ニーズのステレオタイプ的な存在である発生頻度の低い事件だけでなく，犯罪者プロファイリングの再依頼希望が最多である性犯罪への対応は軌道に乗っていることから，約18年前にわが国の警察においてスタートした犯罪者プロファイリングという新規業務が，一般的に用いられる捜査支援技術として定着化したことを示しているといえよう。

第 5 章は，発生頻度が低い凶悪犯罪の研究である。研究 2 は性的殺人，研究 3 は放火殺人，研究 4 は司法機関を対象にした放火，研究 5 は同一場所への再犯行を伴う性犯罪，研究 6 は女性単独犯によるコンビニ強盗であった。これらの犯罪は罪種がそれぞれ異なるが，実際の発生頻度は低く，捜査員が日常業務において

第8章 総合考察 163

頻繁に扱うような事件ではない点で共通している。この種の事件は，犯罪者プロファイリングの分析者だけではなく，現場捜査員の形式知，実践知が少ない犯罪でもある。そのため，この種の事件が発生した時の備えとして，この種の犯罪に関する研究知見を得ておけば，事件発生時に速やかに分析者，捜査員が捜査の方向性を意思決定する際の共同知の役割を果たす参考資料となりえるものと考える。

研究2では，性的殺人の犯行特徴の出現率から，犯行現場環境と犯行目的によって4つの犯行形態に分類できるという解釈が可能であった。しかしながら，屋外強姦の類型には他のタイプの犯行も含まれており，完全な類型化には至らなかった。犯人特徴からは，犯行現場と犯人の拠点との関係，犯罪経歴の種別によって，4つの犯人像に分類された。また，4つの犯行形態には対応する犯人像の類型は認められず，一部の犯行動機のみに連関が認められた。犯行形態の類型と犯人像の類型との間については，有意な連関は認められなかった。そこで，犯行形態の類型，あるいは犯行形態の要因と，各犯人特徴との連関を検討した結果，多数の特徴において有意な連関が認められた。これは，性的殺人における相同性が，4つの犯行形態と4つの犯人像との間には認められなかったが，個別の犯人特徴との間には関係性が認められたことを意味する。すなわち，犯人特徴の細部を見れば，行動と人物特徴の間に対応関係があり，現場環境等の状況要因や犯行現場における犯人の選択行動から，被害者との対人関係，犯行の動機，犯人の犯罪経歴，現場と犯人の拠点との関係といった犯人像の一部を推定でき，社会的推論が可能なことを示しているといえよう。犯行形態と犯人像の類型間には有意な連関は認められなかったが，実際の犯罪捜査では，犯人像の出現率，もしくは各犯行類型における犯人像の出現率を参考に，捜査対象者の探索及び捜査の優先順位をつけるひとつの方法を考察において例示した。

研究3では，放火殺人の犯行特徴の出現率から，犯行空間と犯罪性によって4つの犯行形態が認められると解釈できた。しかしながら，4類型のうち高犯罪性－公的空間群には他の犯行空間が含まれており，完全な類型化には至らなかった。犯行形態の類型と個々の犯人特徴との連関では，犯罪性と連関がある犯人特徴，犯行空間と連関がある犯人特徴，特定の犯行類型のみに認められた犯人特徴が多数存在した。したがって，放火殺人においても，研究2の性的殺人と同様に，犯行タイプによって異なる犯人特徴が認められ，相同仮説を支持する結果であった。すなわち，放火殺人においても，現場環境等の状況要因や犯行現場における犯人

の選択行動から，犯人の数，被害者との対人関係，犯行の動機，犯罪経歴，現場と犯人の拠点との関係等の犯人像の一部を推定でき，社会的推論が可能なことを示した。

なお，研究2及び研究3の結果から，犯行形態の類型と犯人特徴との間に連関が認められた変数は，上記のとおり共通していた。また，両研究において連関が認められなかった変数も共通しており，犯人の年代，職業は，犯行現場における犯人の選択行動から推定することが困難であることを示した。

研究4は，司法機関が犯行対象となる放火事件に関するものである。犯行動機の7割弱は犯行対象に関連したものであった。さらにその7割は逆恨みによるものであった。つまり，犯行対象機関の職員と何らかの面識があるケースが多いという結果であった。犯行移動距離は強盗等と同様に移動手段によって異なることが示唆されたが，年代による差は認められなかった。特異な放火では，犯行動機の特定が犯人の絞り込みに有効であることを示唆した。その際，捜査対象者は，被害者等の関係者捜査によって絞り込める可能性が示唆された。

研究5では，性犯罪の連続犯の中でも同一場所で再犯行に及ぶ事件の時空間的側面を検討した。この種事件は，同一人の再被害を含む重大かつ特異な犯罪である。分析の結果，再犯行，再々犯行における時間帯の一貫性は，それぞれ8割弱，9割と非常に高く，再犯行，再々犯行までの日数も中央値で，それぞれ39日後，15日後となった。再犯行場所の過半数は共同住宅と団地群であり，再犯行が同一建物の場合が約9割となった。同一場所再犯行の被害者の8割弱は年少者か学生であること，犯人の拠点との犯行移動距離の中央値が約2kmであること，30から50代の犯人は犯罪経歴者が過半数であることなどの結果を組み合わせることで，犯人を発見する捜査支援が可能であると考えられた。

研究6は，コンビニ強盗のうち女性犯に焦点を当てたものである。コンビニ強盗犯は9割以上が男性であることから，女性犯への研究の焦点は見過ごされがちである。しかしながら，実務では女性犯による犯行が認められるため，マイノリティな犯人属性を対象とした研究は，重要と考えられる。女性犯の場合，犯人特徴自体が非常に突出しており，社会的弱者が中心となった。つまり，8割弱に精神的問題等が認められ，9割弱が無職であり，7割に同居者がいる居住環境であった。犯罪経歴者の割合は，物質乱用，精神障害等，入れ墨，居住形態の違いによって異なることが示唆された。被害店舗から犯人拠点までの距離も，後述する

連続コンビニ強盗（研究10）と同様に移動手段の能力に応じて違いが認められた。

第6章は，発生頻度が高い凶悪犯罪の研究である。研究7は金融機関強盗単独犯による事件，研究8は犯罪パターンに基づく性犯罪の犯罪経歴推定方法，研究9は犯罪手口に基づく被疑者順位づけシステムを用いた性犯罪における犯人像推定方法に関するものである。この種の事件は，第5章で述べた犯罪に比べると，発生頻度が高い。したがって，初動捜査で犯人が検挙されない場合，あるいは同一犯による事件が連続発生する場合には，犯罪者プロファイリングによる捜査支援のニーズが高くなる。特に，犯罪経歴者による犯行の場合，警察情報を効率的に分析することで，犯人を浮上させられる可能性がある。そのため，これらの研究知見は，発生する犯罪が犯罪経歴者による犯行か否かを識別するために，分析者と捜査員の双方が利用できる共同知としての参考資料となる。

研究7では，金融機関強盗の検挙率は7割と高いが，犯人の移動能力の高さや複数の移動手段の使用によって解決までに時間を要することが示された。そこで移動手段の推定を試みた結果，犯行現場の地理的環境，年齢層，覆面や変装の違いが影響していることが示唆された。さらに，主要な犯罪経歴の推定には，移動手段と年齢層が影響していた。また，犯行移動距離は，性別，職業，居住形態，精神障害等，土地鑑，移動手段，凶器，犯行市町村の人口，人口密度，犯行地の立地環境によって異なることが示された。

研究8では，年少者対象の強姦，強制わいせつについて，それぞれ性犯罪経歴の割合が高い犯人及び犯行特徴を見いだし，犯罪経歴者の捜査を支援することを目的とした。決定木の深度は3から10段階に設定し，その識別精度を比較した。その結果，強姦では決定木の深度10で8形態見いだされた。強制わいせつでは，決定木の深度7が最も成績が良く，30形態が経歴者率の高い事件特徴として認められた。また，強制わいせつでは，決定木分析用のデータに含まれない42事例について，決定木の推定規則を用いて性犯罪経歴の有無を判定した結果，決定木の的中率は最高で73.8%となった。

研究9では，犯罪手口に基づく被疑者順位づけシステムを利用し，屋内強姦犯の職業と主要犯罪経歴の有無の推定精度について検討した。上位に順位づけられた被疑者群を7段階に分けて抽出し，その推定精度を比較した結果，最も識別率の高い段階で，職業の推定的中率は82.0%，主要犯罪経歴の推定的中率は66.0%であることが明かになった。職業については，有職，無職それぞれの正推定率が

84.2%，75.0%と高く，主要犯罪経歴のあり，なしそれぞれの正推定率も75.0%，61.8%と比較的高いものであった。

研究8と研究9は，ともに事件特徴から犯人像を推定する方法であるが，前者が決定木分析による犯罪パターンに基づくものであり，後者は犯罪手口の選択確率に基づくものである。後者は上位に順位づけられた推定すべき犯人特徴の比率に基づき，その犯人属性の有無を推定する方法であるが，分析対象の事件とどの事件特徴が具体的に類似しているかはブラックボックスとなっており，見た目で判断できないという欠点がある。前者はその点については容易に視認可能であり，実務的には決定木分析による推定のほうが，現場捜査員にも説明しやすいといえよう。しかしながら，研究8では決定木の深度の設定によって識別率が変動するため，適切な深度設定に課題が残された。同じく，研究9では，抽出段階の設定によって識別率が変動するため，適切な抽出段階を決定する課題が残された。研究8及び研究9は，いずれも類似する事件特徴に基づく犯人属性の推定に該当する。双方の研究とも，推定的中率は比較的高いことから，相同仮説を支持する結果と判断できよう。

第7章は，犯罪者の犯行に関する地理的領域，あるいは犯行に関する行動圏の研究である。第5章及び第6章は，犯人像推定に関する研究が中心であった。つまり，主として行動から人物を推定できる社会的推論が可能であること検証したものである。しかしながら，これらの研究知見に基づいて推定された犯人像と合致する人物を捜す際に，地理的領域の研究が不可欠となる。犯罪者の生活圏，連続犯の犯行地に関する推定は，犯人が出没する可能性が高い地理的領域を絞り込み，捜査員及び捜査資機材を投入して，犯人発見の効率化を支援する手法といえる。研究10は，連続コンビニ強盗犯の犯人像と居住圏について検討したものである。研究11は，性犯罪における連続犯の点分布パターン分析の精度を比較したものである。研究11のうち，第1研究は生活圏推定に関する精度を，第2研究は今後の犯行領域の予測に関する精度について検討した。

研究10の連続コンビニ強盗に関する研究では，犯行時間や犯行間隔，犯行場所や犯行件数といった犯人の選択行動，サークル仮説や疑惑領域等の拠点推定モデルから，犯人の特徴を推定可能か検討した。結果として，これらの行動は，多数の犯人特徴との連関が認められた。特に，犯人の地理的な捜査範囲である，サークル仮説や疑惑領域等の拠点推定モデルにおける犯人の居住率は，犯行時間，都

市規模，犯行件数，拠点推定モデル半径の違いの影響を受けていることが示された。すなわち，犯行領域が広い場合には，拠点推定モデルの適用度が高く，犯行領域が狭い場合には，犯行移動距離に基づいた拠点推定の適用可能性が高いことを示した。また，犯罪経歴の有無によって，犯行間隔や拠点推定モデル半径に違いがあることも示された。つまり，犯人側の視点では，逮捕を回避するために，居住地と犯行地との距離が短いか長いかによって，犯行間隔への配慮が異なることを示唆していると考えられた。さらに，実務の仮説であった2つの拠点推定モデルを併用した場合の重複領域における犯人の居住率は，拠点推定モデルの半径が長い場合，犯行件数が多い場合等には高くなることが示され，実務の仮説を支持できるものと考えられる。なお，連続犯行の発生市町村の広がりによって犯人の居住地域も拡大することも示された。これら拠点推定モデルの適用度，市町村区分での連続犯行の広がりと居住市町村との関連は，実務における空間分析の適用と限界を示す根拠として利用できよう。実際のところ，コンビニ強盗の連続事件，単発事件ともに，犯行移動距離及び犯人特徴については，地理的な捜査範囲から捜査対象者を絞り込む条件として活用されており，検挙事例も確認されている。

　研究11では，わが国の警察において点分布パターンの地理空間分析として一般的に利用されているサークル仮説，疑惑領域を含め，9種類の地理空間分析から検出された領域について，犯人の地理的な捜査領域への適用度を検証した。第1研究では，連続性犯の5件目までの点分布パターン分析による領域内における犯人の拠点含有率を比較した。その結果，点分布パターンをより反映した領域となるSD楕円，2SD楕円は，現在の日本警察において一般に使用されているサークル仮説や空間平均による疑惑領域といった拠点推定モデルよりも拠点含有率が同等もしくはそれ以上であることが示された。

　第2研究では，第1研究で用いた9種類の地理空間分析について，初期犯行5件目までの点分布パターンによる各領域内における6件目以降の犯行発生率を比較し，犯行地予測への適用度を検証した。領域検出率の高さ，6件目以降の犯行発生率の高さ，単位発生率が高い狭域という特徴を犯行地予測に活用できる条件とした場合，カーネル密度推定の等高線，最近隣2SD楕円が有効と考えられた。これらの領域は，いずれも犯行多発を意味するホット・スポットと関連するものであった。

第7章の研究は，いずれも対人的な連続犯罪と関連したものである。罪種は強盗と性犯罪であるが，両者とも犯人と被害者との対人相互作用が不可欠であり，似顔絵を含む主観的な目撃証言や防犯カメラ等の客観的な情報も利用できる捜査が前提となる。つまり，性別，年齢層，身長，人相，服装といった犯人の外見的情報が，捜査情報から入手しやすい犯罪でもある。特に，性犯罪は，DNA型鑑定等によって，同一犯事件を識別できる事件も含まれることから，DNA型鑑定の対象者絞り込みに犯罪者プロファイリングを上手く利用した捜査支援のあり方を考えることが重要となる。なお，社会心理学的な視点からは，DNA型鑑定のような情報は，社会的推論を実施するうえで正確な判断をするための「認知資源」であり，犯罪者プロファイリングを目的とした研究によって導かれたヒューリスティックと組み合わせることで，より適切な推論が可能と考えられる。

　さらに，すべての研究に共通することであるが，犯罪者プロファイリングの実務では，犯人特徴のうち，犯罪経歴，犯行現場から犯人の拠点までの距離帯に関する変数は，基礎統計量自体が，捜査対象である犯罪経歴者と彼らを探索する地理的な捜査範囲そのものであることを意味している。捜査によって判明，あるいはかなりの確度を持って推定できる観察可能な犯人の特徴が利用できる場合，それら特徴と連関の高い犯人特徴を活用して，犯人像を肉付けすることに役立つと考えられる。つまり，犯罪者プロファイリングの活用によって，捜査対象者の絞り込み条件を増やすことが可能になり，より少ない捜査対象者にまで絞り込むことで，より効率的な捜査に貢献することが期待できよう。

　岩見（2006）は，行動科学的プロファイリングという枠組みで，実務における犯罪者プロファイリングの分析過程が，社会調査等の社会科学的な方法論に基づいたものだと主張した。表8-1は，岩見（2006）における主張をさらに洗練させたものであり，実務における犯罪者プロファイリングの3つの手法と2つの分析方法を示したものである（渡邉，2011a）。本論文の研究1から研究11は，表8-1に当てはめると，次のようになる。まず，対象事件分析（事例分析）には，研究1が該当する。類似事件分析（統計分析）の犯人像には，研究2，研究3，研究4，研究6，研究8，研究9が該当する。類似事件分析（統計分析）の犯人像と地理的プロファイリングには，研究7，研究10が該当する。類似事件分析（統計分析）の地理的プロファイリングには，研究5，研究11が該当することになる。

　犯罪者プロファイリングの研究領域において，相同仮説と呼ばれているものは，

表8-1 犯罪者プロファイリングの3つの手法と2つの分析手法

	事件リンク分析	犯人像	地理的プロファイリング
類似事件分析 (統計分析)	過去の類似事件の犯罪手口の一般性・特異性の評価 同じ犯人が一緒に行いたすい行動パターンの特定	過去の類似事件の犯人の一般的な特徴	過去の類似事件の時間・場所に関する一般的な特徴
対象事件分析 (事例分析)	一連犯行における行動の一貫性の評価 同一犯性を想定できるかの判断(鑑識資料,外見や行動特徴)	行動特徴から推定される犯人の心理学的特性の評価(通り魔等) 外見特徴の評価,及び外見や行動から推定される特徴	現場の分布や犯行地選択の特徴から推定される犯人の居住・生活圏の評価,犯行の時間・場所の予測

出典:渡邉,2011aを編集。

　社会心理学的な見地から考察すると,犯人像という他者への推論である。これは社会的推論の枠組みに含まれ,事件情報と犯人情報との共変関係を前提とした対応推論理論に含まれるものといえよう(岩見,2016b)。本来,対応推論理論は,相手の言動から,相手のパーソナリティ,態度,嗜好等の内的属性を推論するものである。犯罪者プロファイリングは,被害者や目撃者から犯人の言動以外の客観的情報も用い,パーソナリティのような内的属性ではなく,外見や経歴等の観察可能な属性を推定するところが相違点である。犯罪者プロファイリングでは,観察可能な事件特徴と観察可能な犯人属性との間における対応関係,あるいは共変関係を支持する統計的な分析結果が,推定を行ううえでの確証情報となる。カテゴリー情報を用いた推論は簡略化された推論であり,やがては推論の効率化,速い処理に結びつくヒューリスティック処理に相当すると考えられる。小野・倉石・横田・和智・大塚・渡邉(2013)の研究では,捜査員が回答のスピードを最重要視していた。本論文における研究2から研究11は,研究知見に基づいたヒューリスティックとして機能し,迅速な推論に寄与するものと考えられる。

　また,犯罪者プロファイリングにおける様々な事項の推定過程は,2過程理論によって説明できる。すなわち,事件情報や現場観察での第一印象や直観的判断,あるいは熟達者の判断は,速い思考であるシステム1,利用可能性ヒューリスティック等を用いた処理の過程である。そして,本論文で述べた推論に活用できる研究知見は,慎重な判断であるシステム2,システマティック処理で必要となる

表 8-2　様々な 2 過程理論

過程 1	過程 2	著者
自動的処理 (automatic processing)	統制的処理 (controlled processing)	Schneider & Shiffrin (1977)
ヒューリスティック処理 (heuristic processing)	システマティック処理 (systematic processing)	Chaiken (1980)
直感的認知 (intuitive cognition)	分析的認知 (analytical cognition)	Hammond (1980)
中心ルート (central route)	周辺ルート (peripheral route)	Petty & Cacioppo (1986)
経験システム (experiential system)	合理システム (rational system)	Epstein (1991)
反射的思考 (reflexive thinking)	熟慮的思考 (reflective thinking)	Shastri & Ajjanagadde (1993)
システム 1 (system 1)	システム 2 (system 2)	Stanovich & West (2000)
システム X (system X)	システム C (system C)	Lieberman et al. (2002)
連合過程 (associative process)	命題過程 (propositional process)	Gawronski & Bodenhausen (2006)
タイプ 1 の過程 (type 1 process)	タイプ 2 の過程 (type 2 process)	Evans & Stanovich (2013)

出典：外山, 2015を編集。

ものである。

　外山（2015）によれば，2 過程理論は 2 過程モデル（dual-process model）とも呼ばれており，認知心理学の視点が重視され始めた1970年代から活発に研究されているという。表 8-2 に示したように，これまでに様々な 2 過程理論が提唱され，広く受入れられるようになった。社会心理学では，説得，属性帰属，印象形成，偏見等の現象についても 2 過程理論が適用されている。

　表 8-2 には記載されていないが，Fiske & Neuberg（1990）の連続体モデルという 2 過程モデルを用いると，類似集団に基づくカテゴリー依存型処理が，犯罪者プロファイリングでいう類似事件分析（統計分析）に，事件に関する証拠等の個別情報の吟味によるピースミール処理が，対象事件分析（事例分析）に，該当すると考えられる（岩見，2016b）。表 8-2 のうち，Chaiken（1980）のヒューリスティック - システマティック・モデルと比較すると，カテゴリー依存型処

理はヒューリスティック処理に，ピースミール処理はシステマティック処理に相当する。特に，ピースミール処理やシステマティック処理は，認知資源等の個別情報に基づく情報処理に労力を必要とする属性推論といえる。

　カテゴリー依存型処理やヒューリスティック処理は，研究成果である対応推論に利用可能な知見であり，簡便な推論に利用できる。社会心理学では，ヒューリスティックといえば，概してネガティブに考えられている。単なる思いつきや個人的経験等に相当する代表性ヒューリスティック，利用可能性ヒューリスティック等のヒューリスティックがネガティブに評価されている。しかしながら，本論文で述べているヒューリスティックは，「研究結果に基づくヒューリスティック」といえると考えられる。したがって，代表性ヒューリスティックや利用可能性ヒューリスティックと同列に扱うべきではなく，実証的なヒューリスティックと位置づけられると考えられる。ただし，たとえ実証的なヒューリスティックであっても，ステレオタイプは現実社会では常に的確とは限らず，当てはまらないこともありえる。共変関係を支持する推定規則が適用できない反証ケースは必ず含まれている。実務においては，推定規則の適用の限界を踏まえながら，研究知見を運用しなければならない。

　犯罪者プロファイリングでは，ヒューリスティックな推論が当てはまらない場合，その適用は捜査をミスリードすることになる。しかも，ステレオタイプが適用されがちな場面は，認知資源が不足している状況で生じやすい。推論する側の立場から言えば，推論を外すと捜査のミスリードにつながり，捜査員からの信頼喪失等が生じ，自分に不利益な状況となる可能性がある。こうした状況では，正しく推論しようという動機づけが働くことは，Vonk（1999）による社会心理学の研究でも示されている。状況要因の考慮による対応バイアスの低減が推論する側の基本姿勢であることは，犯罪者プロファイリングに限らず，あらゆる場面における推論に該当するものであろう。

　幸いにも，実務の犯罪者プロファイリングでは，本論文で記述したような共変関係についての研究知見だけを頼みにして，犯人像等の推定をしているわけではない。実際には，個別事件毎の発生事件情報があり，現場観察等によって正しい推論に結びつく客観的情報といった認知資源が存在する。こうした認知資源については，研究知見によるカテゴリー情報からは得られないことが多い。したがって，推論する側がミスリードを避けるために，捜査進展に伴って推論に利用可能

な認知資源が得られているのか，継続的に調査し，それを事前確率的な前提条件として推論に活用する姿勢と行動が不可欠である。研究知見の応用方法に関する知識は，分析経験はもとより，分析経験を通して実施された研究の検証等によって形成される分析者のスキーマによって身につくものと考えられる。実務経験が豊富な犯罪者プロファイリングの分析者は，実際の事件では解決事件のデータ分析結果から推定できることは非常に限られたものであることを十分に理解している。実際に，犯罪者プロファイリングで用いられた推定手続きの詳細と正推定率を検討した全国調査では，概ね統計分析よりも事例分析のほう正推定率が高いことを示した（横田・倉石・小野・和智・大塚・渡邉, 2013）。この結果は，実際の犯罪者プロファイリングでは，単なるカテゴリー情報によるヒューリスティックな推論だけではなく，事例分析において認知資源を利用していることを裏付けたものといえる。

　以上，ここでは，わが国における凶悪犯罪に対する犯罪者プロファイリングについて，研究1から研究11までの結びつきに焦点を当てながら，実務の捜査を支援するための研究結果の適用について社会心理学的な視点も交え考察した。次節では，上記考察を踏まえ，犯人検挙の意思決定に役立つ総合的な分析手法という枠組みで犯罪者プロファイリングを捉え，さらに社会心理学的な視点によって考察する。

2　犯人検挙の意思決定に役立つ総合的な分析手法

　先ほど述べたように，本論文の各研究は，それぞれ発生頻度の低い凶悪事件，発生頻度の高い凶悪事件の双方の捜査支援に寄与するものと考えられる。
　実際に，本論文の研究1から研究11と実務との結びつきを示したのが，図8-2である（岩見, 2016b）。
　実務サイクルは，岩見（2011b）で示された犯罪者プロファイリングにおける日常業務の流れを引用した。研究のサイクルは，犯罪者プロファイリングという現実問題の解決を目指した現場と密着した技術であることから，実務に従事する研究者の立場としては，フィールドワークの研究方法論を当てはめることになろう。社会心理学的な観点からは，フィールドワークには，「持続性と関与性」，「柔軟性と自己修正性」，「微視性と全体性」という3つの特性があるという（箕浦，

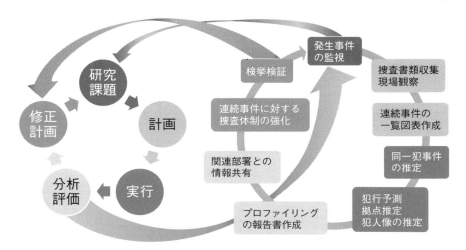

図 8-2　研究サイクル（左）と実務サイクル（右）の融合

1999)。この考え方を犯罪者プロファイリングの分野に当てはめると、持続性と関与性は、犯罪捜査の現場に研究者自らが参与し、継続的に観察を行うことを意味する。柔軟性と自己修正性は、観察を進めながら、随時研究の枠組みや焦点を見直し、進路修正を行っていくことに該当する。微視性と全体性は、犯罪捜査に関連した制度や慣習、規範といったマクロレベルの事象と、犯罪捜査場面で展開される個々人の行動等のマイクロレベルの事象の双方に目を向けることを意味する。

　また、犯罪者プロファイリングは、新規事業を犯罪捜査現場に持ち込み、既存の犯罪捜査過程に組み込もうとする、従来の警察文化の変化を目指す領域と見ることもできる。この場合、研究者が積極的に捜査現場に介入していく姿勢と行動を伴うことが前提であるため、Lewin（1946）のいうアクション・リサーチという概念が重要となろう。社会科学の分野におけるアクション・リサーチは、社会や制度の改善に資するところが最も重要な目的となる。つまり、犯罪捜査への介入活動を通じて、捜査機関が抱える問題の解決や向上を目指す実践的研究が重要となる。箕浦（2009）によれば、アクション・リサーチは、「問題を同定し、状況を診断して解決に向けてプランを練り、介入活動をして、活動の結果を評価し、そこで学んだことを次の介入活動のプランに生かす循環的なプロセスを辿る」と

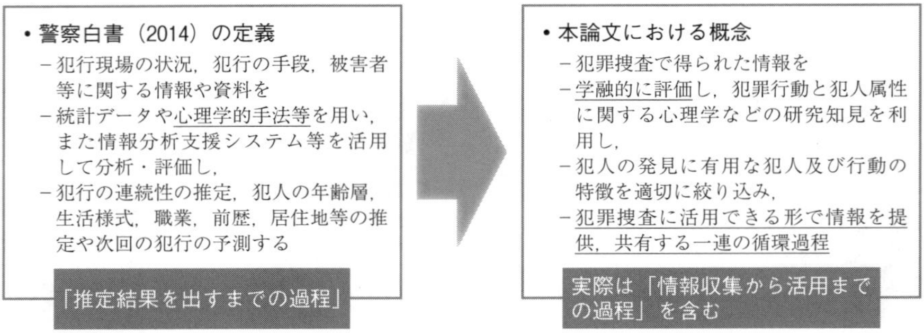

- **警察白書（2014）の定義**
  - 犯行現場の状況，犯行の手段，被害者等に関する情報や資料を
  - 統計データや心理学的手法等を用い，また情報分析支援システム等を活用して分析・評価し，
  - 犯行の連続性の推定，犯人の年齢層，生活様式，職業，前歴，居住地等の推定や次回の犯行の予測する

「推定結果を出すまでの過程」

- **本論文における概念**
  - 犯罪捜査で得られた情報を
  - 学融的に評価し，犯罪行動と犯人属性に関する心理学などの研究知見を利用し，
  - 犯人の発見に有用な犯人及び行動の特徴を適切に絞り込み，
  - 犯罪捜査に活用できる形で情報を提供，共有する一連の循環過程

実際は「情報収集から活用までの過程」を含む

図8-3　犯人検挙の意思決定に役立つ犯罪者プロファイリングの概念

いう。これは，犯罪者プロファイリングにおける研究と実務のサイクルにも当てはまる説明といえよう。

　図8-2のうち，検挙事例の検証によって研究の方向性を定める研究は，「検挙検証から研究の修正計画に反映する」流れに関係するものと考えられる。本論文では，研究1に相当する。さらに，実際に発生している事件を考慮して研究課題に取り組むような研究は，「発生事件の監視から研究課題を見いだす」流れに属するものと考えられる。本論文で言えば，研究2，研究3，研究4，研究5，研究6，研究7が該当する。さらに，業務の定着化を図るために，支援ケースが多い犯罪への対応を事前に考慮している研究は，「研究による分析評価を経て発生事件を監視して適用する」流れに属するものと考えられる。本論文で言えば，研究7，研究8，研究10，研究11に相当する。

　このように，実務への適用を常に念頭におくことで，有用な研究とは何かを自ずと考える動機づけが形成されると思われる。研究サイクルと実務サイクルを考えたうえで，研究活動に取り組むことで，研究者自身が実務での適用と限界を明確に説明できることに帰結すると考えられる。

　しかしながら，実務化のスタート以降，犯罪者プロファイリングの分析結果を捜査へ活用していく試行錯誤によって，分析者は次第に分析結果が示唆する捜査事項を捜査員へ提案するようになった。しかし，担当捜査員にとって，その提案が実現可能な捜査でなければ，捜査への活用自体がおぼつかないことも分かってきた。そして，実現可能な捜査か否かの判断は，個々の捜査員によって異なるこ

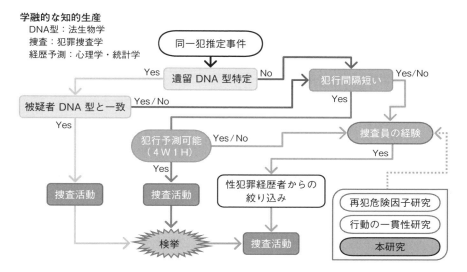

図8-4 認知資源を重視したモードⅡ科学としての研究8の実務利用例

とも実務においてはしばしば経験されることであった。

そこで、犯罪者プロファイリングを単なる推定結果の提供にとどめず、犯人検挙の意思決定に役立つ総合的な分析手法として機能させる必要性が生じる。そのためには、第1章で示した警察庁による犯罪者プロファイリングの定義に準拠しながら、さらに踏み込んだ概念で犯罪者プロファイリングを捉える必要があろう。本論文においては、図8-3に示したように、捜査活用によって犯人検挙が実現することを考慮し、実際の犯罪者プロファイリングを「情報収集から活用までの流れを含めた過程」として捉え、研究の活用方法と限界を考える必要がある。

本論文における概念では、実務においては、分析過程だけではなく、捜査過程が含まれ、分析者だけではなく、捜査員や捜査本部等の組織が含まれる概念となる。すなわち、分析結果を活用するために、捜査機関という集団構造への配慮が不可欠となる。

たとえば、図8-4は、年少者対象の強制わいせつ事件において、本論文で論述した研究8に関する犯人の性犯罪経歴の推定方法を実務に適用した例である。

この種の研究知見は、Kahneman（2011）によれば、推論や判断の2過程理論

ではバイアスを修正するシステム2として機能すると考えられる。人間の推論や判断は，システム1における直観的予測の影響が強く，これにはバイアスが伴うことがあり，これを修正するのがシステム2の働きである。直観的予測には2通りあり，ひとつは長年の経験に基づく熟達者の直観であり，もうひとつは簡便なルールであるヒューリスティックの働きであるという。直観によるバイアスを修正するのは基準率であり，そのひとつが研究知見であるといえよう。

　ただし，Kahneman（2011）は，実社会では必ずしもバイアスの修正は最優先事項ではないとも述べている。彼は天気予報を例にし，世間では晴れを外すよりも，雨を外すほうがはるかに拙い状況，その逆の状況もあると指摘している。要するに，推定や判断を行う当事者が，その判断による影響力を考慮して，どちらに重きを置くかによって，バイアスの修正の重要性も異なるということである。たとえば，研究8における犯罪経歴の推定では，実際のところ，犯罪経歴がないという推定結果であっても，犯罪経歴者の捜査は基本的な捜査事項として選択されることが多い。つまり，犯罪経歴者を見逃すリスクを避けたいというのが，犯罪捜査を遂行する社会の規範とも考えられる。したがって，研究8を実際の犯罪捜査に適用する場合，犯罪経歴ありの的中率が高いモデルを採用して，捜査対象者を抽出する方法が良いと考えられる。その後に，システム2による認知資源の利用によって，捜査対象者の中から容疑者を絞り込み，客観的な認知資源によって，犯人性を識別する手続きを活用していくほうが，犯罪捜査にとっては有益であるという思考方法も成り立つ。

　それでは，捜査対象者から容疑者を絞り込んだり，容疑者の犯人性を識別したりする認知資源とは何であろうか。それは客観的な情報源，情況的に犯人性が高いと考えられる情報源等といえよう。

　近年の性犯罪に対する捜査では，DNA型鑑定が最も威力のある捜査支援手法となっている。犯行現場における遺留DNA型が被疑者DNA型と一致した時点で，犯人が特定されたり，別々の事件における遺留DNA型同士が一致した時点で，同一犯による犯行と特定されたりする。DNA型鑑定以外の捜査支援技術による分析結果も認知資源として活用でき，カテゴリー情報に基づく推論を修正する有力な情報となる。したがって，本論文の研究8だけの知見によって性犯罪経歴者の有無を識別すると，現実には不都合が生じるのは自明といえ，これが研究知見の利用の限界となる。

DNA 型鑑定以外に，推論に影響を与える認知資源の例としては，近年の警察白書で言及されている防犯カメラ解析，デジタルフォレンジック等の捜査支援技術による分析結果であろう（警察庁, 2014）。これらの技術は，わが国で犯罪者プロファイリングの研究や実務が開始された頃と比べて格段に向上している。現行において，凶悪犯罪の犯罪者プロファイリングが求められる場合には，これら客観性の高い捜査支援技術による分析結果を必ず考慮したうえで，必要に応じて研究知見を推定に活用することが前提となろう。

　また，実務における犯罪者プロファイリングという捜査支援手法は，属性推論に関する心理学を応用したものであるが，DNA 型鑑定のように，ひとつの学術領域に属した技術でその目的を達成するような手法ではない。むしろ，様々な捜査支援技術による分析結果をも犯罪者プロファイリングの分析に融合させて，必要な推定を実施するのが，科学的姿勢の基本である。実務においては，心理学以外にも，地理学，法律学，犯罪捜査学，法科学，情報工学，工学等の様々な学問領域による分析結果をも活用しているのである。法科学的証拠を含む様々な学問領域による分析結果とコラボレーションさせて，犯罪捜査過程における心理学的な研究の役割と活用方法を考えることで，初めて問題解決である犯人の検挙の意思決定に結びつくといえよう。

　こうした流れの説明には，モード論の概念が利用できる（サトウ, 2012）。犯罪者プロファイリングは，心理学という単一の学問領域による学術研究のみで完結する技術ではなく，実社会の問題を解決しようとする意思決定において，複数の学範を融合したモードⅡの科学に位置づけられる（岩見, 2014b）。こうした視点によって，犯罪者プロファイリングは，犯人の効率的な発見と検挙に貢献しようとする極めて実戦的な意思決定の手法となり，社会安寧の一助となる捜査支援手法として機能すると考えられる。その延長上には，社会安寧によって人々の快適な暮らしをもたらす，well-being の実現とも無縁ではなかろう。

　次に，図 8-5 は，実務における犯罪者プロファイリングの依頼から結果提出までの分析手順と捜査支援との流れを示したものである（岩見, 2011b）。

　社会心理学的な視点では，図 8-5 にレ点で示した各チェック項目は，分析機能である情報の収集と整理，事件リンク分析，犯人特徴の推定，生活圏推定，犯行予測の結果が，それぞれ捜査員や捜査活動に与える「影響力」として作用している。

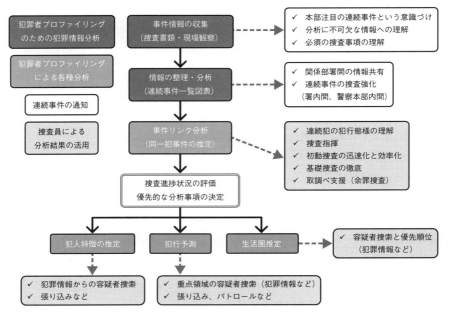

図8-5　犯罪者プロファイリング分析の機能が捜査に与える影響力

　図8-5のうち，情報収集及び整理分析で作成する詳細な事件情報の「一覧図表」は，分析者の分析データとしてのみ機能しているのではない。捜査幹部や捜査員の評価によれば，連続事件の性質理解，相互の情報共有や不可欠な捜査事項の理解，捜査指揮等を直接支援する有用な道具としても機能している。
　事件リンク分析は，複数の事件情報を分析して，同一犯による連続事件を推定することである。分析時に重視する事件情報は，第一に物的証拠，第二に犯人の外見特徴，最後が犯行時に選択した犯人の行動である。
　犯人特徴の推定は，犯人特徴を推定する分析である。最も捜査に重要な推定事項は，犯人の外見特徴と犯罪経歴である。
　地理的プロファイリングは，「犯人の生活圏推定」と「今後の犯行予測」の2つに大きく分けられる。わが国の警察おける生活圏推定の一般的手法は，サークル仮説や疑惑領域等の点分布パターン分析や犯行移動距離があげられる（岩見，2008a）。特に，点分布パターン分析，犯行移動距離の研究は，移動手段の推定，

第8章 総合考察

移動手段から捜索範囲を決定する際のひとつの判断材料となる。今後の犯行予測では，同一犯と推定した事件に関して，４Ｗ１Ｈ（犯行時間，犯行場所，犯人特徴，犯行対象，犯行対象の物色・接触時における行動）に関する情報を絞り込み捜査に提供する（岩見，2008b）。これら４Ｗ１Ｈ情報は，点分布パターン分析による居住圏の領域をさらに絞り込む際の判断材料になることもある。

報告書等の作成資料には，収集データの整理集約，推定結果，推定結果から導かれた捜査に対する提言が含まれる。その後の捜査に直接活用できる資料として捜査幹部及び捜査員へ提供されている。そのため，現在の分析報告書は，分析結果の要点のみを示し，捜査員の理解が困難な専門用語は極力排除しているのが特徴である。岩見（2004b）によれば，犯罪者プロファイリングの分析結果に関する報告書である「捜査意見書」の記載内容の構成のとおりである（図8-6）。

齊藤（2010）は，企画書をまとめ上げる文章心理学について記しているが，犯罪者プロファイリングの報告書も，犯人を発見するための企画書に当たるものであり，分析結果及び活用法が捜査員に採用され，実行されなければ，捜査は進展しない。優れた分析であっても，捜査員の心が動かないと実務では活用されにくい。そのためには，分析者側が捜査員の判断基準を理解する必要がある。企画書が採用されるには，「読まれる」，「理解される」，「採用される」の３原則があり，各原則にはさらにそれぞれ下位の３原則があるという（齊藤，2010）。読まれる原則には，「見やすさ」，「簡潔さ」，「わかりやすさ」の３原則が，理解される原則には，「捜査の課題を理解する」，「具体性がある」，「論理的である」の３原則が，採用される３原則には，「要件を満たしている」，「面白いと思わせる」，「要望に沿っている」がある。

岩見（2004b）が示した捜査意見書の構成は今から10年以上前のものであり，現在の捜査現場で使用されている報告書は，捜査運営の流れを理解し，読み手が捜査員であること，分析結果を捜査へ活用しやすいような配慮がされ，図8-6のうち，表紙，①分析結果の要約，②分析経過及び結果の詳細の部分で構成され，さらに簡略化されたものになっている。また，報告書の作成自体は，分析結果を検証する際に，「後知恵バイアス」を生じさせない防止策としても有効に機能すると考えられる。

犯罪者プロファイリングの研究と実務の融合による技術的発展，犯罪者プロファイリングの過程や分析結果が捜査員及び捜査過程に与える影響力の双方は，北

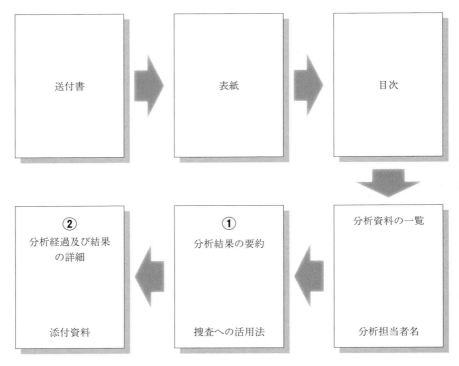

図 8-6　犯罪者プロファイリングの報告書構成（2004年当時）

　海道警察の取り組みが例示しているように，分析者に研究者と捜査員の双方が必要である。両者の人脈であるソーシャル・ネットワークを上手く活用することによって実現できると考えられる。犯罪者プロファイリングを実効あるものにするかは，人間関係の結びつきの強弱に配慮した働きかけによって決まると考えられる。この人間関係の結びつきは，社会心理学では「紐帯」と呼ぶ。研究者である分析者には，同種領域の研究者たちとの強い紐帯が存在するが，分析結果の活用には捜査員との紐帯が不可欠であり，捜査員に比べると明らかに，その紐帯は弱いと考えられる。一方，捜査員である分析者は，捜査経験から多くの捜査員と強い紐帯は存在するが，犯罪者プロファイリングの研究と実務の融合という点では，研究者よりも紐帯は脆弱であると考えられる。研究者と捜査員の双方の強い紐帯を融合することによって，犯罪者プロファイリングというイノベーションを強力

に推進する集団であるクリーク(ネットワークのまとまり)として機能すると考えられる。

3　犯罪者プロファイリングにおける研究及び実務の課題

最後に，社会心理学的な観点から，わが国の犯罪者プロファイリングが抱えている研究及び実務の課題について述べたい。

(1) 研究課題

渡邉(2014b)が指摘するように，わが国の犯罪者プロファイリングは実務に追われるがあまり，実証的な研究はまだ十分ではない。それには，警察部内における研究者の数が限られていることにも関係があろう。犯罪者プロファイリングの研究担当者は，警察庁科学警察研究所の職員を除けば，各都道府県警察の科学捜査研究所に勤務する心理職員である。これらの心理職員の中には，ポリグラフ検査，文書鑑定を兼務している者が多く，すべてが犯罪者プロファイリングの実務や研究に従事しているわけではない。科学警察研究所を除き，2000年以降のわが国における主要な学術学会大会(日本心理学会，日本犯罪心理学会，日本法科学技術学会に限定)おいて，犯罪者プロファイリングに関する研究を発表したのは20都道府県警察であり，半数以上の27府県は研究に従事していない。しかも，2014年にも継続して研究しているところは，そのうち12道府県に過ぎないのである。

社会心理学的な研究課題としては，属性推論として使える共変関係を示す確証情報の知見がまだまだ不足していることに尽きるだろう。渡邉(2014a)では，犯行中の行動(A)を評価し，可能性の高い犯人像(C)を推定する，A→C方程式に関する知見の蓄積が不十分であると指摘し，岩見(2014b)はif-then等の推定規則に関する知見の蓄積を指摘している。また，渡邉(2014a)及び岩見(2014b)は，共変関係を示す確証情報の蓄積だけではなく，理論化の作業の必要性も説いている。理論化のひとつは，これら確証情報に関する知見が実務に適用できる範囲を示すことでもあろう。研究者は，実務への研究知見の運用に際しては，反証情報も考慮した対応が必要なことを強く意識することが重要である。

犯罪者プロファイリングの性質上，分析時には認知資源が十分ではないため，

推定結果がステレオタイプに陥る可能性が高くなる。社会心理学における推論及び判断における2過程理論に基づけば，分析の都度，推定結果が対応バイアスに該当し，修正の必要性があるのか，状況要因である認知資源の収集と考慮が必要である。これらの手続きを形式知として，伝承していくことが理論化のひとつの表れであるといえよう。実際，分析者の経験と分析内容を比較した研究では，熟達化によって事例分析に必要な経験に基づく分析能力が高められる可能性が指摘された（倉石・横田・小野・和智・大塚・渡邉，2013）。つまり，分析経験が長い者ほど，実際には単なるカテゴリー情報のヒューリスティックな推論ではなく，認知資源や暗黙知，実践知を同時に使用していることを示唆している。これらを形式知へと変換することで理論化が進むと考えられる。

　なお，犯罪者プロファイリングの分析結果を考慮し，捜査対象者を迅速に効率的に絞り込むことを実現するためには，研究知見を活用できる情報分析システムの向上といった捜査資機材の基盤整備も重要である。それよって，捜査効率の向上だけではなく，研究知見の有用性，あるいは修正の必要性がさらに検証しやすくなる環境が整備されると考えられる。

(2) 実務課題

　岩見（2011b）によれば，北海道警察の専従班が発足した当時，わが国にはモデルとなる部署が捜査現場になく，専従班の心理職2名と捜査員1名が分析者となり，手探り状態のなかで研究と実務の双方を同時進行で業務を開始した。その後，犯罪者プロファイリングにおける基本的な業務内容及び分析手続きが徐々に明確になり，効果的な捜査支援事例を蓄積していった。

　北海道警察の分析者は，わが国では犯罪者プロファイリングというイノベーションの導入時期に関わっている。Rogers（1971）の採用者カテゴリーを利用して説明するならば，心理職等の研究者はイノベーター兼初期採用者であり，捜査員は初期採用者に該当し，ともにオピニオンリーダーとして位置づけられる。北海道警察に限らず，わが国の警察における犯罪者プロファイリング導入時期から，研究及び実務に従事してきたオピニオンリーダーたちには，研究者と捜査員の双方のソーシャル・ネットワークを活かして情報共有してきた20年近くの蓄積がある。しかしながら，20年という歳月によって，オピニオンリーダーたちは，退職，昇任，転勤等の人事異動等に伴い，現役から遠のく時期を迎えている。2011年に

開催された国際犯罪学会第16回世界大会における犯罪者プロファイリングのシンポジウムにおいて，指定討論者であった社会心理学者の大坊郁夫は，捜査活動と犯罪者プロファイリングの両方をよく理解する者が，リーダーとしての役割を持ち，その人がリーダーシップを持って全体を見通して統括してくことが重要であると指摘した（渡邉, 2011b）。

　オピニオンリーダーの後継者である分析者の選定も，行く末を見通すには重要である。社会心理学の知見からは，犯罪者プロファイリングという業務や組織に対するコミットメントの高い研究者や捜査員を配置するのが適切であると考えられる。組織コミットメントの高い人は，係の目的や価値に対して信頼と受容があり，係の代表として進んで努力する意欲があり，さらに係の一員であり続けたいという強い願望を持つという3つの姿勢があるためである。研究者と捜査員の双方にいえることであるが，犯罪者プロファイリングという思考スタイルが，これまでの研究者，あるいは捜査員として形成してきた思考スタイルとの溝が深くないことがひとつの前提であろう。こうした捜査員は，客観的な情報に基づきつつ，意識的に，積極的に，推定を捜査へ取り込んでいくという犯罪者プロファイリングの思考スタイルに抵抗感が低い属性を持っていると考えられる。同人がさらに，犯罪者プロファイリングという業務や係に，情緒的な組織コミットメントを持っていれば，職務への満足度も高く，離職意志も低いことが期待できるため，この分野の発展に欠かせない人材となるであろう。

　オピニオンリーダーである初期採用者たちは，実務の犯罪者プロファイリングの技術形成に関与してきたため，元々情緒的な組織コミットメントの高い人々によって形成された集団といえよう。現在は，捜査への活用，分析技術の向上と共有による継承という点で，初期採用者であるオピニオンリーダーたちが，どのような形で後継者の人々へ実践知や形式知を残していくかが喫緊の課題であるといえる。本論文における犯罪者プロファイリングに関する主張や概念が，これら喫緊の課題に取り組む実践知や形式知のひとつとして，あるいは実践知や形式知の発展させる計画を練るうえで，何らかの形で寄与できれば，幸いである。

要　旨
わが国の凶悪犯罪に対する犯罪者プロファイリングの総合的研究

　本論文の目的

　本論文では，社会心理学の視点から，わが国の凶悪事件に対する犯罪者プロファイリングについて，人間の行動と人物属性の推定に関する研究と実務の関連性，さらに現実の犯罪捜査環境に対応させ，犯人検挙に必要な手法として成立させることを目指している。20数年前（1994年当時）まで，わが国の警察において，犯罪者プロファイリングを詳しく知る者は，ほとんどいなかった。つまり，この手法の研究が開始されてから，実務での実績が認められて一般化するまでの過程は，心理学を実社会に貢献させる過程といえる。また，新規事業を既存業務に持ち込み，組み込もうとする，伝統的価値の変化を目指す試みの一例と捉えることも可能である。

　犯罪は，犯罪者と被害者，犯罪者と環境との相互作用として表現される社会的行動であり，これら相互作用には必ず時間と場所という状況要因が関係する。犯人像等を推定する過程では，社会的認知という概念が重要な役割を果たしている。また，犯罪捜査は，捜査に携わる者と犯罪者，被害関係者，関係する捜査員，関係する組織，環境との相互作用と表現できる集団による社会的行動であり，これにも相互作用が生じた時期，捜査の進捗状況等の時系列的な状況要因が重要となる。本論文の目的である「犯人検挙の意思決定に役立つ総合的な分析手法」として犯罪者プロファイリングを機能させるためには，分析者もしくは分析チームと，捜査員もしくは捜査陣という対人関係や集団関係というテーマへと拡大し，社会心理学の観点が，重要，かつ不可欠となる。わが国では，このような観点から考察した研究は，少なくとも認められないのが現状であることから，本論文の価値は，正にこの点にあると考えられる。

　本論文の目的と展開に関する概略は，図1に示したとおりである。
　図1左側は，筆者が実施した犯罪者プロファイリングの基底概念となる犯人の

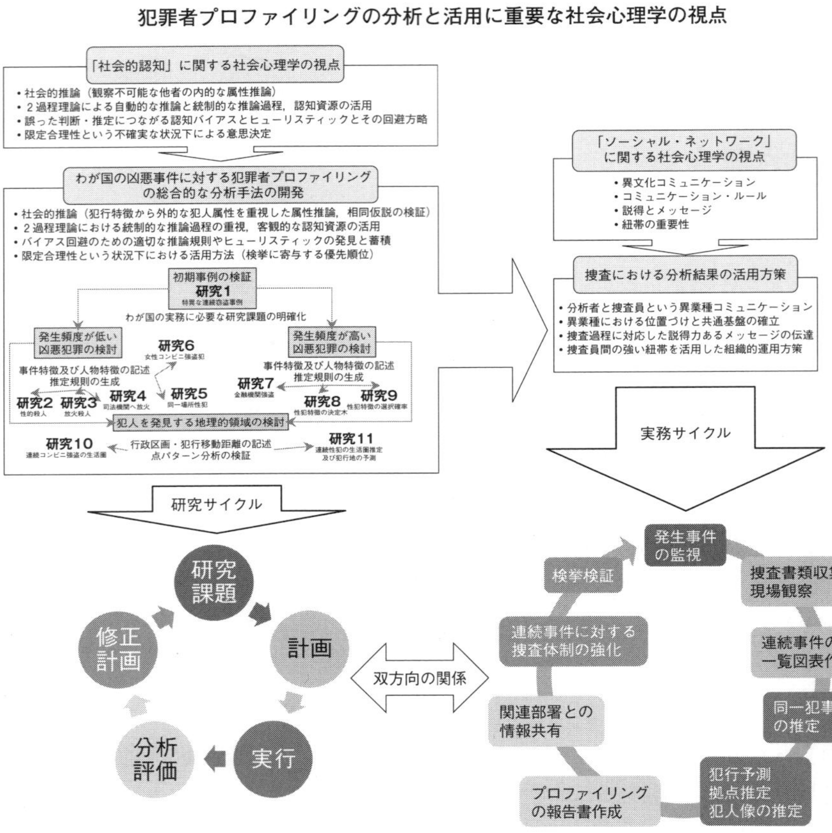

図1　本論文の目的と展開に関する概略図

属性推定に関する研究1から研究11を示している。これらの研究は，わが国で犯罪者プロファイリングを実用化するために必要な課題に取り組んできた時系列的な軌跡を表している。また，各研究を実施するうえで，社会心理学における社会的認知に関する視点が非常に重要であると主張する。

一方，図1右側は，実務における犯罪者プロファイリングによる分析結果を実際の捜査活動に活かすための方策を示している。この方策を考える際，社会心理学におけるソーシャル・ネットワークに関する視点は非常に重要であると主張する。さらに，本論文では，研究サイクルと実務サイクルは独立しているのではな

く,双方向の関係であり,フィールドワークの研究方法論,アクション・リサーチの概念に基づいていることを強調する。

基準率となる属性推論に関する各研究

研究1は,わが国の犯罪者プロファイリングにおいて,実務上必要となる研究課題を明確にした事例研究である(岩見,1999a)。社会心理学的な視点では,研究1の取り組みはフィールドワークに当たり,研究スタイルはアクション・リサーチのスタートラインに当たると考えられる。同研究は,わが国で犯罪者プロファイリングの実務が公式に始まる前に行われたパイロット的存在であり,研究2以降の各研究へと波及した。

研究2から研究6までは,発生頻度が低い凶悪犯罪に関する研究である。研究2は性的殺人(岩見・横田・渡邉,2003),研究3は放火殺人(岩見,2016c),研究4は司法機関を対象にした放火(岩見,2014a),研究5は同一場所への再犯行を伴う性犯罪(岩見,2014c),研究6は女性単独犯によるコンビニ強盗である(岩見,2013a)。研究2及び研究3では,数量化Ⅲ類,対数線形モデル分析等の統計的手法を用いた。犯行形態の類型と犯人特徴との間に連関が認められ,犯行行動等から犯人像の属性推論が可能であることが示唆された。また,両研究において連関が認められなかった変数も共通しており,犯人の年代,職業は,犯行現場における犯人の選択行動から推定することが困難であることが示された。研究4は基礎統計量に基づいており,特異な放火事件においては,犯行動機の特定が犯人の絞り込みに有効であることが示唆された。それに伴い,捜査対象者は,被害者等の関係者捜査によって絞り込める可能性が認められた。研究5は,基礎統計量に基づいている。同一場所における再犯行,再々犯行における時間帯の一貫性は,それぞれ8割弱,9割と非常に高く,再犯行が同一建物の場合が約9割となった。これらの時空間的特性に基づき,犯人を発見する捜査支援が可能であると考えられた。研究6は,単純な統計的集計では研究対象となりにくいマイノリティな犯人を対象とし,決定木分析によって犯罪経歴や犯行移動距離に影響を与える事件特徴が示唆された。

研究7から研究9までは,発生頻度が高い凶悪犯罪の研究である。研究7は金融機関強盗単独犯による事件(岩見,2010),研究8は犯罪パターンに基づく性犯

罪の犯罪経歴推定方法（岩見, 2013b），研究9は犯罪手口に基づく被疑者順位づけシステムを用いた性犯罪における犯人像推定方法に関するものである（岩見・横田・渡邉, 2005）。研究7では，決定木分析等の統計的手法を用いた。犯人の移動能力の高さや複数の移動手段の使用が，事件解決までの期間に影響を及ぼし，犯人の移動手段及び主要な犯罪経歴の識別には，特定の事件特徴が関連していることが示唆された。研究8と研究9は，ともに類似する事件特徴に基づく犯人属性の推定方法に該当する。前者が決定木分析による犯罪パターンに基づくものであり，後者は犯罪手口の選択確率に基づくものである。後者は上位に順位づけられた推定すべき犯人特徴の比率に基づき，その犯人属性の有無を推定する方法であるが，分析対象の事件とどの事件特徴が具体的に類似しているかはブラックボックスとなっており，見た目で判断できないという欠点がある。前者はその点については容易に視認可能であり，実務的には決定木分析による推定のほうが，現場捜査員にも説明しやすいといえよう。双方の研究とも，上位ランキング群の抽出段階や決定木の深度設定によって識別率が変動したが，推定的中率は比較的高かった。

　研究10及び研究11は，犯罪者の犯行に関する地理的領域，あるいは犯行に関する行動圏の研究である。研究10は連続コンビニ強盗犯の犯人像と居住圏の関係について検討（岩見, 2017），研究11は性犯罪における連続犯の点分布パターン分析の精度を比較したものである（岩見, 2016a）。研究10では，サークル仮説や疑惑領域等の拠点推定モデルにおける犯人の居住率は，犯行時間，都市規模，犯行件数，拠点推定モデル半径の違いの影響を受けていることが示唆された。研究11では，わが国の警察において点分布パターンの地理空間分析として一般的に利用されているサークル仮説，疑惑領域を含め，9種類の地理空間分析から検出された領域について，犯人の地理的な捜査領域への適用度を検証した。犯人の拠点推定としては，犯人の移動範囲をより反映したSD楕円，2SD楕円が，後の犯行地予測としては，狭域かつ発生率が高いカーネル密度推定の等高線および最近隣2SD楕円が捜査上の利用価値が高いと考えられた。

　　総合考察

　研究1から研究11は，それぞれ犯行行動等と犯人属性との関連を検討すること

要旨　わが国の凶悪犯罪に対する犯罪者プロファイリングの総合的研究　189

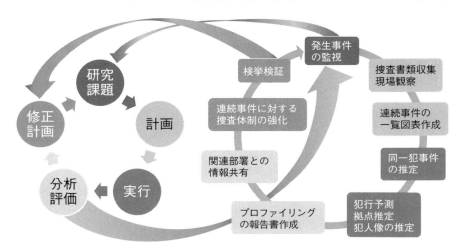

図2　研究サイクル（左）と実務サイクル（右）の融合

が目的であり，一連の研究において概ね両者の間に対応関係が認められることが示された。犯罪者プロファイリングの分野では，両者に対応関係を仮定することを相同仮説と呼ぶ。社会心理学的な観点からは，人間の行動等から犯人属性が推論可能な属性推論に関する実証研究としてとらえることが可能であろう。一連の研究の流れは，実証的なヒューリスティックである推定規則の蓄積といえる。しかしながら，実証的なヒューリスティックであっても，現実場面においては共変関係を支持する推定規則が適用できない反証ケースが必ず存在する。そのため，推定規則の適用の限界を踏まえながら，研究知見を運用しなければならない。幸いにも，実務においては，共変関係に関する研究知見だけではなく，個別事件毎の発生事件情報があり，現場観察等によって客観性の高い認知資源が存在する。すなわち，現実場面では，認知資源を利用したシステマティックな処理も同時に実施され，より正しい推論に務めている。社会心理学の立場では，犯罪者プロファイリングの分析手法のうち，統計分析はカテゴリー依存型処理に，事例分析はピースミール処理にという2過程理論によっても説明できよう。

　また，犯人検挙の意思決定に役立つ総合的な分析手法の開発には，図2のような研究サイクルと実務サイクルの結びつきを意識することが重要と考えられる（岩見，2016b）。

研究と実務には，研究知見を実務に適用する場合，実務から研究課題を得る場合といった，図2に示した双方向の関係性が認められる。研究では持続性と関与性，柔軟性と自己修正性，微視性と全体性といったフィールドワークの視点が不可欠である。実務では問題の同定，状況診断と解決プラン，介入活動，活動結果の評価，その過程での学習結果を介入活動のプランに取り込むといった，アクション・リサーチの視点が重要と考えられる。社会心理学の視点では，実務的手法の開発は，単一の学問領域だけでは完結せず，複数の学範を融合して，実社会の問題を解決しようとするモードⅡ科学，あるいは，心理職以外の職業層との異業種交流といった概念が不可欠である。そして，新規事業の一般化には，心理職自ら現場と関わっていき，心理職と捜査員という共通言語に乏しい異業種間の共同知の蓄積が必要と考えられる。

　さらに，推定結果を実際の犯罪捜査へ活用するためには，単なる推論結果の提出ではなく，実際の捜査活動に反映させる働きかけが必要である。社会心理学の視点では，組織的な捜査に反映させるために，分析者と捜査員の紐帯，さらに捜査員間の紐帯を結ぶソーシャル・ネットワークへ働きかけ，捜査全体を結束させるネットワークとして強化していく配慮が重要であろう。

　以上のことから，本論文では，犯罪者プロファイリングにおける犯人属性等の各種推定，推定結果を犯罪捜査に活用するための方略といった一連の過程では，随所に社会心理学的な視点が重要不可欠であることが指摘できたと考えられる。

引用文献

A

足立浩平 (1996a). 犯罪手口解析による被疑者検索の将来像と研究開発. 警察学論集, 49 (12), 56-70.

足立浩平 (1996b). 犯罪手口の類似度に基づく犯行記録の検索. 科学警察研究所報告法科学編, 49, 143-147.

足立浩平・鈴木昭弘 (1993). 犯罪手口の選択確率に基づく被疑者の検索手法. 科学警察研究所報告法科学編, 46, 143-147.

足立浩平・鈴木昭弘 (1994). 犯罪手口による被疑者検索への核関数法の適用. 科学警察研究所報告法科学編, 47, 52-56.

Ainsworth, P. B. (1995). Police Science and Forensic Psychology, In Ainsworth, P. B. (Ed.) *Psychology and Policing in a Changing World*, Wiley, 182-201.

Aitken, C., Connolly, T., Gammerman, A., Zhang, G. and Oldfield, D. (1995). Predicting an offender's characteristics: An evaluation of statistical modeling (paper 4), London: Police Research Group Special Interest Series, Home Office.

Alison, L. J. (2011). Behavioral investigative support: academic knowledge and commitment to operational practice. 犯罪心理学研究, 49 (特別号), 165-166.

安藤清志・大坊郁夫・池田謙一 (1995). 社会心理学 岩波書店.

B

Bartol, C. R. & Bartol, A. M. (Eds.) (2005). *Criminal Behavior: A psychological approach. 7th edition.* New Jersey: Prentice Hall 羽生和紀 (監訳) 横井幸久・田口真二 (編訳) (2006). 犯罪心理学―行動科学のアプローチ― 北大路書房.

Brantingham, P. L., and Brantingham, P. J. (1993). Nodes, paths and edges: considerations on the complexity of crime and the physical environment. *Journal of Environmental Psychology*, 13, 3-28.

Brantingham, P. L., & Brantingham, P. J. (2008). Crime Pattern Analysis. In Wortley, R. K. & Mazerolle, L. G. *Environmental Criminology and Crime Analysis*. Willan Publishing, 78-93.

Burgess, A. W., Ressler, R. K. and Douglas, J. E. (1980). Offender Profiles: A Multidisciplinary Approach. *FBI Law Enforcement Bulletin*, 9, 16-20.

C

Canter, D. (1997). Psychology of Offender Profiling, In Canter, D. V. and Alison, L. J.

(eds.) *Criminal Detection and the Psychology of Crime*. Ashgate, 485-497.
Canter, D., & Fritzon, K. (1998). Differentiation arson-ists: A model of firesetting action and characteristics. *Legal and Criminological Psychology*, 3, 73-96.
Canter, D. & Heritage, R. (1990). A multivariate model of sexual offence behaviour: Developments in 'offender profiling', In Canter, D. (Eds.) (1996). *Psychology in Action*, Aldershot: Dartmouth, 189-216.
Canter, D. & Larkin, P. (1993). The environmental range of serial rapists. *Journal of Environmental Psychology*, 13, 63-69.
Chaiken, S. (1980). Heurisic versus systematic information processing and the use of source versus message cues in persuasion. *Journal of Personality and Social Psychology*, 39, 752-766.
Cohen, L. E., and Felson, M. (1979). Social change and crime rate trends: A routine activities approach. *American Sociological Review*, 44, 588-608.
Copson, G. (1995). Coals to Newcastle? Part 1: A study of offender profiling (Paper 7). London: Police Research Group Special Interest Series, Home Office.

D

Douglass, J. E., Burgess, A. W., Burgess, A. G., and Ressler, R. K. (Eds.) (2013). *Crime Classification Manual. third edition*. New Jersey: Wiley.
Davis, A., Wittebrood, K. and Jackson, J. L. (1998). Predicting the criminal record of a stranger rapist (paper 12), *London: Police and Reducing Crime Unit, Home Office*.

E

Ely, J. W., Graber, M. L., and Croskerry, P. (2011). Checklists to Reduce Diagnostic Errors. *Academic Medicine*, 86, 307-313.

F

Fiske, S. T., & Neuberg, S. L. (1990). A Continuum of impression formation, from category-based to individuationg processes: Influences of information and motivation on attention and interpretation. In M. Zanna (Ed.), *Advances in experimental social psychology*, Vol. 23, Academic Press, pp. 1-74.

G

Geberth, V. J. (1993). The investigation of sex-related homicides. In Geberth, V. J. (Ed.). *Practical Homicide Investigation. 2nd Edition*. Boca Raton: CRC Press. pp.

295-331.
Gibson, J. J. (1979). *The ecological approach to visual perception*. MA: Houghton Mifflin Company. 古崎敬・古崎愛子・辻敬一郎・村瀬旻（訳）(1985). 生態学的視覚論—ヒトの知覚世界を探る— サイエンス社.

H

萩野谷俊平・花山愛子・小野修一・蒲生晋介・真栄平亮太・細川豊治（2014）. 住居対象連続侵入窃盗事件における犯人属性の犯罪手口による予測 日本法科学技術学会誌, 19 (1), 31-43.
花井友美・小口孝司（2008）. Eメールの交換過程における感情表現の出現パターン：テキスト・マイニングを用いた分析 社会心理学研究, 24 (2), 131-139.
羽生和紀（2005）. 連続放火の地理的プロファイリング—サークル仮説の妥当性の検討— 犯罪心理学研究, 43 (2), 1-12.
原岡一馬（2015）. 心理学ワールド巻頭言 社会心理学研究の在り方を振り返って. 心理学ワールド, 69, 1.
Hazelwood, R. R. (1983). The Behavior-Oriented Interview of Rape Victims: The Key to Profiling. *FBI Law Enforcement Bulletin*, 52 (9), 8-15.
Hazelwood, R. R. and Burgess, A. W. (Eds.) (1995). *Practical aspects of rape investigation: A multidisciplinary approach. 2nd Edition*, CRC Press.
Hickey, E. (eds.) (2003). *Encyclopedia of murder and violent crimes*. Thousand Oaks, CA: Sage.
広田すみれ（2003）. 農村居住高齢者のコミュニケーション・ネットワークの分析 社会心理学研究, 19 (2), 104-115.
House, J. C. (1997). Towards a practical application of offender profiling: The RNC's criminal suspect prioritization system, In Jackson, J. L. and Bekerian, D. A. (Eds.) *Offender Profiling: Theory, Research and Practice*. John Wiley & Sons, 176-190.
細江達郎（2001）. 図解雑学 犯罪心理学 ナツメ社 pp. 218-219.

I

家島明彦（2014）. 社会心理学の質的アプローチ 下山晴彦編集代表 誠信 心理学辞典〔新版〕 誠信書房 pp. 283-285.
池田謙一・唐沢穣・工藤恵理子・村本由紀子（2010）. 社会心理学 有斐閣.
井上隆二・山下富美代（2002）. 図解雑学 社会心理学 ナツメ社.
岩見広一（1999a）. 脅迫文を伴う連続空巣狙い事件に対する犯罪行動分析 科学警察研究所報告防犯少年編, 39, 144-153.
岩見広一（1999b）. 犯罪捜査過程におけるプロファイリングの位置づけ 犯罪心理学研究, 37（特別号), 194-195.
岩見広一（2002）. 国際捜査心理学会 笠井達夫・桐生正幸・水田恵三 2002 犯罪に挑

む心理学—現場が語る最前線　北大路書房, pp. 52-53.
岩見広一（2004a）.協調できる社会をめざす　大坊郁夫（編）現在に生きる人のための心理学テキストブック　わたしそしてわれわれミレニアムバージョン　北大路書房 pp. 223-237.
岩見広一（2004b）.捜査意見書　高取健彦（編）　捜査のための法科学—第一部（法生物学・法心理学・文書鑑識）—　令文社　pp. 247-254.
岩見広一（2006）.行動科学的プロファイリング—わが国の現状と今後の課題—　犯罪心理学研究, 44（特別号), 229-231.
岩見広一（2008a）.連続性犯の犯行行程距離と地理的プロファイリング手法の検証　日本心理学会第72回大会発表論文集, 434.
岩見広一（2008b）.犯行リズム分析による連続性犯の犯行予測　犯罪心理学研究, 46（特別号), 213-214.
岩見広一（2010）.金融機関強盗犯の属性と犯行移動距離　犯罪心理学研究, 48（特別号), 132-133.
岩見広一（2011a）.強制わいせつ　越智啓太・藤田政博・渡邉和美（編）法と心理学の事典—犯罪・裁判・矯正—　朝倉書店　pp. 224-225.
岩見広一（2011b）.日本の捜査現場におけるプロファイリング　犯罪心理学研究, 49（特別号), 169-170.
岩見広一（2012）.連続コンビニ強盗犯の属性と犯行地選択. 犯罪心理学研究, 50（特別号), 132-133.
岩見広一（2013a）.女性単独のコンビニ強盗犯に関する特徴　日本心理学会第77回大会発表論文集, 443.
岩見広一（2013b）.性犯罪経歴者の割合が高い年少者対象の性犯罪特徴について. 犯罪心理学研究, 51（特別号), 160-161.
岩見広一（2014a）.司法機関を対象とした放火の事件及び犯人特徴　犯罪心理学研究, 52（特別号), 98-99.
岩見広一（2014b）.犯罪者プロファイリングにおける推定規則の集積と理論化に向けて　犯罪心理学研究, 52（特別号), 237-238.
岩見広一（2014c）.連続性犯罪者による同一場所再犯行の時空間特徴. 日本心理学会第78回大会発表論文集, 488.
岩見広一（2016a）.性犯罪における点分布パターン分析による地理的プロファイリング手法の比較. 応用心理学研究, 42, 30-39.
岩見広一（2016b）.研究と実務の融合—犯罪者プロファイリングをとおして—. 日本応用心理学会第83回大会発表論文集, 10.
岩見広一（2016c）.放火殺人における犯行行動と犯人特徴の相同性. 応用心理学研究, 42, 121-129.
岩見広一（2017）.連続コンビニ強盗犯の特徴と犯行地選択について. 応用心理学研究, 42, 257-258.
岩見広一・桐生正幸（1998）.プロファイリング研究の系譜（上）警察公論, 53（9), 68-77.
岩見広一・久保孝之（1999）.ポリグラフ検査と犯罪行動類型との関連. 犯罪心理学研究,

37（特別号），68-69.
岩見広一・龍島秀広（2005）．捜査支援を目的としたコンビニ強盗事件の局地的研究　犯罪心理学研究，43（特別号），98-99.
岩見広一・横田賀英子・渡邉和美（2003）．性的な殺人の犯行形態及び犯人特徴　日本鑑識科学技術学会誌，8（別冊号），p. 157.
岩見広一・横田賀英子・渡邉和美（2005）．犯罪手口に基づく被疑者順位づけシステムを応用した屋内強姦における犯罪者プロファイリングの方法　科学警察研究所報告犯罪行動科学編，42，80-87.

J

Jackson, J. L. & Bekarian, D. A. (Eds). (1997). *Offender profiling: Theory, research and practice.* Chichester: John Wiley & Sons. 田村雅幸（監訳）辻典明・岩見広一（訳編）（2000）．犯罪者プロファイリング―犯罪行動が明かす犯人像の断片―　北大路書房.

K

Kahneman, D. (2011). *Thinking, fast and slow.* New York: Farrar, Straus and Giroux. 村井章子（訳）（2014）．ファスト＆スロー―あなたの意思はどのように決まるか？―〔上〕〔下〕　早川書房.
影山任佐（1999）．テキストブック殺人学―プロファイリングの基礎―　日本評論社
警察庁（2002a）．平成14年版警察白書　ぎょうせい.
警察庁（2002b）．犯罪統計書　平成13年の犯罪.
警察庁（2012a）．犯罪統計書　平成23年の犯罪.
警察庁（2012b）．取調べ―基礎編―　Retrieved from　https://www.npa.go.jp/sousa/kikaku/20121213/shiryou.pdf
警察庁（2013）．平成24年の犯罪　警察庁.
警察庁（2014）．平成26年版警察白書　ぎょうせい.
Kent, J. and Leitner, M. (2007). Efficacy of standard deviational ellipses in the application of criminal geographic profiling. *Journal of Investigative Psychology and Offender Profiling,* 4, 147-165.
木村通治・真鍋一史・安永幸子・横田賀英子（2002）．ファセット理論と解析事例―行動科学における仮説検証・探索型分析手法　ナカニシヤ出版.
Kind, S. S. (1987). Navigational ideas and the Yorkshire Ripper investigation. *Journal of Navigation,* 40, 385-393.
桐生正幸（1998）．放火現場から何が分かるのか？　犯罪心理学研究，36（特別号），16-17.
桐生正幸（1999）．プロファイリングって何？―多様な手法と潜在する可能性　犯罪心理学研究，37（特別号），192-193.
桐生正幸（2006）．捜査心理学―犯罪科学の新しい波―　犯罪心理学研究，44（特別号），225.

桐生正幸・岩見広一（1998）．プロファイリング研究の系譜（下）警察公論, 53（10）, 77-86.

北村英哉（2014）．社会〔総説〕下山晴彦編集代表　誠信　心理学辞典〔新版〕誠信書房 pp. 246-247.

Kitaoka, N., Takeuchi, M., Nishimura, R. and Nakagawa, S.（2005）. Response timing detection using prosodic and linguistic information for human-friendly spoken dialog systems. 人工知能学会論文誌, 20（3）, 220-228.

倉石宏樹・横田賀英子・小野修一・和智妙子・大塚祐輔・渡邉和美（2013）．犯罪者プロファイリングの評価方法に関する研究3―分析者の熟達化に関する検討―．犯罪心理学研究, 51（特別号）, 180-181.

L

Leary, M. R. and Miller, R. S.（1986）. *Social psychology and dysfunctional behavior: origins, diagnosis, and treatment.* Spronger-Verlag New York, Inc. 安藤清志・渡辺浪二・大坊郁夫（訳）（1989）．不適応と臨床の社会心理学　誠信書房．

Levinger, G（1980）. Toward the analysis of close relationship. *Journal of Experimental Social Psychology*, 16, 510-544.

Lewin, K.（1946）. Action research and minority problems. *Journal of Social Issues*, 2, 34-46.

M

松田いづみ・荘島宏二郎（2015）．心理学のための統計学9　犯罪心理学のための統計学－犯人のココロをさぐる　誠信書房．

松並知子（2011）．社会心理学　越智啓太・藤田政博・渡邉和美（編）　法と心理学の事典―犯罪・裁判・矯正―　朝倉書店, 102-103.

Megargee, E. I.（1966）. Undercontrolled and overcontrolled personality types in extreme antisocial aggression. *Psychological Monographs: General and Applied*, 80（3）, 1-29.

三本照美・深田直樹（1999）．連続放火犯の居住地推定の試み―地理的重心モデルを用いた地理的プロファイリング―．科学警察研究所報告防犯少年編, 40, 23-36.

箕浦康子編（1999）．フィールドワークの技法と実際―マイクロ・エスノグラフィー入門―　ミネルヴァ書房．

箕浦康子編（2009）．フィールドワークの技法と実際II―分析・解釈編―　ミネルヴァ書房．

宮脇かおり（2013）．同性を対象とした年少者わいせつ犯の特徴について．犯罪心理学研究, 51（特別号）, 162-163.

水田恵三（2002）．社会心理学的アプローチ　笠井達夫・桐生正幸・水田恵三（編）犯罪に挑む心理学―現場が語る最前線―　朝倉書店, 136-142.

Mokros, A. & Alison, L. J. (2002). Is offender profiling possible? Testing the predicted homology of crime sccene actions and background characteristics in a sample of rapists. *Legal and Criminological Psychology*, 7 (1), 25-43.

森下雅子（2007）．フィールドと調査者の共振―地域における日本語支援の現場を例にして― 実験社会心理学研究, 46 (2), 162-172.

N

永江三郎（1974）．殺人・放火の犯罪精神医学的研究．犯罪学雑誌, 40, 137-167.

長澤秀利（2002）．性犯罪のプロファイリングに関する研究．犯罪心理学研究, 40（特別号), 140-141.

長澤秀利（2003）．連続性犯の居住地推定に関する基礎的研究．日本鑑識科学技術学会誌, 8 （別冊号), 156.

中谷友樹（2006）．空間クラスター検出のためのGISツール「CrimeStat」「GeoDa」「SaTScan」 岡部篤行・村山祐司（編）GISで空間分析 古今書院 pp. 183-220.

Neal, T. and Brodsky, S. L. (2016). Forensic psychologists' perceptions of bias and potential correction strategies in forensic mental health evaluations. *Public Policy, and Law*, 22, 58-76.

西田公昭（1995）．マインド・コントロールとは何か 紀伊國屋書店.

O

岡田幸之（2006）．主要刑法犯（殺人・強盗・放火）松下正明（総編集）山内俊雄・山上皓・中谷陽二（編集）司法精神医学3 犯罪と犯罪者の精神医学 中山書店 pp. 46-55.

小野修一・倉石宏樹・横田賀英子・和智妙子・大塚祐輔・渡邉和美（2013）．犯罪者プロファイリングの評価方法に関する研究2―依頼者の評価に関する検討―．犯罪心理学研究, 51 (特別号), 178-188.

大渕憲一（1993）．セレクション社会心理学9 人を傷つける心―攻撃性の社会心理学―サイエンス社.

大塚朋美（2009）．連続犯行の発生地点に対する地理的プロファイリング．犯罪心理学研究, 47 (特別号), 82-83.

大塚祐輔（201°1）．脅迫分析 越智啓太・藤田政博・渡邉和美（編） 法と心理学の事典―犯罪・裁判・矯正― 朝倉書店, 306-307.

大塚祐輔・平間一樹・横田賀英子・渡邉和美・和智妙子（2015）．単発の殺人事件における犯人特徴の予測方法 日本法科学技術学会誌, 20 (別冊号), 153.

R

Ressler, R. K., Burgess, A. W., Depue, J. E., Douglas, J. E., Hazelwood R. R. and Lanning, K. V., et. al. (1985). Crime scene and profile characteristics of organized and disorganized murderers. *FBI Lae Enforcement Bulletin*, 8, 18-25.

Ressler, R. K., Burgess, A. W. & Douglass, J. E. (Eds). (1988). *Sexual homicide: patterns and motives*. New York: Lexington Books. 狩野秀之（訳）（1995）. 快楽殺人の心理―FBI心理分析官のノートより―　講談社.

Rogers, E. (1971). *Diffusion of innovations* (2nd ed.) Free Preess.

Rossmo, D. K. (2000). *Geographic Profiling*. Boca Raton: CRC Press. 渡辺昭一（監訳）（2002）. 地理的プロファイリング　北大路書房.

S

齊藤誠（2010）. 企画書をまとめ上げる文章心理学　海保博之（監修）髙橋誠（編）朝倉実践心理学講座4　発想と企画の心理学　朝倉書店　pp. 141-157.

坂明（2011）. 日本の捜査機関　越智啓太・藤田政博・渡邉和美（編）法と心理学の事典―犯罪・裁判・矯正―　朝倉書店　pp. 36-39.

Salfati, G. C. (2000). The nature of expressive and instrumentality in homicide. *Homicide Studies*, 4 (3), 265-293.

サトウタツヤ（2012）. 学融とモード論の心理学―人文社会学における学問融合をめざして―　新曜社.

Shye, S (Ed.) (1978). *Theory construction and data analysis in the behavioral sciences*. San Francisco: Jossey-Bass.

清水裕・水田恵三・秋山学・浦光博・竹村和久・西川正之・松井豊・宮戸美樹（1997）. 阪神・淡路大震災の避難所リーダーの研究　社会心理学研究, 13 (1), 1-12.

杉浦芳夫・中俣均・水内俊雄・村山祐司（2003）. シリーズ人文地理学3　地理空間分析　朝倉書店.

鈴木護（2011）. 地理的プロファイリング　越智啓太・藤田政博・渡邉和美（編）法と心理学の事典―犯罪・裁判・矯正―　朝倉書店　pp. 290-293.

T

田口真二（2002）. 強姦犯の行動分析　犯罪心理学研究, 40（特別号）, 138-139.

田口真二・猪口武典（1998）. 多変量解析法による連続強姦犯の行動分析　日本鑑識科学技術学会第4回学術集会講演要旨集, 139.

高橋良彰（1993）. 犯罪社会心理学　令文社.

高村茂・横井幸久・山元修一（2002）. 強盗事件データの分析（5）　犯罪心理学研究, 40（特別号）, 136-137.

高村茂・横井幸久・山元修一（2003）. 強盗事件データの分析（6）　犯罪心理学研究, 41（特別号）, 146-147.

田村雅幸（1996）. 犯人像推定研究の2つのアプローチ　科学警察研究所報告防犯少年編, 37 (2), 114-122.

田村雅幸（監修）高村茂・桐生正幸（編）(2000). プロファイリングとは何か　北大路書房.
太郎丸博（2005）. 人文・社会科学のためのカテゴリカル・データ解析入門　ナカニシヤ出版
外山みどり（編）(2015). 社会心理学－過去から未来へ－　北大路書房.
豊田秀樹編著（2006）. 購買心理を読み解く統計学―実例で見る心理・調査データ解析28―　東京図書.

U

上野厚（2000）. 都市型放火犯罪―放火犯罪心理分析入門―　立花書房, pp. 152-158.

V

von Hentig, H. (1965). *Der Mordbrand und neun andere Verbrecherstudien*. Luchterhand.
Vonk, R. (1999). Effects of outcome dependency on correspondence bias. *Personality and Social Psychology Bulletin*, 25, 382-389.

W

和智妙子・藤田悟郎・渡邉和美・横田賀英子・鈴木護（2006）. 男性連続放火犯の特徴　日本犯罪心理学会第70回大会発表論文集, 434.
Wachi, T., Watanabe, K., Yokota K., Suzuki, M., Hoshino, M., Sato, A., & Fujitta, G. (2007). Offender and crime characteristics of female serial arsonists in Japan. *Journal of Investigative Psychology and Offender Profiling*, 4, 29-52.
和智妙子・倉石宏樹・渡邉和美（2011）. 連続放火犯の犯罪行動の一貫性　日本心理学会第75回大会発表論文集, 458.
渡邉和美（2011a）. 日本のプロファイリング　越智啓太・藤田政博・渡邉和美（編）　法と心理学の事典―犯罪・裁判・矯正―　朝倉書店, 288-289.
渡邉和美（2011b）. 犯罪者プロファイリングの現状と課題. 犯罪心理学研究, 49（特別号), 161-162.
渡邉和美（2014a）. 犯罪，犯罪者，犯罪捜査と心理学　犯罪学雑誌, 80（4), 112-116.
渡邉和美（2014b）. 犯罪者プロファイリング. 日本法科学技術学会誌, 19（別冊号), 8-9.
渡邉和美・藤田吾郎・和智妙子・横田賀英子・佐藤敦司（2007）. 子どもに対する強制わいせつ犯へのStatic 99の適用に関する検討　犯罪心理学研究, 45（特別号), 38-39.
渡邉和美・池上聖次郎・小林敦（2000）. プロファイリングとは何か　田村雅幸（監修）高村茂・桐生正幸（編）(2000). プロファイリングとは何か　北大路書房　pp. 15-27.
渡邉和美・佐藤敦司・吉本かおり・横田賀英子・和智妙子・藤田悟郎（2008）. 日本における大量殺人事件の発生状況と類型について. 犯罪学雑誌, 74, 190-204.

渡邉和美・鈴木護・田村雅幸（2000）. 年少者を対象とした連続強姦事件の地理的分析. 犯罪心理学研究, 38（特別号）, 28-29.
渡邉和美・鈴木護・田村雅幸（2001）. 年少者を対象とした強姦・強制わいせつ事件の加害者の犯歴分析. 犯罪心理学研究, 39（特別号）, 28-29.
渡邉和美・鈴木護・横田賀英子・岩見広一（2003）. 連続強姦事件における発生パターンと犯人特徴との関連性. 犯罪心理学研究, 41（特別号）, 14-15.
渡邉和美・鈴木護・横田賀英子・岩見広一・渡辺昭一（2002）. 性犯罪事件特徴に基づく前歴者による犯行の識別可能性に関する検討. 犯罪心理学研究, 40（特別号）, 102-103.
渡邉和美・田村雅幸（1997）. 幼小児誘拐・わいせつ事犯の類型化の試み　犯罪心理学研究, 35（特別号）, 110-111.
渡辺昭一（編）（2004）. 捜査心理学　北大路書房.
渡辺昭一（2005）. 犯罪者プロファイリング―犯罪を科学する警察の情報分析技術―　角川書店, pp. 161-171.

Y

山本眞理子・外山みどり・池上知子・遠藤由美・北村英哉・宮本聡介（編）（2011）. 社会的認知ハンドブック　北大路書房.
横井幸久（2000a）. プロファイリングに関する討論会　田村雅幸（監修）高村茂・桐生正幸（編）（2000）. プロファイリングとは何か　北大路書房　pp. 219-230.
横井幸久（2000b）. 強盗事件データの分析. 犯罪心理学研究, 38（特別号）, 34-35.
横井幸久（2005）. 犯行現場と犯人居住地との距離について　犯罪心理学研究, 43（特別号）, 166-167.
横井幸久・高村茂・山元修一（2002）. 強盗事件データの分析（4）. 犯罪心理学研究, 40（特別号）, 134-135.
横井幸久・高村茂・山元修一（2003）. 強盗事件データの分析（7）. 犯罪心理学研究, 41（特別号）, 148-149.
横井幸久・山元修一（2001）. 強盗事件データの分析（2）. 犯罪心理学研究, 39（特別号）, 66-67.
横田賀英子・藤田悟郎・渡邉和美・和智妙子・佐藤敦司（2006）. 犯罪者の行動一貫性に関する基礎的分析：性的犯罪と放火における事件リンク手法の開発の試み　犯罪心理学研究, 44（特別号）, 134-135.
横田賀英子・岩見広一・渡邉和美（2003）. 殺人事件の類型化の試み―テーマ分析手法を用いて―　犯罪心理学研究, 41（特別号）, 152-153.
横田賀英子・倉石宏樹・小野修一・和智妙子・大塚祐輔・渡邉和美（2013）. 犯罪者プロファイリングの評価方法に関する研究1―分析の正確性に影響する要因に関する検討―　犯罪心理学研究, 51（特別号）, 176-177.
横田賀英子・倉石宏樹・和智妙子・大塚祐輔・小野修一・渡邉和美（2015）. 単独犯による住宅対象窃盗について：再犯者と初犯者の別にみた犯人特徴及び犯行特徴　犯罪

心理学研究, 53 (1), 1-20.
横田賀英子・渡邉和美・和智妙子・大塚祐輔・倉石宏樹・藤田悟郎 (2015). 連続性犯罪の事件リンク分析　心理学研究, 86 (3), 209-218.
横田賀英子・渡辺昭一・渡邉和美 (2001). 屋内強姦犯の類型化の試みとその特徴. 犯罪学雑誌, 68 (3), 93.
Yokota, K., and Watanabe, S. (2001). The development of a suspect retrieval system based on modus operandi. *Proceedings of the 6th International Investigative Psychology Conference*, 51.
Yokota, K. and Watanabe, S. (2002). Computer-based retrieval of suspects using similarity of modus operandi. *International Journal of Police Science & Management*, 4 (1), 5-15.
吉本かおり・渡邉和美・横田賀英子・和智妙子・藤田悟郎 (2005). 女性被疑者による侵入強盗事件に関する研究　犯罪心理学研究, 43 (特別号), 168-169.
吉本かおり・渡邉和美・横田賀英子・藤田悟郎・和智妙子 (2006). 屋内強盗事件に関する分析―累犯者の特徴について―　犯罪心理学研究, 44 (特別号), 140-141.

Z

財津亘 (2008). 強姦犯の犯罪深度に基づいたベイジアンネットワークモデルによる犯行時期に関する予測　日本法科学技術学会誌, 13 (2), 133-142.
財津亘 (2010a). 社会的自立性と犯罪深度を基にした連続放火犯の分類と分類別にみた放火形態について　日本法科学技術学会誌, 15, 111-124.
財津亘 (2010b). ベイジアンネットワークによる連続放火犯の分析　犯罪心理学研究, 47 (2), 1-14.
財津亘 (2011). 犯罪者プロファイリングにおけるベイズ確率論の展開　多賀出版.
財津亘・金明哲 (2015). テキストマイニングを用いた犯罪に関わる文書の筆者識別　日本法科学技術学会誌, 20 (1), 1-14.

謝　辞

　本書は，2017年3月3日付けで授与された博士号（社会心理学　東洋大学）に係る学位論文を，独立行政法人日本学術振興会平成30年度科学研究費助成事業（科学研究費補助金）（研究成果公開促進費）の交付を受けて刊行するものである（課題番号18 HP 5197）。

　まず初めに，私に博士論文を執筆する貴重な機会と体験を与えてくださった東洋大学大学院の桐生正幸教授には，この場において改めて感謝の意を表したい。桐生教授から博士論文執筆の話をご提案いただいたのは，平成26年師走であった。今から約4年前のことである。筆者は，学会発表や書籍の共同執筆についてはかなりの数を有していたが，論文執筆はごくわずかで，あまり経験がなかった。北海道には犯罪心理学を専門として博士号を取得できるような大学機関はなく，筆者は当然ながら博士論文のことは毛頭になかったので，何も準備をしていない状態であった。桐生先生の設定では，博士論文提出のおおまかなタイムリミットは平成27年夏という話であったが，自分に成し遂げられるミッションなのか，とても半信半疑であった。本論文は，博士課程における博士論文ではなく，大学に在籍していない社会人による博士論文である。しかも，北海道と東京という地理的な遠さは，指導教授とのコミュニケーションにとって負の要因でもある。また，査読論文数の不足というアクシデントもあり，これらを克服して博士論文の完成にたどり着くまでには，さらに1年半が経過してしまった次第である。

　幸いにして，全国の科捜研には筆者の先輩，後輩に博士号を取得された方々が既におられた。これらの方々のご協力なくして，執筆を始めることは不可能であったと今でも思い起こされる。筆者の博士論文執筆に際し，御自身の博士論文及び体験談を含めてご助言をご提供いただいた，元徳島県警察の髙村茂氏（現四国大学生活科学部教授），岩手県警察の長澤秀利氏，熊本県警察の田口真二氏，栃木県警察の萩野谷俊平氏，富山県警察の財津亘氏には，この場で改めて感謝を申し上げたい。

　また，実際に博士論文の執筆を始めてからは，北海道警察本部刑事企画課及び

科学捜査研究所の上司・同僚の方々，警察庁刑事局捜査支援分析管理官の方々，科学警察研究所犯罪行動科学部の渡邉和美氏，横田賀英子氏，和智妙子氏，岩手大学人文社会科学部の鈴木護准教授には，博士論文提出前に執筆内容の審議及び筆者からの相談に多大な時間を費やしてご協力いただいた。これら数多くの方々にたいして，この場を借りて，改めて感謝の意を表したい。

　これまでに自身が取り組んできた研究内容は，多くは学会発表という場において世間に公表しきた。このような場においては，限られた誌面の容量もあり，細かい部分を随分と割愛してきたといえる。今回，博士論文を執筆するにあたり，犯罪心理学や捜査心理学を主体にしつつ，さらに社会心理学の視点を盛り込むことは，かなりの重圧であった。また，当初の予定と異なり，査読論文の執筆も同時に必要となり，実務寄りの研究者である私にとっては，実務とは異なる馴れない根気のいる作業であった。本論文に含めた11題の研究は，1999年から2017年までの長期にわたって掲載された論文や学会発表等に基づいて，再編のうえ執筆したものである。この期間は，わが国における犯罪者プロファイリングの研究及び実務の黎明期から数えて約20年間における取り組みとシンクロする。別の表現をすれば，犯罪者プロファイリングに身を投じた筆者の自伝的な研究史ともいえる。このような博士論文は，博士課程という短期間では成しえないものであり，実務家が論文博士という形で表現できる代物であると思う。このような作業が成しえた背景には，わが国の実務のあり方をゼロから一緒に構築し，発展させていった北海道警察の仲間が残していった数々の業績があったためである。龍島秀広氏（現在，北海道教育大学大学院准教授），成田伸生氏（元警察庁指定広域技能指導官），永安弘幸氏（現警察庁指定広域技能指導官で，犯罪者プロファイリング担当課長補佐）のお三方には，この場を借りて改めて感謝を申し述べたい。

　そして，本博士論文を受理してくれるようなシステムを有している東洋大学大学院は，社会人である実務家にとっても強力な味方であった。本論文は，社会心理学の研究領域における重鎮であられる東洋大学大学院の安藤清志教授，堀毛一也教授，外部審査員である東京未来大学学長の大坊郁夫教授（現北星学園大学学長）によって審査を受けた。筆者にとって，各先生は学部生時代に教科書に登場するお高名な方々ばかりである。各先生からは鋭いご指摘，温かいご助言をいただき，本論文を再構成して完成させることができた。各先生に対して，この場にて改めて御礼申し上げます。さらに，予備審査準備段階から本審査後の手続き等

について，筆者に親切丁寧に対応してくださった東洋大学教務部大学院教務課の方々に，この場にて改めて感謝の意を表します。

筆者の博士論文の主査であられる東洋大学大学院の桐生教授は，かつては山形県警察科捜研に在籍しておられ，わが国の犯罪者プロファイリング研究の黎明期に，喧々諤々してきた中の先輩のおひとりであった。それゆえ，筆者の事情もよくご理解いただくとともに，本論文を完成させるまでの間，煮詰まった時にも適宜ご助言いただくなど，最後まで温かいご支援をいただいだ。予備審査後にある本で読んで，博士論文の作成は，指導教員との二人三脚によるものと言われていることを初めて知ったが，まさしくそのとおりであることを実感した次第である。

筆者は，大学において社会心理学を専攻しており，対人魅力が卒業論文のテーマであった。それゆえ，社会心理学について全くの無知ではなかった。学部卒から25年以上経過してから，再び社会心理学と向き合うことになり，その間の社会心理学の進展を少しでも知る機会を得たことは，今後の私自身が実務及び研究を行っていくうえで，充分な恩恵となったことを改めて感じている。本論文のメインテーマである犯罪者プロファイリングの研究及び実務は，社会心理学の研究領域と密接な関係があり，社会心理学の英知を取り入れることによって，今後，実務における犯罪者プロファイリングの理論化がさらに進展すると思われる。本論文の執筆過程において，私自身の古い研究は時代背景や現在の捜査環境から再検討して，社会心理学の視点をお借りして考察する機会を得ることができたのは，非常に有意義であった。本博士論文が，犯罪者プロファイリングの研究及び実務の融合において，社会心理学が蓄積してきた英知が少しでも役立つきっかけになれば，幸いであると考えている。さらに，社会心理学の分野において，犯罪に焦点を当てた研究が少しでも増えることを願っている。

最後に，私が犯罪者プロファイリングに関する研究を始めたのは，20代半ばであった。そして，私は今年の夏に50歳となる。本博士論文の執筆は40代後半という身体的な衰えや記憶力の低下もあり，集中力は若い頃から比べれば格段に落ちた時期に入ってからの作業であった。このようなプレッシャーのなか，家庭内において筆者のストレスを緩和してくれ，精神面，物理面で支えてくれた妻恭子，息子政宗，愛犬のパグまるこに対しては，誰よりも感謝したい。今回の作業を終えてから，楽しい家族のみんなには，その恩に少しでも報いたいといろいろ考えている次第である。

平成30年5月

　　　　　　　　　　　　　　　　　　　　　　　　　岩見　広一

付録　本論文に使用した著書，論文等

　筆者が主たる研究者となった学術論文，学術書，学会等にて発表した内容のうち，本論文において引用したものを章別に以下のとおり示す．

第1章

　岩見広一（2004）．協調できる社会をめざす　大坊郁夫（編）　現在に生きる人のための心理学テキストブック　わたしそしてわれわれミレニアムバージョン　北大路書房　pp. 223-237.

第2章

　岩見広一（1999a）．脅迫文を伴う連続空巣狙い事件に対する犯罪行動分析　科学警察研究所報告防犯少年編, 39, 144-153.

　岩見広一（1999b）．犯罪捜査過程におけるプロファイリングの位置づけ　犯罪心理学研究, 37（特別号）, 194-195.

　岩見広一（2008b）．犯行リズム分析による連続性犯の犯行予測　犯罪心理学研究, 46（特別号）, 213-214.

　岩見広一（2013b）．性犯罪経歴者の割合が高い年少者対象の性犯罪特徴について．犯罪心理学研究, 51（特別号）, 160-161.

第3章

　岩見広一・桐生正幸（1998）．プロファイリング研究の系譜（上）警察公論, 53（9）, 68-77.

　岩見広一（2002）．国際捜査心理学会　笠井達夫・桐生正幸・水田恵三　2002　犯罪に挑む心理学―現場が語る最前線　北大路書房, pp. 52-53.

　岩見広一（2006）．行動科学的プロファイリング―わが国の現状と今後の課題―　犯罪心理学研究, 44（特別号）, 229-231.

　岩見広一（2011b）．日本の捜査現場におけるプロファイリング　犯罪心理学研究, 49（特別号）, 169-170.

　岩見広一（2014b）．犯罪者プロファイリングにおける推定規則の集積と理論化に向けて　犯罪心理学研究, 52（特別号）, 237-238.

第4章

研究1

　岩見広一（1999a）．脅迫文を伴う連続空巣狙い事件に対する犯罪行動分析　科学警察研究所報告防犯少年編, 39, 144-153.

第 5 章

研究 2
　岩見広一・横田賀英子・渡邉和美（2003）．性的な殺人の犯行形態及び犯人特徴　日本鑑識科学技術学会誌，8（別冊号），p. 157.

研究 3
　岩見広一（2016c）．放火殺人における犯行行動と犯人特徴の相同性．応用心理学研究，42, 121-129.

研究 4
　岩見広一（2014a）．司法機関を対象とした放火の事件及び犯人特徴　犯罪心理学研究，52（特別号），98-99.

研究 5
　岩見広一（2014c）．連続性犯罪者による同一場所再犯行の時空間特徴．日本心理学会第78回大会発表論文集，488.

研究 6
　岩見広一（2013a）．女性単独のコンビニ強盗犯に関する特徴　日本心理学会第77回大会発表論文集，443.

第 6 章

研究 7
　岩見広一（2010）．金融機関強盗犯の属性と犯行移動距離　犯罪心理学研究，48（特別号），132-133.

研究 8
　岩見広一（2013b）．性犯罪経歴者の割合が高い年少者対象の性犯罪特徴について．犯罪心理学研究，51（特別号），160-161.

研究 9
　岩見広一・横田賀英子・渡邉和美（2005）．犯罪手口に基づく被疑者順位づけシステムを応用した屋内強姦における犯罪者プロファイリングの方法　科学警察研究所報告犯罪行動科学編，42, 80-87.

第 7 章

研究10
　岩見広一（2017）．連続コンビニ強盗犯の特徴と犯行地選択について．応用心理学研究，42, 257-258.
　岩見広一・龍島秀広（2005）．捜査支援を目的としたコンビニ強盗事件の局地的研究　犯罪心理学研究，43（特別号），98-99.

研究11
　岩見広一（2016a）．性犯罪における点分布パターン分析による地理的プロファイリング手法の比較．応用心理学研究，42, 30-39.

第 8 章

岩見広一（2004b）. 捜査意見書　高取健彦（編）　捜査のための法科学―第一部（法生物学・法心理学・文書鑑識）―　令文社　pp. 247-254.

岩見広一（2006）. 行動科学的プロファイリング―わが国の現状と今後の課題―　犯罪心理学研究, 44（特別号）, 229-231.

岩見広一（2008a）. 連続性犯の犯行行程距離と地理的プロファイリング手法の検証　日本心理学会第72回大会発表論文集, 434.

岩見広一（2008b）. 犯行リズム分析による連続性犯の犯行予測　犯罪心理学研究, 46（特別号）, 213-214.

岩見広一（2011b）. 日本の捜査現場におけるプロファイリング　犯罪心理学研究, 49（特別号）, 169-170.

岩見広一（2013b）. 性犯罪経歴者の割合が高い年少者対象の性犯罪特徴について. 犯罪心理学研究, 51（特別号）, 160-161.

岩見広一（2014b）. 犯罪者プロファイリングにおける推定規則の集積と理論化に向けて　犯罪心理学研究, 52（特別号）, 237-238.

岩見広一（2016b）. 研究と実務の融合―犯罪者プロファイリングをとおして―　日本応用心理学会第83回大会発表論文集, 10.

索　引

あ行

アクション・リサーチ　161
暗数　94, **157**
安全神話　5
異業種交流　190
エスカレート　19, **145**
A→C方程式　181
FBI方式　**21**, 24

か行

解決困難な事件　107, **110**
カットオフ値　**118**, 119, 120, 121, 124
カーネル密度推定　**148**, 149, 151, 152, 153, 154, 155, 157, 167, 188
企画書が採用される3原則　179
基準率　30, 33, 34, 35, 36, **37**, 53, 55, 137, 139, 160, 176, 187
客観性の高い捜査支援技術　177
共変関係　8, **37**, 68, 80, 81, 169, 171, 181, 189
居住圏　26, 47, 86, 140, 144, 159, 166, 179, 188
居住地推定　49, 53, **160**
拠点含有率　147, 148, 150, **151**, 152, 155, 160, 167
拠点推定モデル　137, 139, **141**, 143, 160, 166, 167, 188
拠点犯行型と通勤犯行型　26, 34, 61, 62, 63, 65, 66
疑惑領域　26, **27**, 95, 137, 139, 141, 142, 143, 144, 147, 148, 149, 151, 152, 153, 154, 155, 156, 159, 160, 167, 178, 188
緊急治安対策プログラム　6
金融機関強盗　9, 11, 52, 105, **106**, 107, 108, 109, 111, 116, 137, 140, 165, 187
空間選好　158
空間平均　140, 141, 147, **149**, 151, 152, 153, 154, 167

Crime Stat　**148**, 149
クラスター分析　**45**, 46, 47, 148, 149
決定木　38, 80, **96**, 98, 99, 100, 101, 102, 105, 107, 110, 111, 112, 113, 116, 118, 119, 120, 121, 122, 123, 124, 165, 166, 187, 188
研究結果に基づくヒューリスティック　**81**, 171
研究サイクルと実務サイクル　10, 172, **173**, 174, 186, 189
限定合理性　**33**, 35, 37
行動科学による捜査助言　31, **34**
行動圏　**144**, 147, 155, 156, 160, 166, 188
コストパフォーマンス　41
コミットメント　183
コレスポンデンス分析　38, 45, **46**, 47

さ行

サークル仮説　**26**, 27, 95, 137, 139, 140, 142, 143, 144, 147, 148, 149, 150, 151, 152, 153, 154, 155, 156, 159, 160, 166, 167, 188
最小空間分析　**24**, 25, 44, 68
再犯　9, 11, 52, 55, **87**, 88, 89, 90, 91, 92, 93, 103, 146, 164, 187
再犯者割出　117
再犯リスク　117
時空間特徴　9, 11, 52, **87**
事件リンク分析　124, 145, **146**, 157, 177, 178
持続性と関与性　**172**, 173, 190
次犯行と後犯行　**150**, 152, 153, 154, 157
司法機関を対象とした放火　9, 11, 55, **81**, 82, 83, 84
社会心理学的過程　32, 33, 35, **37**
社会的推論　**30**, 31, 36, 38, 140, 163, 164, 166, 168, 169
社会的認知　8, 11, 17, **30**, 36, 37, 80, 186
柔軟性と自己修正性　**172**, 173, 190
出没可能性　158
情報収集から活用までの流れを含めた過程

174, 175
情報の優先順位　146
人種プロファイリング　17
推定規則　9, 36, **37**, 52, 102, 136, 139, 165, 171, 181, 189
数量化Ⅲ類　38, **57**, 58, 61, 62, 65, 69, 70, 71, 80, 106, 187
ステレオタイプ　14, 17, 19, 32, 81, 162, **171**, 182
生活圏推定　9, 53, **148**, 156, 166, 177, 178
性的殺人　8, 11, 21, 22, 44, 52, 55, **56**, 57, 58, 59, 63, 65, 66, 67, 79, 102, 137, 162, 163, 187
捜査に与える影響力　177, **178**, 179
捜査への活用　4, 5, 31, **38**, 102, 174, 183
相対含有率　151
相対発生率　153
相同仮説　**29**, 65, 68, 70, 79, 80, 81, 163, 166, 168, 189
ソーシャル・ネットワーク　7, 10, **36**, 37, 180, 182, 186, 190
属性推論　30

た行

対応推論理論　**30**, 169
対象事件分析（事例分析）　168, **169**, 170
対人的相互作用　4, 21, **145**, 146
対数線形モデル　**57**, 59, 62, 70, 72, 73, 187
多次元尺度法　**38**, 68, 80
単位含有率　151
単位発生率　153
秩序型と無秩序型　21, **22**, 56
中央点　147, 148, **149**, 151, 152, 153, 154
紐帯　4, 7, 37, **180**, 190
重複領域　95, 141, 143, **144**, 167
地理的重心　**27**, 48
地理的な捜査範囲　8, 9, 53, 61, 79, 97, 102, 115, 116, 137, **147**, 155, 166, 167, 168
地理的プロファイリング　**26**, 27, 145, 146, 147, 148, 168, 169, 178
的中率　80, **101**, 110, 111, 120, 121, 123, 124, 131, 132, 133, 134, 135, 165, 166, 176, 188

点分布パターン分析　9, **27**, 53, 147, 148, 149, 150, 151, 152, 153, 155, 156, 157, 159, 166, 167, 178, 179, 188
同一場所での再犯行　87
道具型放火と表出型放火　**68**, 69
特異犯罪情報分析班　**5**, 6, 145

な行

2過程理論　30, 33, 35, 37, 169, **170**, 175, 182, 189
日常活動理論　**27**, 28, 146, 147
認知資源　81, 168, 171, 172, **176**, 177, 182, 189
認知バイアス　30

は行

バイアス修正方略　30
Power Plot Professional　**46**, 47
犯行移動距離（JTC距離）　9, 53, 82, 85, 86, 88, 92, 93, 94, 95, 96, 97, 98, 100, 101, 106, 107, 114, 115, 116, 137, **140**, 141, 142, 143, 144, 155, 156, 164, 165, 167, 178, 187
犯行時間帯の一貫性　**89**, 90, 146
犯行地環境の評価　159
犯行地分布　53, 125, 137, 139, **155**, 160
犯行地予測　48, **148**, 154, 157, 158, 159, 167, 188
犯行テーマ　**24**, 25, 67, 68, 69
犯行発生率　148, 150, **153**, 154, 157, 167
犯行予測　37, 49, 87, 140, **147**, 153, 157, 158, 159, 160, 178, 179
犯罪者プロファイリング　**3**, 29, 31, 33, 35, 36, 37, 168, 169, 174, 175, 177, 178
犯罪者プロファイリングの社会心理学的過程　37
犯罪捜査と犯罪抑止　**28**, 147
犯罪手口の選択確率　**125**, 166, 188
犯罪パターン理論　**27**, 28, 147, 158
犯罪分類マニュアル　67
反証　**81**, 171, 181, 189
犯人像推定　**21**, 22, 105, 125, 145, 146, 166, 188
被害者選択　78, 88, **91**
被疑者順位づけシステム　11, 105, **125**, 126, 127,

128, 129, 130, 134, 135, 136, 165, 188
微視性と全体性　**172**, 173, 190
ヒューリスティック　30, 32, 35, **36**, 37, 81, 168, 169, 170, 171, 172, 176, 182, 189
ファセット理論　24
フィールドワーク　38, 39, 161, **172**, 187, 190
放火殺人　9, 11, 52, 55, **66**, 67, 69, 70, 71, 72, 73, 76, 77, 78, 79, 102, 137, 162, 163, 187
報告書　37, 49, **179**, 180
法心理学　**30**, 31, 33
ホット・スポット　148, 152, 154, 155, **157**, 160, 167

ま行

マイノリティな犯人属性　9, 70, 95, 101, **155**, 164, 187
モードⅡ科学　**175**, 177, 190
モード論　177

ら行

Liverpool 方式　21, **24**
類似事件分析（統計分析）　**168**, 169
連関分析　**57**, 70, 106, 141, 142
連続コンビニ強盗　9, 11, 53, **140**, 141, 160, 165, 166, 188

［著者紹介］

岩見　広一（いわみ　ひろかず）

1968年　北海道に生まれる
1991年　北星学園大学文学部卒業
2017年　東洋大学より博士（社会心理学）の学位を授与
現　在　北海道警察本部刑事部科学捜査研究所専門研究官
　　　　ポリグラフ検査，犯罪者プロファイリング，取調べ技法等の
　　　　心理学を応用した業務，指導及び研究に従事

論文

脅迫文を伴う連続空巣狙い事件に対する犯罪行動分析．科学警察研究所報告防犯少年編, 39, 144-153（1999a）.
性犯罪における点分布パターン分析による地理的プロファイリング手法の比較．応用心理学研究, 42, 30-39（2016）.
放火殺人における犯行行動と犯人特徴の相同性．応用心理学研究, 42, 121-129（2016）.
連続コンビニ強盗犯の特徴と犯行地選択について．応用心理学研究, 42, 257-258（2017）.

わが国の凶悪犯罪に対する犯罪者プロファイリングの総合的研究

2018年11月30日　第1版第1刷発行

Ⓒ著　者　　岩　見　広　一
発行所　　多　賀　出　版　株式会社
〒102-0072　東京都千代田区飯田橋3-2-4
電　話：03（3262）9996 ㈹
E-mail：taga@msh.biglobe.ne.jp
http://www.taga-shuppan.co.jp/

印刷／文昇堂　製本／高地製本

〈検印省略〉　　　　　　　落丁・乱丁本はお取り替えします．

ISBN978-4-8115-7991-7　C1011